로마서 주석 Ⅱ

이연길 목사의

로마서

"이야기식 설교를 위한 주석"

쿰란출판사

로마서 II권을 내놓으면서

로마서는 위대한 책입니다. 성경 어느 책인들 귀하고 위대하지 않은 책이 없지만, 그 중에서도 그리스도인들에게만 아니라 기독교의 진리를 바로 알기를 원하는 사람들에게 믿음과 하나님의 의에 이르는 길, 그리고 하나님과 함께 살아가는 방법까지를 체계적으로 자세하게 기록한 책은 없기 때문입니다. 동시에 로마서는 저자인 사도 바울의 신학과 그의 복음에 대한 열정, 그리고 인간미까지를 진하게 느낄 수 있기 때문에 더 친근함을 느끼게 해줍니다. 이런 책을 부족한 사람이 주석으로 내놓는다는 점이 부끄럽기도 하고 자랑스럽기도 합니다.

이 책을 쓰는 동안 저를 가르쳐준 많은 스승들을 생각하면서 이 일을 진행해 왔습니다. 먼저는 스승이었던 박창환 학장님에게 감사를 드립니다. 대학원 시절, 신약학을 전공하면서 들었던 강의 내용은 지금도 많은 부분을 기억하고 있습니다. 그리고 이분은 마흔이 갓 넘은 저를 장로회신학교에서 강의하도록 초청해 주실 정도로 아껴주셨던 분입니다. 유학 시절에 만났던 Walter Wink 교수를 통하여 새롭게 성경을 볼 수 있었던 점, 그리고 짧은 시간이었지만 Walter Brueggemann 교수를 통하여 배운 내러티브 성경해석과 주석방법도 잊을 수 없는 수확이었고 은혜였습니다.

책을 쓰는 사람은 누구나 느끼는 바이지만, 탈고(脫稿)를 하면서부터 후회한다는 점입니다. 책을 내놓으면서 자기가 쓴 책의 약점이 무엇인가를 잘 알기 때문이고, 동시에 책을 마치면서 자신이 그만큼 성장한 이유도 있겠지요. 여하튼 로마서를 내놓으면서 후회도 되지만 홀가분한 마음을 금할 수 없습니다. 마가복음, 사도행전, 요한계시록 주석에 이어 로마서를 내놓았기 때문이기도 합니다.

본 로마서 주석 Ⅱ권이 다루는 로마서 9장에서 11장까지는 이스라엘의 구원 문제를 다루고 있습니다. 여기서 바울 사도가 내놓은 문제는 '선택과 믿음'이란 두 주제입니다. 선택이 먼저인지? 믿음이 먼지인지? 명확한 답을 내놓지 않았습니다. 하나님의 의(義)에 이르는 길은 오직 하나님의 은혜로운 선택으로 이뤄진다는 내용을 바울은 집요하게 주장합니다. 그러면서도 하나님의 의에 이르는 길은 '믿음과 순종'이라고 합니다.

바울이 선택에 집착하는 이유는 구원은 '믿음과 순종'으로 이뤄지지만, 이것은 결코 사람의 행위에 의존하지 않고 하나님의 전적인 은혜임을 강조하려는 의도라고 생각합니다. 이 점에 대하여 바울이 기록해 나간 순서대로 주석해 보려고 했기 때문에 독자들께서도 인내심을 가지고 끝까지 따라가 보시기를 권합니다.

로마서 12장에서 16장에 이르는 내용을 일반적으로 기독교 윤리라고 말합니다. 그러나 이것은 윤리라기보다는 예수 그리스도 안에서 새로운 피조물이 된 하나님의 사람들이 어떻게 살아가야 하는지를 밝히는 하나님 앞에서의 삶의 이야기입니다. 이 내용을 자세히 들여다보면, 로마에 살고 있던 그리스도인들이 얼마나 헌신적이고 체계적으로 협력하면서 교회를 세워나갔는가 하는 모습들을 만날 수 있습니다. 교회 내에 갈등 이야기도 있지만, 그리스도의 복음 안에서 이 모든 일들이 해소되고 온 세계에 복음 전하는 교회로 발전했다는 사실을 기억하면서 읽는다면 더 큰 감동을 받게 될 것이라 확신합니다.

로마서는 본회퍼가 말한 것처럼, '기독교는 종교가 아니다. 하나님과의 만남이다'란 말을 바탕에 깔고 읽어야 하는 책이란 점도 다시 지적해 두고 싶습니다.

로마서를 내놓으면서 감사해야 할 분들이 많습니다. 그동안 부족한 사람의 책을 계속해서 기꺼이 출판해 주신 쿰란출판사 이형규 장로님의 사랑에 깊이 감사를 드립니다. 그리고 작업해 주신 직원들의 수고에도 고마움을 전합니다. 늘 옆에서 응원해 주기도 하고 , 질문을 던져 생각하게 하고, 계속 연구하도록 용기를 준 말씀목회 회원들, 특히 심화과정의 회장 박은호 목사와 총무로 수고하는 이재룡 목사, 그리고 동지들께 진심으로 감사를 드립니다. 마지막으로 그 동안 은혜를 베풀어 주셨던 모든 분들에게 가슴으로 뜨거운 사랑을 전하고 싶습니다.

책을 쓰는 동안, 늘 연구하고 글을 쓸 수 있도록 좋은 여건을 마련하느라 힘쓰고 기도하면서 도와준 아내의 인내와 도움에는 고마움을 다 표현할 길이 없습니다. 늘 옆에서 응원하고 조언해 주는 이승현 총장(James Lee, ITS 총장) 내외, 그리고 집필에 전념하도록 늘 지원을 아끼지 않는 이승범(Jason Lee) 변호사 내외에게도 사랑의 마음을 전해야겠군요.

지금 글을 쓰고 있는 창문 너머, 5월이 이처럼 아름다운가를 느끼는 것은 COVID-19가 주는 선물인 것 같습니다. 자연은 언제나 아름답습니다. 그리고 인간의 역사는 변함없이 하나님의 손 안에 있음으로 소망이 있습니다.

하나님께 영광,

그리고 모든 이들에게 하늘의 평화!

2020년 5월 15일

Laguna Woods Village에서 이연길

서문 – 로마서 주석Ⅱ

로마서는 이신칭의(以信稱義)의 책이 아니다. 이신칭의에 대한 내용은 로마서 첫 부분(1-4장까지)에만 해당한다. 그리고 5장에서 마지막 16장까지는 '그리스도 안에' 있는 자들의 삶을 강조하는 내용으로 가득 차 있다.

한국교회는 로마서를 '이신칭의'라는 감옥에 가두어 버림으로 로마서를 교리에 묶어 놓았고, 로마서를 절름발이로 만들어 놓았다. 그 결과 한국교회의 믿음이 절름발이가 되었다. 로마서 주석을 쓰게 된 동기도 바로 거기에 있다. 이신칭의란 감옥으로부터 로마서를 탈출시켜야 한다. 그리고 바울 사도가 로마서를 통하여 우리에게 말하고 싶어 했던 내용이 무엇인가를 정확하게 읽어내야 한다. 그래야 한국교회가 생명력을 되찾게 될 것이다.

우리는 믿으면 구원받는다는 구호만을 강조한다. 그러나 문제는 구원 얻은 다음이 더 큰 일이다. '우리는 믿음으로 구원받는다'는 사실은 변할 수 없는 진리다. 그러나 여기서 그리스도인이라면 당연히 물어야 하는 질문이 있다. 바로 '과연 믿음이란 무엇인가? 구원받은 다음에는 어떻게 살아야 하는가?' 하는 것이다. 로마서는 바로 이 두 가지 질문에 답하는 책이라고 해도 과언이 아니다.

로마서는 교리나 조직신학을 기록하려고 한 책이 아니다. 아직 어린 로마 교회에 당면한 문제들, 신앙의 기초, 그리스도인의 삶, 교회를 어떻게 세워나가야 하는지, 그리고 교회와 세상 권력과의 관계는 어떠해야 하는지 등 현실의 문제를 풀어나가는 책이 로마서이다.

그러므로 로마서는 당시 로마 교회의 정황에서 읽어내야 하고, 그 다음에 우리의 현실에 적용해야 한다. 본서는 이런 문제들에 대해 관심을 갖고 해석해 보려고 노력했다.

1. 로마 교회의 형편

로마 교회는 베드로나 바울을 통해 세워지지 않았다는 점은 확실하다. 누구를 통해서, 언제 로마에 복음이 전파되고, 교회가 세워졌는지는 단언하기 힘든 주제에 속한다. 그러나 그리스도인이 주후 40년 초부터 존재했던 것은 분명하다.[1] 주후 49년 글라우디오 황제가 내린 유대인 추방 명령이 그 단서를 제공한다. 유대인 추방이라고 하지만, 사실은 기독교인들을 추방한 것이다. 그 당시 로마인들은 유대인과 기독교인을 구분하지 못하고 동일하게 보았기 때문에 일반적으로 유대인을 추방한 것이다.

유대인들이 추방당한 이유는 '크레스투스'(Chrestus)라는 인물 때문이었다. 이는 그리스도를 가리키는 것이 분명하다. 만약 예수 그

---

1) Raymond E. Brown, *An Introduction to the New Testament*, NY, London, 1997. 562.

리스도를 전하는 문제 때문에 유대인이 추방당한 것이라면, 그 당시 로마에 있던 기독교인들의 세력이 컸고, 기독교가 상당히 확산되었던 것으로 보인다. 이때 브리스길라와 아굴라도 추방을 당했다. 이들이 추방당한 것을 보면, 이들은 이미 크리스천이었으며, 그 당시에 로마 기독교인의 리더가 아니었을까 추측하게 된다.

또 로마서 16장 7절에 나오는 안드로니고와 유니아가 바울보다 먼저 그리스도 안에 있었다고 기록되어 있다. 그들이 언제 로마로 갔는지는 알 수 없지만, 그들이 로마에 좀 일찍 갔다면 로마에 기독교인이 들어간 것은 주후 40년 이전일 수도 있다.

로마 교회 초기에는 유대인 기독교인들이 대다수였었다. 그러나 주후 49년 유대인 기독교인들이 추방을 당하고 그 자리를 이방 기독교인들이 대신하게 되었다. 그리고 유대 기독교인들이 로마로 돌아온 것은 적어도 추방당한 지 5년 후 정도가 될 것이다. 그들은 일시에 돌아온 것이 아니라, 형편에 따라 몇 년에 걸쳐 돌아왔다. 이들이 5년 후에 돌아오는 동안 로마 교회는 이방 그리스도인들이 주류를 이루었고, 유대 기독교인들은 소수자로서 '연약한 자'(롬 14:1-3, 15:1)의 위치에 설 수밖에 없게 되었다.[2)]

---

2) 이연길, 《로마서 주석 I》, 쿰란출판사, 서론: 로마 교회의 형편 참조.

이런 상황은 로마 교회의 신앙 형성에 막대한 영향을 미쳤다. 이방 기독교인들은 교회 안에 들어오긴 했지만 그들은 기독교의 뿌리와 역사를 모른 채 과거의 습관과 풍습을 버리지 않은 상태로 살고 있었고, 추방에서 돌아온 유대인들은 이 모습을 보고 기겁하지 않을 수 없었다(롬 2:1-16, 6:1-23; 엡 2:1-10). 반면 유대 기독교인들 중에 어떤 이들은 예수 그리스도를 영접하고 믿음생활을 하기는 하지만 유대의 전통과 장로의 유전을 그대로 지키려고 고집하는 자들이 있었다. 안식일법이나 정결법을 지켜나가려는 이들은 이방인들과 충돌을 일으킬 수밖에 없었다.

당시 로마 시에는 아마도 4만에서 5만 명 정도의 유대인이 살고 있었다고 추산한다.[3] 그리고 로마서 16장에 근거하면 다섯 개의 작은 가정교회가 존재하고 있었다(롬 16:3-4, 10-11, 14-15). 그중 가장 규모가 큰 교회는 브리스길라와 아굴라가 인도하는 공동체로, 약 50명 정도의 숫자였으리라고 추측한다. 이를 통해 추산해 보면, 당시 로마 교회에 속한 전체 교인 수는 100명을 넘지 못했을 것이다. 그런데 사도 바울이 로마서 16장 1-16절에서 26명의 교인들을 언급한 것을 보면, 바울은 로마교인의 거의 3분의 1을 잘 알고 있을 만큼 로마 교회의 내부 사정에 익숙했다는 것을 알 수 있다.

3) Raymond E. Brown, 전게서, 561.

2. 로마서를 기록한 목적

이 책은 교리나 조직신학을 기록한 책이 아니다. 한 전도자였던 바울이 어려운 교회 현실에 대한 소식을 듣고, 이 문제를 해결하기 위하여 쓴 아주 평범한 책이다. 그렇다고 이 책이 읽기에 쉽거나 단순한 책이라는 말은 아니다. 그가 사용하는 언어, 특별히 그의 신학적 개념들을 이해하지 않고서는 읽기가 어려운 책이다.

바울은 로마 교회를 믿음 위에 굳게 세워서 세계에 복음을 전파하는 전진기지로 삼겠다는 큰 환상과 야망을 가지고 있었다(롬 15:18-20). 그러므로 로마 교회를 바른 믿음 위에 세우기 위해서는 기독교의 진리를 바르게 가르쳐야 할 필요를 느꼈고, 유대인과 이방인 사이에 일어난 갈등을 해결하는 것이 선결 문제라고 생각했을 것이다.

이런 문제를 풀어가기 위해서는 바른 기독교의 진리를 제시하고, 바른 진리의 토대 위에 교회를 세워서, 그리스도인들이 올바르게 믿음생활을 하도록 만드는 것이 가장 급한 일이었을 것이다. 그래서 기독교의 진리를 질서 있게 써내려 간 책이 로마서이다. 여하튼 성경 전체에서 로마서처럼 기독교의 기본 진리를 체계적으로 다룬 책이 없다는 점에서 로마서는 책 중의 책으로 불려도 손색이 없을 것이다.

3. 로마서의 장르

바울은 어려서는 헬라 문화권인 다소에서 자랐고(행 22:1-3), 어린 시절에 예루살렘으로 옮겨와 가말리엘 문하생으로 율법을 배운 서기관이요, 가장 명성 있는 유대 신학자였다. 그러므로 이런 두 문화권의 영향은 자연스럽게 로마서에 그대로 나타나 있다. 특별히 디아트리베(diatribe)라는 수사적 질문법은 독자로 하여금 로마서의 내용을 분명하게 이해하고 정리하도록 큰 도움을 주고 있다. 그러나 무엇보다도 그의 유대적 배경은 기독교 진리를 정리하고 세워 나가는 데 절대적인 역할을 했다고 보는 게 옳을 것이다.

로마서 안에서 유대적 문화과 헬라 문화과 철학을 구별하기는 쉽지 않다. 바울 안에 이 두 요소가 녹아 있기 때문이다. 바울 자신도 두 문화권에서 익힌 지식과 경험을 무의식적으로 사용했을 것이다. 그러나 그는 유대 서기관이었고 대율법학자였다. 그러므로 자연히 자기도 의식하지 못한 채 유대 문학적 방법인 내러티브를 사용했을 것이다. 필자도 수사학보다는 내러티브 쪽에서 이 책을 읽으려고 노력했다.

예를 들면, 로마서 12장 3-13절에는 은사와 직책에 관한 내용을 다루고 있다. 그러나 내러티브로 이 내용을 읽으면 살아서 활동하는 로마 교회에 일꾼들의 생생한 모습을 느껴볼 수 있다. 로마서

13장 1-7절은 현대 사회에서 읽기가 아주 힘든 내용이어서 많은 설교자들이 어려움을 느꼈던 본문이다. 그러나 내러티브로 읽어가면서 이 본문이 "권세자들에게 복종하라"는 의미만은 아니라는 점을 느꼈다. 즉 그리스도인에게는 국가의 한 시민으로 어떻게 살아야 하는 원리를 제공했다면, 당시 권력의 실세들에게는 하나님의 일꾼(집사)으로서 백성을 사랑하고 공의를 행하라고 외치는 소리를 들을 수 있었다.

앞으로 본문을 읽어가는 내내 내러티브적 예술 기법을 만날 수 있을 것이다. 로마서의 장르에 대해서는 이미 로마서 1권 서두에서 자세히 다루었고, 또 본문 해석과정에서 섬세하게 다루었기 때문에 여기서는 생략하려고 한다.

4. 로마서의 키워드(Key word)

로마서를 말하면 떠오르는 문구는 '이신득의' 또는 '이신칭의'이다. 그러나 이런 문구에 잡히면 로마서를 바르게 해석하는 데 혼란이 온다. 그보다는 '믿음과 순종'이 로마서를 이끌어가는 주제라고 생각한다. 바울은 자신이 사도로 직분을 받아 복음을 전하는 이유는 '믿어 순종하게' 하려는 것이라고 했다.

“우리가 은혜와 사도의 직분을 받아 그의 이름을 위하여 모든 이방인 중에서 믿어 순종하게 하나니”(롬 1:5).

내러티브 구조로 되어 있는 책들은 대부분 첫 부분이 단순한 서론이 아니라, 그 책을 읽어가도록 안내하는 키워드나 기본적인 진리를 서술해 놓은 것이 특징이다. 마가복음의 키워드는 ‘하나님의 나라’이다(막 1:1). 사도행전은 ‘하나님의 나라와 복음 전도’를 중심으로 이뤄질 1장 8절이 키워드이다. 요한계시록은 1장 6절에 나오는 ‘우리를 나라와 제사장으로 삼았다’는 말씀이 핵심 주제이다.

로마서의 핵심 주제가 무엇이냐고 묻는다면, 대부분의 사람들은 ‘이신득의’(이신칭의)라고 말할 것이다. 그런데 로마서는 이신득의를 내세우지 않는다. 대신 로마서 1장 5절에 언급된, ‘믿어 순종하게’(에이스 휘파코엔 피스테오스-εἰς ὑπακοὴν πίστεως)란 말이 강조되었다. 그 의미는 ‘믿음에서 우러나온 진정한 복종’을 의미한다.[4] 믿음이 주체가 되고, 순종은 믿음에 예속된다. 그러나 믿음과 순종은 불가분리의 관계이다. 믿음 없는 순종은 있을 수 없고, 순종 없는 믿음도 생각할 수 없다는 의미다.[5]

---

4) 《원어 연구 해설》, 9. 새번역에는 ‘믿고 순종하게 하다’로 번역했고, 대부분의 영어본도 ‘The obedience of faith’로 번역했다(NIV, NRSV, NET).

5) ‘믿음의 순종’(obedience of faith): 영어의 of는 양자가 떼려야 뗄 수 없는 관계를 말해 주는 전치사이다. 그러니까 믿음 없이 순종이 없고, 순종 없는 믿음도 없다는 의미다.

그렇다면 왜 바울은 '믿음'이라고 말하지 않고 "믿어 순종하게 한다"라고 했을까?

바울은 사도로서의 자기 직책은 복음을 전함으로 단지 '믿도록' 하려는 것이 아니라고 선을 그었다. '믿고 순종하게' 하려고 복음을 전한다고 했다. 사도 바울이 믿음에 복종을 첨가해서 강조하는 이유가 있을 것이다. 성경의 대학자요 히브리 서기관으로서, 그는 순종(복종) 없는 믿음은 상상할 수도 없기 때문일 것이다.

하나님의 부르심에는 목적이 있다. 하나님이 우리를 부르시는 목적은 예배(롬 12:1), 또는 사귐(코이노니아-κοινωνία)이다(요일 1:1-4). 사귐은 예배의 속성이고, 예배는 사귐의 양태(a mode)다. 순종은 사귐의 기본 정신이다. 그러므로 순종 없는 믿음은 존재할 수 없다. 여기서 말하는 순종은 단순히 굴복하고 종속된다는 의미의 복종(휘포탓소-ὑποτάσσω)을 말하는 것이 아니라 – 물론 '휘포탓소'가 자기 의지적 결단으로 이뤄지는 순종이라는 의미로 사용될 때도 있음 – 사귐이 전제되는 순종(휘파코엔-ὑπακοὴν)이다.

믿고 순종할 때 우리는 진정으로 예수 그리스도와의 사귐으로 들어갈 수 있고, 사귐 안에서 성숙할 수 있다. 예수 그리스도에 대한 순종은 그리스도의 전체 고난에 참여함이요, 동시에 영광에 참여함이다. 동시에 다른 그리스도인들과의 교제까지 의미한다. 믿음은 한순간에 이뤄지는 사건이 아니라, 순종을 통하여 계속적으로 그리스도와 관계를 지속해 나가야 하는 일생을 걸친 여정이다. 정평 있는 주석가였던 존 머리(John Murray)는 "이 믿음은 잠시 있다가 사라질 감정에 의한 행동이 아니라, 그리스도와 복음의 진리를 위해 온 마음을 다해 헌신하는 것이기 때문이다"라고 했다.[6)]

결과적으로 순종은 믿음 안에 존재하는 것이지만 믿음은 순종으로 지속되어야 한다. 순종을 행위라고 말하고 싶겠지만 행위라는 용어는 가급적 피하려고 한다. 그 이유는 지금까지 교회들이, 행위는 믿음과 배치되는 것으로 세뇌되어 왔기 때문이다.

로마서의 구조를 보면 1장 24절에서 4장 25절까지는 믿음에 대한 내용이다. 여기서 믿음이라는 단어가 믿는다는 동사와 함께 33번 사용되었다. 그리고 5장 1절부터 8장 39절까지는 순종에 대한 기록이다. 여기서는 믿음이라는 단어는 3번밖에 사용되지 않았고, 5장 1절에서 8장 마지막까지는 대부분이 '그리스도 안에' 있는 사람들의 삶에 대한 이야기로 채워져 있다. 그리고 로마서 8장 1절은 '그리스도 안에 있는 사람'으로 출발한다.

로마서는 '믿음으로'(에크 피스티스-ἐκ πίστις) '믿음에'(에이스 피스틴-εἰς πίστιν)로 움직이는 책이다.[7)] 전치사 '에크'(ἐκ)는 믿음이 어디로부

6) 존 머리, 《로마서 주석》, 51.

7) 개역개정판에 '믿음으로 믿음에'로의 번역은 로마서의 맥락에 비추어 볼 때 명확한

터 출발하는 것을 말한다. 그리고 영어 'into'에 해당하는 'εἰς-에이스' 라는 전치사는 어디를 향하여 가는 방향을 암시한다. 어떤 분들은 믿음이 예수 그리스도로부터 출발하여 우리에게 이르는 과정을 말한다고 해석하기도 한다. 이런 해석은 로마서의 맥락을 전혀 고려하지 않고 내린 결론에 불과하다. 믿음의 출발점은 예수 그리스도를 만나 그분을 나의 구주로 고백하는 믿음이라면, '믿음으로'(εἰς πίστιν)는 어디론가 믿음이 흘러가야 하는 목표를 말한다. 여기에 대한 해석을 제시해 주는 구절이 로마서 5장 1절이다. 믿음의 초점은 '하나님과의 화평'(롬 5:1)이다.

"그러므로 우리가 믿음으로 의롭다 하심을 받았으니 우리 주 예수 그리스도로 말미암아 하나님과 화평을 누리자"(롬 5:1).

로마서 5장 12절 이후부터의 내용은 믿음의 문제라기보다는 하나님과 함께 살아가야 할 원리를 제시하는 내용이다. 즉 로마서 5장 12절부터는 우리가 의롭다 함을 받은 후에 믿는 자들이 어떻게 살아가야 하는가 하는 과정을 서술한다.[8] 특히 이 부분에서 로마서의

번역은 아니라고 생각된다. 이 인용구는 '에크(ἐκ-out)…에이스(εἰς-into)'라는 용법으로 된 문장이다. 어디로부터 나와서 어디에로 흘러가는 것을 의미한다.

8) 이연길, 《로마서》, 롬 5:11-11에 대한 주석 참고.

관심은 우리에게 익숙한 단어인 '구원'이라는 말 대신에 '의롭게 된다' 또는 '의롭다고 여겨준다'에 집중한다.

왜 의롭게 된다는 말을 더 많이 사용할까? '구원'이라는 말과 '의롭게 되다'는 동의어라고 해도 좋을 것이다. 단지 차이가 있다면, 구원이라는 용어는 그 은혜를 받는 사람 쪽에서 보는 관점이다. 이런 경우 사람들은 "나는 구원받았다" 또는 "믿고 구원받아야 한다"라고 말한다. 그런데 여기에서 문제점은 믿음과 구원을 강조하는 데 반하여, '믿음이란 무엇인가? 구원을 받은 후에 우리는 무엇을 해야 하는가?'에 대한 내용이 생략되어 있다는 점이다. 심지어 어떤 사람은 구원받았는데, 교회를 더 다녀야 할 이유가 있느냐고 묻기도 한다.

반면 '의'(righteousness)는 은혜를 베푸시는 하나님 편에서의 이해이다. 의롭다 함을 받는 것은 하나님께서 죄인이었던 우리의 믿음을 보시고, 하나님 안으로 우리를 받아들여 주시는 것을 의미한다. 그렇다면 '우리가 하나님의 자녀로 인정받고 받아들여졌다면, 어떻게 살아야 하는가?'가 심각한 과제로 남게 된다. '의'라는 용어 안에는 죄 용서가 있고, 하나님께서 우리의 믿음을 의롭다고 받아주시는 과정이 있고, 그 순간 하나님의 사람으로 살게 되는 결과가 전제되어 있다. 그렇다면 그 다음 과정으로는 하나님과 화평을 누리며 살아가는 삶이 주어져야 할 것이다.

믿으면 죄 용서를 받고 구원을 받는데, 죄 용서를 받았다는 증거는 무엇이며, 구원받았다는 사실을 어떻게 알 수 있는가? 여기에 대한 대답은 로마서 8장에 가서야 밝혀진다.

> "만일 너희 속에 하나님의 영이 거하시면 너희가 육신에 있지 아니하고 영에 있나니 누구든지 그리스도의 영이 없으면 그리스도의 사람이 아니라 또 그리스도께서 너희 안에 계시면 몸은 죄로 말미암아 죽은 것이나 영은 의로 말미암아 살아 있는 것이니라"(롬 8:9–10).

정리해 보자. 성령이 우리에게 오시면, 우리는 죄에서 죽게 되고 영으로 살아난다. 성령은 우리를 육신의 사람으로부터 영의 사람으로 변화시켜 주신다. 그러므로 우리가 거듭난 사람인지 확인시켜 주는 것은 성령의 임재이다(롬 8:10; 참고 요 3:1-8). 그렇기 때문에 "그리스도의 영이 없으면 그리스도의 사람이 아니라"(롬 8:9)고 바울은 단호하게 잘라 말한다. 성령이 우리 안에 오신 것이 바로 죄를 용서받았다는 증거이고, 우리가 하나님의 자녀가 되었다는 보증이란 말이다. 그래서 성령을 '양자의 영'이라고 지칭한다(롬 8:16-17). 성령께서 우리 안에 계시는 것이 바로 내가 하나님의 양자가 된 표라는 것이다.

하나님과 함께 화평을 누리고 사는 길은 그리 녹록지 않다. 그 이유는 우리가 본질적으로는 부활의 사람이 되었지만, 우리 속에는 그동안 살아왔던 옛 생활 패턴이 거미줄처럼 얽혀져 있기 때문이다. 그 결과 우리는 과거의 잘못된 옛 습관에서 자유로울 수가 없다. 그래서 어거스틴은 "죄란 의지의 결핍"이라고 지적한다.

그럼에도 불구하고 로마서 8장의 결론은 "우리가 넉넉히 이긴다"라는 선언으로 끝을 맺는다. 이런 궁극적인 승리를 거둘 수 있는 이유는 '우리를 사랑하시는 이로 인하여'(디아 투 아가페산토스 헤마스-διὰ τοῦ ἀγαπήσαντος ἡμᾶς) 가능하다. '사랑하시는 이'는 명사용법의 분사형으로 부정과거 시제이다. 그러니까 이 사랑은 이전에 주어진 사랑이고, 현재도 진행되고 있는 사랑을 말하는데, 곧 예수 그리스도께서 십자가의 죽음에 의해 확증된 사랑을 말한다. 그리고 예수님께서는 지금도 하나님의 우편에서 우리를 위하여 간구하심으로 우리를 향한 변함없는 사랑을 보여주고 계신다(롬 8:34).

로마서 8장 38-39절에는 우리를 해할 수 있는 높은 차원의 요소들을 열거한다.

> "내가 확신하노니 사망이나 생명이나 천사들이나 권세자들이나 현재 일이나 장래 일이나 능력이나 높음이나 깊음이나 다른 어떤 피조물이라

도 우리를 우리 주 그리스도 예수 안에 있는 하나님의 사랑에서 끊을 수 없으리라."[9)]

그리고 "누가 우리를 그리스도의 사랑에서 끊으리요"(35절), "우리를 사랑하시는 이로 말미암아 우리가 넉넉히 이기느니라"(37절), "우리 주 그리스도 예수 안에 있는 하나님의 사랑에서 끊을 수 없으리라"(39절)고 했다.

그러므로 로마서는 '오직 믿음'에 대한 책이라기보다는, 좀 더 포괄적으로 믿고 의롭다 함을 받은 자녀들이 예수 그리스도를 통하여 어떻게 하나님과 평화를 누리며 살아가야 하는가를 자세하게 기록한 책이라 하겠다. '오직 믿음'에 익숙해져 있는 분들은 여기에 대하여 많은 의견을 제시하겠지만, 결론은 로마서를 끝까지 읽고 나서 내려야 한다. 한 가지 분명한 것은 로마서는 바울이 제시한 대로 '믿고 순종하게' 하려고 쓴 책이라는 점을 기억하고 읽어야 한다는 점이다.

로마서 8장 마지막은 이렇게 끝을 맺고 있다.

---

9) 38-39절에 열거된 내용은 대칭을 이룬다. '사망과 생명', '천사들과 권세자들(영적 권세자들)', '현재 일이나 장래 일들', '높음이나 깊음이나', '능력이나 다른 아무 피조물'이다.

"그러나 이 모든 일에 우리를 사랑하시는 이로 말미암아 우리가 넉넉히 이기느니라…다른 어떤 피조물이라도 우리를 우리 주 그리스도 예수 안에 있는 하나님의 사랑에서 끊을 수 없으리라"(롬 8:37–39).

차례

제1장
순종 없는 삶의 비극

바울의 슬픔과 고통(롬 9:1–5)

"내가 그리스도 안에서 참말을 하고 거짓말을 아니하노라 나에게 큰 근심이 있는 것과 마음에 그치지 않는 고통이 있는 것을 내 양심이 성령 안에서 나와 더불어 증언하노니 나의 형제 곧 골육의 친척을 위하여 내 자신이 저주를 받아 그리스도에게서 끊어질지라도 원하는 바로라 그들은 이스라엘 사람이라 그들에게는 양자 됨과 영광과 언약들과 율법을 세우신 것과 예배와 약속들이 있고 조상들도 그들의 것이요 육신으로 하면 그리스도가 그들에게서 나셨으니 그는 만물 위에 계셔서 세세에 찬양을 받으실 하나님이시니라 아멘"(롬 9:1–5).

"나는 그리스도 안에서 참말을 하고…나에게는 큰 슬픔이 있고, 내 마음에는 끊임없는 고통이 있습니다"[10](롬 9:1–2, 새번역).

로마서 1장 5절에는 '이방인 중에서 믿어 순종하게 하려고' 사도의 직분을 받았다고 했고, 5장 1절에서는 믿음으로 말미암아 하나님

10) 원어의 문장을 그대로 나열하면 다음과 같다. "Truth I speak in Christ."

과 화평에 이르렀다고 했다. 그리고 로마서 8장 1절에서는 "그러므로 이제 그리스도 예수 안에 있는 자에게는 결코 정죄함이 없나니"라고 선언했다. 마지막에서는 "우리 주 그리스도 예수 안에 있는 (우리를) 하나님의 사랑에서 끊을 수 없으리라"(롬 8:39)고 했다. 그리스도 안에 있는 자들이 부를 수 있는 최상의 찬양으로 로마서 8장은 끝을 맺었다.

그런데 9장에 이르러는 갑자기 바울의 목소리가 슬픔과 고통으로 변한다. 그리스도의 사랑에서 어느 것도 우리를 끊어낼 수 없다고 자신만만하게 외쳤던 그가 갑자기 변하여 자기 안에 숨겨진 슬픔과 고통을 토로한다. 이유는 무엇인가? 바울의 마음에 무슨 변화가 생긴 것일까? 사도 바울의 마음을 무겁게 내리누르는 것은 무엇인가? 그리스도의 이름으로 거침없이 달려오던 복음의 소식이 두꺼운 암벽에 부딪친 것이다. 그 암벽이 무엇인가는 아직 밝히지 않는다. 그 장벽이 무엇인가를 입 밖에 내는 일조차 바울은 두려워하는 것 같다. 대신 그 일 때문에 바울 자신이 얼마나 고민하고 있는가를 토로한다.

바울은 '참말'(the truth)을 하겠다고 한다(롬 9:1). '참말'이란 이제부터 전개하려는 내용을 총괄적으로 의미하는 말이다. 이 '참말'이 너무나 중요하므로 "내가 그리스도 안에서 말한다"(I speak in Christ)라고 한다(롬 9:1). 동시에 '성령 안에서'(엔 프뉴마티 하기오-ἐν πνεύματι ἁγίῳ) 말한다고 한다(롬 9:1b).[11] 바울 자신은 참말을 하고 거짓말을 아니한

11) 개역 개정판에서는 '성령 안에서'라는 문구가 3절에 나온다. 그러나 원어에는 '성령 안에서'가 '그리스도 안에서'에 이어서 1절에 나온다. 그러므로 '참말'(the truth)과 '큰 근심'과 '그치지 않는 고통'에 대한 바울의 마음이 얼마나 진심인가를 밝히기 위해 그리스도와 성령을 증인으로 내세운 것이 된다.

다고 한다(롬 9:1). 바울이 가슴에 담고 있는 문제가 무엇이기에 예수 그리스도와 성령까지 증인으로 내세우는 것인가? 칼빈은 "그의 양심을 하나님의 심판대 앞에 소환하여 세운 것이다"라고 했다.[12)]

이처럼 심각한 '참말'을 '그리스도 안에서' 말한다고 한다. 이미 살펴보았지만, 바울에게 있어서 '그리스도 안에'(ἐν Χριστῷ)라는 문구는 대단히 중요한 의미를 가진다. 그리고 가장 축복된 표현이다. 생각만 해도 힘이 솟는 말이다. 로마서에서 '그리스도 안에'라는 표현은 로마서 5장 1절에 근거하고 있다. 로마서 5장 1절은 로마서를 받치고 있는 중심 교각(橋脚)이다. 이 한 절이 로마서 전체를 요약해 줄 뿐 아니라 앞뒤 내용을 연결시켜 준다. 믿음이 무엇이고, 믿음이 어떻게 하나님의 의로 인도되고, 그 의(義)를 통하여 어떻게 하나님과 화평을 누리게 되는가를 명확하게 요약해 준다.

믿음은 출발이고, 믿음의 목적지는 '하나님과 화평'이다. 로마서 1장 17절에서 말하는 '믿음에서 믿음으로'라는 인용구가 어떤 의미를 나타내는지 로마서 5장 1절에서 밝혀진다. 믿음에서 출발한 신앙의 여정이 도달해야 할 목표 지점은 '하나님과의 화평'이다.

로마서에서 '그리스도 안에'라는 말은 '하나님과 화평을 누리고 있는 자'라는 말과 동일한 표현이다. 예수 그리스도를 믿고, 성령을 통하여 용서를 받고 의롭다고 여김을 얻은 자, 그 결과로 하나님으로부터 의롭다 함을 받고 하나님과 화평(사귐)을 누리고 사는 자가 곧 '예수 그리스도 안에 있는 사람'이다. 갈라디아서 2장 20절에서 언급

---

12) 칼빈, 《로마서》, 282.

하는 새로워진 인간을 의미한다.

> "내가 그리스도와 함께 십자가에 못 박혔나니 그런즉 이제는 내가 사는 것이 아니요 오직 내 안에 그리스도께서 사시는 것이라 이제 내가 육체 가운데 사는 것은 나를 사랑하사 나를 위하여 자기 자신을 버리신 하나님의 아들을 믿는 믿음 안에서 사는 것이라"(갈 2:20).

'그리스도 안에'는 믿음으로 구원받은 자들의 현주소이다. 그러므로 '그리스도 안에서' 말한다는 것은 그리스도 앞에서 말한다는 뜻이고, 만물의 주인이신 하나님과의 사귐을 가지고 살고 있는 그 현장에서 말한다는 고백이다. 다시 바울은 '성령 안에서'(ἐν πνεύματι ἁγίῳ) 말한다고 강조한다. 정확하게 말하면, 성령 안에서 양심적으로 증언한다고 얘기한다. '그리스도 안에'라는 표현은 바울의 정체성이고, '성령 안에서'라는 말은 그의 내면의 본질이고, 활동성이다. 그리고 그의 양심은 새로워진 자기 안에서 자기를 세워가는 주체를 말한다.

성령은 우리 안에 계시고, 우리 내면을 살피시는 분이다(고전 3:16, 6:19; 참고 행 5:3). 그러므로 우리의 양심은 그분을 속일 수가 없다. 성령께서는 자기가 어떤 고민을 하고 있는지 정확하게 알고 계시기 때문에, 바울은 성령 안에서 거짓 없는 그의 양심으로 고백한다고 한다. 2절은 그 이유를 밝히는 호티(ὅτι)로 시작한다. 그의 양심이 증언하는 바를 말하려고 하지만, 아직은 자신이 고민하고 있는 아픈 가슴만을 드러낼 뿐 고통을 토로하지 못한다. 그렇다면 그가 고민하고 고통을 당하고 있는 일이 무엇이길래 이처럼 뜸을 들이는 것일까?

'그치지 않는 고통'(롬 9:2)에서 고통을 나타내는 헬라어 '오두네'

(ὀδύνη)는 불타는 것 같은 비탄을 나타내는 고대 단어다. 신약성서에서는 이곳과 디모데전서 6장 10절에만 사용되었다.[13)]

이 마음은 곧 예수 그리스도의 마음이다. 불쌍하고 의지할 데 없는 사람들을 만났을 때 그분이 보여주셨던 '스플랑크니조마이'(σπλαγχνίζομαι)[14)]와 같은 마음이다. 바울은 자기 안에 예수님의 심장을 가지고 있다고 말한 바 있다.

> "내가 예수 그리스도의 심장으로 너희 무리를 얼마나 사모하는지 하나님이 내 증인이시니라"(빌 1:8).[15)]

마침내 바울은 자기 속에 있는 고통이 누구 때문인지를 나타낸다(롬 9:3). 바로 '나의 형제 곧 골육의 친척 때문'이라고 한다. '나의 형제'(아델포스-ἀδελφός)에서 원래 '형제'란 같은 어머니의 태에서 나온 자식이라는 뜻이다.[16)] 이 단어는 유다의 육신적 형제들(마 1:2), 제자들의 형제들(마 1:16-19), 그리고 마리아와 마르다의 형제 즉 나사로에 대하여 사용하였다(요 11:2). 바울은 자기 동족 이스라엘을 '나의 골육의 친척'[17)]이라고 이중적 표현을 사용하면서 동족에 대한 진한 사

---

13) 《원어 연구 해설》, 104.

14) '스플랑크니조마이'에 대하여는 필자의 '마가복음', 239-230을 참고할 것.

15) 여기서 말하는 '심장'은 'σπλάγχνον'(스플랑크논)으로 심장, 창자, 간, 폐 등 체내에 있는 중요한 내장을 종합적으로 지칭하는 단어이다. 여기서 '애정', '연민' 또는 '불쌍히 여기다'는 뜻을 지닌 '스플랑크니조마이'(σπλαγχνίζομαι)라는 단어가 나왔다.

16) '형제'를 뜻하는 'ἀδελφός'(아델포스)는 '같은'이라는 뜻을 가진 '하마'(ἅμα)의 축약형 '아'(ἀ)와 '자궁'이라는 뜻의 '델퓌스'(δελφύς)의 합성어이기 때문에 '같은 태에서 난 자'를 의미한다. 옥스퍼드, 《로마서》, 32.

17) '골육의 친척'(쉉게네스-συγγενής)이라는 단어는 '함께'라는 전치사 '쉰'(σύν), '발생하다'라는 동사 '기노마이'(γίνομαι), 그리고 '혈통'이라는 '게노스'(γένος)의 합성어로 동일한 혈통임을 강조한다. 그러므로 여기서는 자기 민족을 한 태에서 난 형제, 그리고 동일한 혈통 등 이중적 표현으로 자기 동족에 대한 지극한 사랑을 나타낸다. 옥스퍼

랑을 표현하고 있다. 그뿐만 아니라 "나의 형제", "나의 골육의 친척"이라고 '나의'라는 표현을 두 번이나 반복함으로 자기 동족에 대한 애틋한 사랑을 나타냈다.

'내 자신이 저주를 받아 그리스도에게서 끊어질지라도 원하는 바'라고 한다.[18] 자기 동족의 문제인 것만은 확실하다. 그러나 그 이슈의 구체적인 내용에 대해서는 언급하지 않는다. 근심과 고통이 있고, 그 고통이 마음에서 그치지 않고 계속되고 있다고만 전제한다. 지금 말하고 있는 내용은 조금도 거짓이 없이 "내 양심이 성령 안에서 나와 더불어 증언하노니"(롬 9:1)라고 한다. 양심은 우리가 우리 자신을 판단하고 우리의 행위를 도덕적, 종교적으로 검사하는 하나의 기준이다. 그런 양심과 자신의 인격을 다시 합해서, 그것도 성경 안에서 증언한다고 한다.

현대 용어로 표현하면 양심 선언을 한 것인데, 성령께서 자기 고백을 보증해 주신다는 뜻이다. 그 일이 얼마나 그에게 고통스러웠으면, 그리고 자기 동족이 그리스도에게서 끊어지는 일이 얼마나 무서운 일이면 이처럼 생명을 걸고 증언을 할까? 동족을 얼마나 사랑했으면, 동족의 생명을 얻기 위하여 자기 생명도 바칠 수 있다고 했을까?

이런 기도를 드린 사람은 모세다. 자기 백성들이 광야에서 금 신상을 만들어 하나님으로부터 버림받을 위기에 놓였을 때 모세가 드린 기도다.

드, 상게서, 32.

18) 출 32:32, "이제 그들의 죄를 사하시옵소서 그렇지 아니하시오면 원하건대 주께서 기록하신 책에서 내 이름을 지워 버려 주옵소서."

> "이제 그들의 죄를 사하시옵소서 그렇지 아니하시오면 원하건대 주께서 기록하신 책에서 내 이름을 지워 버려 주옵소서"(출 32:32).

모세의 기도를 들으신 하나님께서는 이스라엘 백성을 용서하시고 약속의 땅을 향하여 다시 광야 길을 걷게 하셨다. 하나님은 누구든지 하나님께 범죄하면 그 책에서 그 이름을 지워 버리리라고 하셨다(출 32:33). 모세는 자기 생명을 건 기도로 그들을 건져 내었다. 바울도 같은 기도를 드린다. 이는 '그리스도 안에서' 그리고 '성령 안에서' 드린 기도이다. 이런 위대한 믿음의 사람들이 그 민족을 위기에서 구한다는 사실을 복음 전도자들은 기억해야 한다.

"저주를 받아 그리스도에게서 끊어질지라도 원하는 바로라"에서 '지워 버리다'라는 말과 '저주'라는 단어에는 깊은 상관이 있다. '저주'(아나데마-ἀνάθεμα)란 하나님께 봉헌되는 제물과는 다른 선물을 말한다. 이는 진멸하도록 하나님께 바쳐진 물건들과 사람들을 말하는 '헤렘'(חרם)의 개념과 일치하는 의미다.[19] 사람이 영원토록 저주를 받아 그리스도로부터(아포 투 크리스투-ἀπὸ τοῦ χριστοῦ) 분리되는 것이기 때문에, 이 단어의 의미는 현재로부터 종말까지 그리스도로부터 완전히 떨어져 나가는 것을 의미한다. 지금으로부터 영원에 이르는 완전한 멸망을 뜻한다.

존 머리는 '원하는 바로다'의 헬라어 시제는 '나는 바랄 수도 있다'(I could wish)로 번역할 수 있다고 한다.[20] 동시에 "만일 자기 동족의

19) 슈라이너, 《로마서》, 575.

20) 'ηὐχόμην'는 미완료형으로서 신약의 다른 경우들에서도 분명히 이 사상을 표현하

구원을 위해 할 수만 있다면, 바울은 기꺼이 이들을 대신해 저주를 받을 의향이 있다는 뜻을 지닌 가설적인 표현이다. 이로써 동족에 대한 사도 바울의 사랑이 얼마나 강렬한지가 드러난다. 그것은 인간을 구속하기 위해 저주와 죄 덩어리가 된 구주의 사랑을 닮은 사랑이다"라고 했다.[21]

이런 기도는 예수 그리스도의 심장을 가진 사람들의 기도이기도 하다. 십자가의 정신이다.

> "아버지 저들을 사하여 주옵소서 자기들이 하는 것을 알지 못함이니이다"(눅 23:34).

동시에 이런 기도는 "주여 이 죄를 그들에게 돌리지 마옵소서"(행 7:60)라고 기도한 후 잠든 스데반의 정신이기도 하다. 바울은 자기의 손에 의해 죽어 가던 스데반의 순교 장면을 평생 잊을 수 없었을 것이다. 동시에 스데반의 마지막 기도를 평생 기억하고 살았을 것이다. 그래서 이렇게 고백한다.

> "내가 달려갈 길과 주 예수께 받은 사명 곧 하나님의 은혜의 복음을 증언하는 일을 마치려 함에는 나의 생명조차 조금도 귀한 것으로 여기지 아니하노라"(행 20:24).

루터는 당시 유대인들에게 바울이 유대 민족을 배반한 사람이고, 유대인의 구원을 무시하고 이방인 구원에 집착한 사람이라는 오해

고 있다. 존 머리, 《로마서 주석》, 456.

21) 상게서, 456.

를 받고 있기 때문에 거기에 대한 변명을 하고 있을 뿐 아니라, 이런 말을 통하여 사도는 유대인들의 신뢰를 얻고자 했다고 한다.[22] 루터의 주장은 사도행전 28장 18-19절에 근거를 둔 것으로 보인다. 로마에 도착한 사도 바울은 유대 지도자들을 초청하여 그가 왜 로마 황제에 항소했는가를 밝히면서 "로마인은 나를 심문하여 죽일 죄목이 없으므로 석방하려 하였으나 유대인들이 반대하기로 내가 마지 못하여 가이사에게 상소함이요 내 민족을 고발하려는 것이 아니니라"(행 28:18-19)고 했다. 그리고 이어서 "이스라엘의 소망으로 말미암아 내가 이 쇠사슬에 매인 바 되었노라"(행 28:20b)고 한 것을 보면, 루터의 주장에 무게를 둘 수 있다. 그렇다고 할지라도 바울의 고백은 오해를 풀기 위한 고백 이상으로 보아야 한다. 그런 이유 때문에 자기 동족을 향한 바울의 뜨거운 열정이 약화되어서는 안 될 것이다.

바울은 자기 고통이 동족 이스라엘 백성들 때문인 것은 밝혔다. 그들이 그리스도에게서 떨어져 나가고 있는 것까지도 밝혔다. 그러나 아직 문제의 핵심은 언급하지 않는다. 문제를 겉으로 드러내지도 않는다. 그리고 문제를 해결하려는 답을 제시하지도 않는다. 그러면서 자기 자신의 고통을 통하여 그 문제가 무엇이며, 얼마나 심각한 것인가를 유대인들과 나누려고 할 뿐이다. 그뿐 아니라 더 나아가 이런 마음의 고백을 통하여 유대인들과 더 긴밀한 유대관계를 유지하려고 한다. 대화에서 기다려 주는 것이 곧 치료라고 하지 않는가? 바울은 상대편으로 하여금 더 깊이 느끼게 하는 기술적 방법을 본

---

22) 루터는 "유대인들은 사도를 자기들의 구원에는 전혀 관심이 없는 자, 다른 어떤 사람들보다도 그들을 핍박하고 그들의 구원을 파괴한 자로 여겼기 때문이다"라고 한다. 루터, 《로마서》, 195.

능적으로 알고 있는 사람이었다.

로마서 9장 1-3절은 비애감과 엄숙함을 점점 증가시키는 이중적 표현을 차례로 배열하고 있다.

내가 참말을 한다(speaking the truth)	거짓말은 아니한다(not lying)
내 양심이(my conscience)	성령 안에서(by the holy Spirit)
큰 근심이(great sorrow)	그치지 않는 고통(unceasing anguish)
저주를 받는다(accursed)	그리스도에게서 끊어진다(cut off from)
나의 형제(my own people)	내 골육의 친척(my kindred)

4절에서는 근본 문제를 거론하기보다는 "내 동족은 이스라엘 백성입니다"(새번역)라고 이스라엘을 지목한다. 유대인이라는 말 대신에 이스라엘이라고 부른다. 이스라엘이라는 칭호는 유대인이라는 말에 비해서 하나님의 백성으로 특별하게 부름을 받았다는 민족의 자긍심을 한층 더 부각시키는 호칭이다.

그리고 이어 나타나는 8가지 사항은 이스라엘 민족만이 유일하게 하나님으로부터 받아 누리고 있는 영적 특권을 나타낸다.[23] 이스라엘이 하나님으로부터 받은 특권, 즉 이스라엘의 정체성(正體性)을 나열한다. 당신들이 어떤 사람들인가를 드러냄으로, 이스라엘 백성들로 하여금 자신들을 돌아보게 하려고 한다.

그들에게는 '양자 됨과 영광과 언약들과 율법을 세우신 것과 예배와 약속들'이 있다고 한다(4절). 이방인들은 예수 그리스도를 믿어

23) 옥스퍼드, 《로마서 II》, 33.

의롭게 됨으로 양자가 되었다. 그러나 이스라엘은 아브라함의 후손으로 자연스럽게 하나님의 양자가 되었고, 그 특권을 누려왔다. 그런데 그들은 지금 예수 그리스도를 거부함으로, 양자 된 것을 포기해 버린 상태에 빠져 있다.

또 그들은 '(그) 영광'(the glory)과 '(그) 언약들'(the covenants) 안에 있는 백성들이다. '영광'은 어떤 특별한 상황을 고려한 것이라기보다는 양자가 됨으로 결과적으로 얻어지는 특권을 말한다. 로마서 5장 1-2절에서 이미 언급한 바 있다.

> "예수 그리스도로 말미암아 하나님과 화평을 누리자 또한 그로 말미암아 우리가 믿음으로 서 있는 이 은혜에 들어감을 얻었으며 하나님의 영광을 바라고 즐거워하느니라"(롬 5:1–2).

출애굽기에서도 '영광'은 하나님께서 그들과 함께한 것 자체를 의미하였다(출 40:34-35). 요한계시록에서도 구원받은 자들의 최고의 영광은 하나님이 우리와 함께 계심이라고 했다(계 21:3).[24] 그런데 이스라엘은 그런 영광을 상실해 가고 있다.

'(그) 언약들(the covenants)과 율법을 세우신 것'은 이스라엘이 받은 특별한 은혜들을 나타낸다. 언약을 말할 때 복수를 사용하는 것은 아브라함과 세운 언약이 많이 있었다는 것을 의미한다. 또한 언약에서 빼놓을 수 없는 것은 광야에서 야웨 하나님과 이스라엘 백성들

---

24) 계 21:3에서 "내가 들으니 보좌에서 큰 음성이 나서 이르되 보라 하나님의 장막이 사람들과 함께 있으매 하나님이 그들과 함께 계시리니 그들은 하나님의 백성이 되고 하나님은 친히 그들과 함께 계셔서"라고 하심으로 인간에게 최고의 영광은 하나님이 함께 계심인 것을 강조한다.

이 맺은 그 언약이다(출 19:1-6). 이 언약을 통해서 야웨 하나님은 그들의 하나님이 되시고, 이스라엘은 하나님의 백성이 되었다. 그때 하나님께서 그 백성에게 주신 언약의 내용은 바로 이것이다.

> "세계가 다 내게 속하였나니 너희가 내 말을 잘 듣고 내 언약을 지키면 너희는 모든 민족 중에서 내 소유가 되겠고 너희가 내게 대하여 제사장 나라가 되며 거룩한 백성이 되리라 너는 이 말을 이스라엘 자손에게 전할지니라"(출 19:5-6).

이 말씀에서 기억해야 할 것은 '너희가 내 말을 잘 듣고 내 언약을 지키면'이다. 로마서 10장 1-4절에서 바울은 이 구절을 들어 그들의 문제를 지적한다.

이스라엘의 가장 큰 자랑은 율법이다. 로마서 2, 3장에서 유대인들이 율법을 얼마나 자랑스럽게 여기고 있는지를 자세하게 다루었다. 율법을 가지고 있는 것 자체로 구원을 받는다고 여길 정도로 그들은 율법을 자랑하며 살았다. 율법이 이스라엘을 만들었고, 이스라엘이 율법을 지켜왔다. 이스라엘에겐 예배가 있고, 하나님의 약속들이 있었다.

특별히 5절에서 강조하는 바는 '그리스도가 그들에게서 나셨다'는 점이다. 그리스도가 그들에게 속한 분이라 말하지 않고, 유대인의 줄기에서 나왔다고 말한다. 그리스도가 그들에게서 나셨다는 말은 그들이 하나님과 함께 사는 영광의 백성임을 인증해 주었다는 뜻이다. 여기에 나오는 '그들'은 막연한 '조상들'이 아니라 '이스라엘 사람'이다. 이스라엘은 하나님의 자녀 된 특권뿐 아니라, 그들이 '하나님의 소유'라는 사실을 강조한다. 출애굽 당시에 열 번째 재앙에서 첫

태생을 다 살려 주심으로, 과거의 유대인은 다 죽었고, 하나님의 것으로 다시 태어난 것이다. 그래서 하나님께서는 "너희는 내 것이다"라고 선언하시는 것이다(출 13:2, 34:19; 민 3:13; 사 43:1; 학 2:8).

여기까지 이스라엘의 특권과 자랑을 나열하다가 예수 그리스도에 이르자 그분을 하나님으로 높인다. 그리스도가 육신으로는 그들에게 나셨지만, 그는 만물 위에 계신 하나님이시라고 선언한다(롬 9:5). 영원토록 찬송을 받으실 하나님이시라고 선언한다(롬 9:5b). 이분은 하나님이시다.[25] 그리고 자기 주인이신 예수 그리스도라고 한다(롬 1:1).

에베소서 4장 6절에는 "하나님도 한 분이시니 곧 만유의 아버지시라 만유 위에 계시고 만유를 통일하시고 만유 가운데 계시도다"라고 찬양한다. '만유 위에 계시고'(호 에피 판톤-ὁ ἐπὶ πάντων), '만유를 통일하시고'(디아 판톤-διὰ πάντων)', 그리고 '만유 가운데'(엔 파신-ἐν πᾶσιν)' 계신다고 찬양하고 있다.

새번역 성경은 "하나님도 한 분이십니다. 하나님은 모든 것의 아버지시요, 모든 것 위에 계시고 모든 것을 통하여 계시고 모든 것 안에 계시는 분이십니다"로 번역했다. '에피'(ἐπὶ)는 우주 위에 계신다는 뜻으로, 우주를 감싸고 계신다고 해석할 수도 있다. '디아'(διὰ)는 통하다는 말보다는 관통하다는 뜻이다. 마치 사람의 몸을 스캔(scan)하듯이 우주를 관통하여 모든 것을 아시는 하나님이시라는 의미다. 그리고 '엔 파신'(ἐν πᾶσιν)은 우주 안에 충만하게 거하시며

---

25) "따라서 '하나님'을 '그리스도'에 연결시키는 것은 주석적인 면에서 바람직하고, 신학적으로 반대할 수 없으며, 문맥상으로 적절하다. 바울은 여기서 메시아, 예수를 '하나님'으로 부름으로써 그분이 신적 신분을 완전히 갖추고 있음을 알리는 것이다." 더글라스 J. 무(Moo), 《로마서》(NICNT), 774.

그 안에서 자유롭게 활동하시는 것을 나타낸다. 그런 하나님을 찬양하지 않을 수 있겠는가? 영원히 찬양해도 다 찬양할 수 없는 분이시다!

바울 사도가 그처럼 괴로워하는 이유도 여기에 있다. 사도 바울은, 예수 그리스도는 만물 위에 계시는 분이고, 만물을 관통해 계시는 분이고, 세세에 찬양을 받으실 하나님이시라고 고백함으로, 이스라엘이 예수 그리스도로부터 멀어진 것은 곧 하나님에게서 끊겨진 것이라는 사실을 암시적으로 선언함과 동시에 유대인들이 그리스도를 거부(拒否)하는 일이 얼마나 무서운 것인가를 만천하에 공포하는 것이다.

"그는 만물 위에 계셔서 세세에 찬양을 받으실 하나님이시니라"(롬 9:5).

하나님의 약속은 파기되었는가?(롬 9:6–13)

"그러나 하나님의 말씀이 폐하여진 것 같지 않도다 이스라엘에게서 난 그들이 다 이스라엘이 아니요 또한 아브라함의 씨가 다 그의 자녀가 아니라 오직 이삭으로부터 난 자라야 네 씨라 불리리라 하셨으니 곧 육신의 자녀가 하나님의 자녀가 아니요 오직 약속의 자녀가 씨로 여기심을 받느니라 약속의 말씀은 이것이니 명년 이때에 내가 이르리니 사라에게 아들이 있으리라 하심이라 그뿐 아니라 또한 리브가가 우리 조상 이삭 한 사람으로 말미암아 임신하였는데 그 자식들이 아직 나지도 아니하고 무슨 선이나 악을 행하지 아니한 때에 택하심을 따라 되는 하나님의 뜻이 행위로 말미암지 않고 오직 부르시는 이로 말미암아 서게 하려 하사 리브가에게 이르시되 큰 자가 어린 자를 섬기리라 하셨나니 기록된바 내가 야곱은 사랑하고 에서는 미워하였다 하심과 같으니라"(롬 9:6–13).

"그러나 하나님의 말씀(ὁ λόγος τοῦ θεοῦ)이 폐하여진 것 같지 않도다"(6절) 이 말씀에는 이스라엘의 현실을 부정하고 싶은 사도 바울의 마음이 담겨 있다. 마치 변호인이 피고의 무죄를 주장하기 위하여 숨겨진 법을 찾아내서 변호하듯이 사도 바울은 하나님의 말씀이 폐기되지 않았다는 점을 찾아서 변호하려고 한다. '같지 않다'(οὐχ οἷον)는 말은 '…과 같은 그런 일은 없다'는 의미다. '우크 호이온'(οὐχ οἷον)에서 '우크'라는 부정사를 문장의 서두에 둠으로써, 그런 일은 결코 있을 수 없다는 강한 부정을 나타낸다.

로마서 9장 3절에서, 바울은 자신이 그리스도에게서 끊어지더라도 이스라엘을 건져 내고 싶다고 했으니까, 현재 이스라엘은 그리스도에게서 끊어진 상태에 있음을 전제하고 있다. 그렇다면 그들은 그리스도 밖에 있다는 말이다. 바울은 지금까지, 그리스도 밖에 있는 자는 누구를 막론하고 하나님의 의로부터 떨어져 있으며, 하나님으로부터 버림받은 것이라는 사실을 줄기차게 주장해 왔다. 그런데도 하나님의 말씀이 폐하여진 것 같지 않다고 하면, 결국 이스라엘은 구원을 받는다는 말인가? 일반적으로 알고 있는 대로 마지막에는 온 이스라엘이 모두 구원을 받는다는 말인가?

'폐기'(6절)라는 말은 입에 담을 수 없는 말이다. 바울이 사용한 '폐기'(엑펩토켄-ἐκπέπτωκεν)는 완료시제로서, 어떤 것으로부터 '떨어져 나가다', '길을 잃다', '희망을 포기한다'[26]는 뜻인데, 그런 사실이

26) '폐하여지다'를 뜻하는 'ἐκπέπτωκεν'(엑펩토켄)은 'ἐκπίπτω'(엑핍토)의 완료시제로서, '에크'(ἐκ)와 '향하여 가다'라는 의미를 가진 '플레오'(πλέω)의 합성어로 고전 헬라어 문헌에서 '어떤 것으로부터 떨어져 나가다', '길을 잃다', '희망을 포기하다'라는 의미로 쓰였다. 신약에서도 약 1:11, 벧전 1:24에서 같은 의미로 사용되었다. 옥스퍼드,

이미 이뤄졌으며 상실한 상태가 계속되고 있다는 의미이다. 그렇다면 지금 이스라엘이 '하나님의 말씀'(언약)을 폐기한 상태에 있다는 말이다. 이것은 희망의 상실이고, 저주로 떨어지는 것이다. 바울은 여기서 '폐기'라는 용어를 사용하여 지금 이스라엘의 문제가 무엇인가를 간접적으로 드러내고 있고, 이 일이 얼마나 심각한 일인가를 드러내고 있다.

'하나님의 말씀의 폐기'에서 '말씀'은 이스라엘에 주신 하나님의 언약을 일컬은 말이다. 로마서 11장 26-29절에서 언급한 '이스라엘이 구원받을 것'이라는 약속을 가리킨다. 그러므로 '하나님의 말씀의 폐기'는 하나님께서 이스라엘에게 주신 언약(약속)들을 모두 폐기하는 것을 의미한다. 그렇다면 또 하나의 질문이 나온다. 하나님께서도 한번 하신 언약을 폐기 처분하실 수 있는가?

"폐하여진 것 같지 않도다"(6절)는 절대로 그런 일은 없다는 단호한 말이다. 6절은 "하나님의 언약의 폐기가 합당한가?"라고 묻는 질문을 예상하고 답하는 디아트리베의 수사적 기법이다. 3절에서 자기가 그리스도로부터 끊어지더라도 이스라엘을 건지고 싶다는 의도로 말했으니, 이스라엘이 그리스도로부터 끊어졌다는 말이 아닌가?

그렇다면 "선택받은 사람도 버림받을 수 있는가?"라고 누군가가 반발하고 있다고 바울은 예상한다. 그렇다면 선택도 취소될 수 있는가? 왜 선택받은 백성들이 하나님으로부터 버림받았는가? 이스라엘인이라고 자부하는 사람들은 결고 버림받을 수 없다고 확신하며 살

《로마서》, 46. 슈라이너는 이 단어는 '항로에서 벗어나 표류하다, 좌초하다'는 의미를 지닌다고 했다. 슈라이너, 《로마서》, 587.

고 있다. 만약 그렇다면 하나님은 거짓말을 하신 것인가? 여기에 대하여 먼저 바울은 하나님의 약속이 폐할 수는 없다고 단호히 대답한다. 그 이유를 '가르'(γάρ)라는 접속사를 사용하여 왜 폐기되지 않았는지를 설명한다. 폐기되지 않은 이유는 '이스라엘에게서 태어난 자라고 해서 다 이스라엘이 아니기' 때문이다(6절). 또한 아브라함의 씨가 다 그의 자녀가 아니기 때문이다(7절). 하나님의 언약이 폐기되지 않았지만, 이런 선언이 모든 이스라엘에게 적용되는 게 아니라고 한다. 해석의 차이라고 한다.

하나님은 결코 약속을 일방적으로 폐기하시는 분이 아니시다. 그런데도 하나님의 약속(언약)도 폐기될 수 있다는 말인가? 선택된 백성도 하나님의 구원에서 떨어져 나갈 수 있는 것인가? "하나님의 말씀이 폐하여진 것 같지 않도다"(6절a)라는 말 중에 '같지 않도다'(우크 호이온-Οὐχ οἷον)라는 의미는 '…과 같은 그런 일은 없다'는 뜻으로 '아니다'라는 부정사를 앞에 내세움으로 강한 부정을 나타낸다. 하나님의 말씀은 결코 실패할 수 없다는 것이다. '같지 않도다'(우크 호이온-Οὐχ οἷον)에 이어, 그 이유를 설명해 나간다.

6절 하반절부터 그 이유를 전개한다. 그리고 이 문제를 풀어가기 위하여 바울은 먼저 참 이스라엘이 누구인가에 대한 질문을 던진다. 하나님의 언약은 파기될 수 없다. 그런데 현재 상황은 파기되고 있다. 무엇이 문제인가? 그렇다면 누가 참 이스라엘인가?

바울은 선택받은 자들이 누구인가를 밝힘으로 여기에 대해 대답하려고 한다. 그렇다면 아브라함에게서 난 자는 모두 이스라엘인가? 아브라함의 씨가 다 그의 자녀인가? 여기서 그가 말하는 주제는 '이스라엘은 혈통 공동체인가? 아니면 신앙 공동체인가?'이다. 바울은 율법의 대학자이다. 그는 유대 신학자다운 논리를 전개한다. 바울의 주장은 단호하다. "오직 이삭으로부터 난 자라야 네 씨라 불리리라"(롬 9:7b)고 한다. 이스라엘에게서 난 이들이라고 해서 다 이스라엘이 아니라고 한다. 아브라함에게서 난 자라고 해서 다 구원받는 것이 아니라고 단언한다.

이스라엘이 집단으로 선택을 받은 것이 아니라고 한다. 아브라함의 자손이라고 해서 모두 언약의 자손이 아니고, 약속받은 자의 후손만이 아브라함의 자녀이기 때문이다. 칼빈은 "하나님의 약속이 아브라함과 그의 후손에게 주어진 것은 사실이나, 아브라함의 기업이 그의 모든 후손들에게 구별없이 주어진 것이 아니라는 것이다"라고 한다.[27)]

이 역설은 이미 로마서 4장에서 언급한 바 있다. 믿음의 의로 여겨진 것은 "아브라함이나 그 후손에게 세상의 상속자가 되리라고 하신 언약은 율법으로 말미암은 것이 아니요, 오직 믿음의 의로 말미암은 것이니라"(롬 4:13)고 했다. 로마서 9장 7절에서 '아브라함의 씨'와 '약속의 자녀'(타 테크나 테스 에팡겔리아스-τὰ τέκνα τῆς ἐπαγγελίας)를 분명하게 구별한다. 아브라함의 씨(스페르마 아브라암-σπέρμα Ἀβραάμ)는 그의 육신적 후손을 말한다. 아브라함에게서 나왔으나 약속의 자녀만이 하나님의 선택된 백성이라고 한다.

하나님의 약속은 "또한 아브라함의 씨가 다 그의 자녀가 아니라

---

27) 상게서, 《로마서》, 290. 이 구절 말미에 칼빈은 "이로 보건대 어떤 사람의 허물로 인하여 그 언약이 폐하여질 수 없다는 것이 분명하다"라고 했다. 그러나 로마서 10장 2-3절에는 "그들이…올바른 지식을 따른 것이 아니니라"고 했고, "힘써 하나님의 의에 복종하지 아니하였느니라"고 했다.

오직 이삭으로부터 난 자라야 네 씨라 불리리라"(롬 9:7)고 하셨다. 또 "명년 이때에 내가 이르리니 사라에게 아들이 있으리라"(롬 9:9)고 지목한 아들이 선택된 백성이라는 사실을 뜻한다. 여기서 이삭과 이스마엘의 운명이 또 극명하게 갈린다. 이스마엘도 아브라함에게서 났다. 그러나 그는 약속의 자손이 아니다. 오직 이삭만 약속의 자녀라고 하신다.

이삭은 약속의 자녀이다. "명년 이때에 내가 이르리니 사라에게 아들이 있으리라"(9절)고 기록되어 있다. 이삭은 하나님께서 친히 오셔서 약속해 주시고 낳은 자식이다(창 18:13-15). 그렇다면 그를 통하여 낳은 자식은 모두 선택받은 사람들인가? 바울은 이삭에 이어 리브가를 통하여 태어난 두 아들을 언급한다. 에서와 야곱은 한 어머니의 태 안에 있었던 쌍둥이들이다. 그런데 아직 이 땅에 태어나지도 아니한 자들, 이들은 아직 선이나 악을 행하지도 않은 아이들인데도, 태어날 때부터 한 아이는 선택을 받았고, 한 아이는 선택받지 못했다.

리브가에게 이르시되, "큰 자가 어린 자를 섬기리라"(롬 9:12)고 하셨고, "내가 야곱은 사랑하고, 에서는 미워하였다"라고 하셨다(롬 9:13). 그렇다면 하나님의 선택은 그들의 선악이나 성품, 그리고 어떤 행위도 조건이 될 수 없다고 단호히 선을 긋는다. 전적으로 오직 부르시는 이로 말미암아 선택된 것이다.

바울의 결론은 분명하다. 이삭과 이스마엘 중에 이삭을 선택하셨듯이, 많은 아브라함 자손 중에서 선택을 받은 자들은 구원을 받기 때문에 하나님의 약속이 폐하여진 것이라고 말할 수 없다고 한다. 폐기된 자들은 선택을 받지 못한 자들이라고 한다. 이 점은 로마서

9장 27절에서 분명히 밝혀진다.

> "이스라엘 자손들의 수가 비록 바다의 모래 같을지라도 남은 자만 구원을 받으리니"(롬 9:27).

기독교 초기에는 유대인 그리스도인이 많았다. 그러나 점차 유대 그리스도인은 적어지고, 대부분의 유대인들은 복음을 받아들이지 않았다. 그러나 바울 사도는 하나님의 약속이 폐하여진 것 같지 않다고 말한다. 그 이유는 "곧 육신의 자녀가 하나님의 자녀가 아니요, 오직 약속의 자녀가 씨로 여기심을 받기"(롬 9:8) 때문이라고 한다. 약속의 자녀들은, 하나님께서 남겨두신 남은 자로서의 유대인들을 가리킨다. 여기서 바울은 선택이라는 교리를 꺼내 든다.

이스라엘로 말하면 아브라함이나 이삭을 통하여 선택이 무엇인가를 쉽게 판별할 수 있다. 그러나 그 이후 후손들은 자기들이 선택받았는지를 어떻게 알 수 있는가? 지금까지 이스라엘 사람들은 자기들이 아브라함의 후손이기 때문에 선택받았다고 믿고 살아왔다. 그러나 본문에서는 단순히 아브라함의 혈통이라고 선택받은 것은 아니라는 다른 선택의 기준을 명시한다.

그러면 하나님이 선택하시는 기준은 무엇인가?
사무엘상 2장 2-3절에서 한나는 하나님을 이렇게 찬양한다.

> "여호와와 같이 거룩하신 이가 없으시니 이는 주밖에 다른 이가 없고 우리 하나님 같은 반석도 없으심이니이다 심히 교만한 말을 다시 하지

말 것이며 오만한 말을 너희의 입에서 내지 말지어다 여호와는 지식의 하나님이시라 행동을 달아 보시느니라."

본문의 뜻은 지식의 하나님께서는 사람들의 모든 것을 측정하고 계시기 때문에, 하나님 앞에서 교만한 말을 해서는 안 되고 오만을 떨지 말라고 한다. 사람들의 속과 겉을 아시고 모든 것을 헤아리시는 하나님이시기 때문에, 함부로 하나님이 하시는 일에 대하여 판단하지 말라고 한다.

사무엘상 2장 3절 하반절에서 '왜냐하면'이라는 의미를 나타내는 '키'(כִּי)라는 접속사를 사용하여 그 이유를 밝힌다. 함부로 하나님이 하시는 일에 대하여 판단하지 말아야 할 이유는, 여호와는 지식의 하나님이시고 행동을 달아 보시기 때문이다. 여기서 '지식'으로 번역된 '데오토'(דֵּעוֹת)는 '-떼아'(דֵּעָה)의 복수형이다. '데아'는 히브리 사상에서 어떤 대상을 인지적 측면만이 아니라, 인격적이고 총체적으로 알게 될 때 사용하는 동사 '야다으'(ידע)에서 파생된 명사이다. 그러므로 지식의 하나님은 세상 만물의 모든 것을 아시고 바르게 판단하시는 하나님이시기 때문에 하나님을 향하여 교만을 떨거나 오만한 말을 하지 말아야 한다고 한다.[28)]

마소라 텍스트로 읽으면, 이 구절 맨 앞에 부정사 '로'(לֹא)가 있어서, 그 뜻은 한글 개역 성경과 반대가 되며, "(하나님의) 행동들은 측정되지 않는다"라고 번역된다. 그러나 한나의 찬양의 문맥으로 볼 때, "(하나님의) 행동들은 측정되지 않는다"는 번역이나, 하나님께서

28) 케레(Qere)는 부정의 뜻을 가지고 있는 '로'(לֹא)가 아니라, 하나님을 지시하는 3인칭 접미어가 붙은 '로'(לוֹ)로 읽어야 한다고 주장한다. 그러면 그 뜻은 '(하나님의) 행동들은 측정되지 않는다'는 뜻이 된다. 영어 번역본인 KJV이나 RSV는 케레의 주장을 따르고 있다.

사람들을 달아 보신다는 번역 중에 어느 것을 선택해도 문맥에 어긋나지 않는다.

하나님께서 이삭을 택하시고 이스마엘을 버리신 것은, 마치 제비 뽑듯이 뽑았다는 뜻이 아니라는 말이다. 하나님의 선택에는 우리 인간들이 상상도 할 수 없는 분명한 기준이 있을 것이다. 로마서 8장에서 언급한 대로, 신약 시대에는 선택의 기준이 성령이시다. 로마서 8장 9절 말씀대로, 성령이 우리에게 오신 것으로 선택을 알 수 있다. 하나님께서 자녀로 받아주시는 표가 성령의 오심이기 때문이다. 그러므로 성령이 친히 우리의 영과 더불어 우리가 하나님의 자녀인 것을 증언하신다(롬 8:16). 또한 성령이 계시지 않으면 하나님의 자녀가 아니라고 선언한다(롬 8:9, 14).

이런 기준에 의한 선택의 원리에 따라서, 바울은 하나님께서 유대인 중에 남은 자를 선택해 놓으셨으리라는 확신을 가지고 있고, 그 안에 희망을 두고 있다. 그래서 이제부터는 주제가 '하나님의 선택'으로 바뀐다. 하나님께서 유대인 중에서 선택된 자들, 즉 남은 자들을 숨겨두셨기 때문에 그런 의미에서 하나님의 약속이 폐하여진 것이 아니라는 말이다. 여기서부터 선택의 주제를 다루기 시작한다. 남은 자들에게 호소한다. 바울은 유대인 중에서 남은 자들에게 선택이라는 하나님의 특권을 통하여 호소한다.

"내가 …는 사랑하고(에가페사-ἠγάπησα) …는 미워하였다(에미세사-ἐμίσησα)"(롬 9:13)는 말씀은 말라기 1장 2-3절을 인용한 것이다.

"…나 여호와가 말하노라 에서는 야곱의 형이 아니냐 그러나 내가 야곱을 사랑하였고 에서는 미워하였으며 그의 산들을 황폐하게 하였고 그의 산업을 광야의 이리들에게 넘겼느니라".

그렇다면 하나님의 선택의 기준은 무엇인가? 그 예를 리브가의 태 속에 든 두 아들로 들고 있다. 하나님께서는 "내가 야곱은 사랑하고 에서는 미워하였다"라고 하셨다. 이 말은 야곱을 더 사랑하고, 에서에게는 야곱에게 주신 축복을 주지 않았다는 의미다. 히브리인들의 언어 습관에서 '미워하다'는 말은 감정적인 미움의 표시가 아니라 '덜 사랑하다'라는 의미이다.[29]

에서와 야곱은 한 어머니의 태 안에 함께 있었던 쌍둥이다. 그리고 그들은 태어나기도 전에 선택되었다. 그렇다면 하나님의 선택에 있어서 그들의 선악이나 성품, 그리고 어떤 행위도 조건이 될 수 없다. 전적으로 오직 부르시는 이로 말미암아 선택된 것이다.

그렇다면 왜 야곱은 선택하시고, 에서는 버리신 것인가?

인간은 하나님의 선택에 대하여 비판할 자격이 없다. 그 이유는 두 가지로 설명할 수 있다. 첫째는, 하나님은 외형적인 모습만이 아닌 사람의 마음까지 측정하고 계신 분이기 때문이다(왕상 8:39; 잠 16:2, 21:2, 24:12). 둘째는, 인간은 모두가 하나님의 기준에 절대로 미치지 못하는 존재이기 때문에, 누구도 선택된 것에 대한 이유를 자신에게 돌릴 수 없다. 그러므로 우리는 단지 하나님의 선택을 받아들이고 그분을 찬양할 뿐이다.

---

29) 옥스퍼드, 《로마서 II》, 55. 야곱과 에서의 내러티브(창 27:36-40)에서 이삭이 에서를 미워한 것은 아니다. 야곱에게 준 축복을 그에게는 줄 수 없었을 뿐이다.

선택, 하나님의 속임수? (롬 9:14-18)

> "그런즉 우리가 무슨 말을 하리요 하나님께 불의가 있느냐 그럴 수 없느니라 모세에게 이르시되 내가 긍휼히 여길 자를 긍휼히 여기고 불쌍히 여길 자를 불쌍히 여기리라 하셨으니 그런즉 원하는 자로 말미암음도 아니요 달음박질하는 자로 말미암음도 아니요 오직 긍휼히 여기시는 하나님으로 말미암음이니라 성경이 바로에게 이르시되 내가 이 일을 너를 위하여 세웠으니 곧 너로 말미암아 내 능력을 보이고 내 이름이 온 땅에 전파되게 하려 함이라 하셨으니 그런즉 하나님께서 하고자 하시는 자를 긍휼히 여기시고 하고자 하시는 자를 완악하게 하시느니라"(롬 9:14-18).

"하나님께 불의(unrighteousness)가 있는가?"

지금까지 바울의 주장을 듣고 있던 유대인 중에서 틀림없이 반발하고 일어날 사람이 있을 것이다. 왜냐하면 그들은 지금까지 자신들은 선택받은 백성이라고 믿고 살아왔기 때문이다. 이스라엘이 전에는 선택받은 백성이었다. 그런데 "곧 육신의 자녀가 하나님의 자녀가 아니요 오직 약속의 자녀가 씨로 여기심을 받느니라"(롬 9:8)는 말을 들었을 때 그들은 분해서 거칠게 항의할 것이다. 하나님이 속임수를 쓴 것으로 오해할 수도 있다.

먼저 전제해야 할 것은, 선택이라는 개념이 우리 이방인들에게는 생소하고 잘 이해되지 않는 것이지만 유대인들에게는 매우 익숙한 개념이라는 사실이다. 왜냐하면 그들은 선택 안에서 살아왔기 때문이다. 아브라함의 선택, 야곱의 선택, 그리고 애굽에서 선택된 이스라엘 백성이기 때문이다. 즉 그들은 하나님에게 선택된 백성이라는 자부심으로 살아왔다(신 7: 7-11). 그런데 이제 와서 버림받을 수 있다고 하니 이해할 수 없었을 것이다.

"그럴 수 없다"(메 게노이토-μὴ γένοιτο). 그들은 단호하게 부정한다. 12절에서 선택은 '이러한 일이 사람의 행위에 근거한 것이 아니라 부르시는 분께 달려 있다'(새번역)라고 말한 바 있다고 했다. 그리고 15절에서 '가르'(γὰρ)를 사용하여 왜 하나님께서 불의하지 않으신지를 설명하기 시작한다.

모세의 말을 인용하여, 하나님의 선택의 기준은 오직 하나님의 '헤세드'(חסד)라고 밝힌다. 하나님의 '헤세드'(חסד)는 계약 관계 안에 있는 사람에게 베풀어지는 사랑이다. 계약에서 떨어져 나간 사람은 하나님의 헤세드에서도 떨어져 나간다. 마찬가지로 하나님의 '의'나 '심판' 그리고 '신실함'도 언약 안에서만 불리어질 수 있다.[30] 출애굽기 33장 19절이 하나님의 헤세드를 잘 표현하고 있다.

> "나는 은혜 베풀 자에게 은혜를 베풀고 긍휼히 여길 자에게 긍휼을 베푸느니라"(출 33:19).

선택은 이중적이다. 긍휼히 여기고자 하는 자를 긍휼히 여기고, 완악하게 하고자 하는 사람을 완악하게 하신다. 여기에 어떤 단서를 붙일 수 없다. 전적으로 하나님의 주권에 의하여 이뤄진 것이다. 그렇다면 이렇게 불평할 사람이 있을 것이다. "하나님은 불공평하신 분이다. 아무나 선택했다면 선택받은 자들은 복된 이들이지만, 선택받지 못한 자들은 억울하지 않겠는가? 하나님께서 공평하시지 않으시다"라고 항의할 수도 있다. 그러나 출애굽기 33장 19절에 의하면, 하나님의 선택은 아무렇게나 제비 뽑듯이 뽑은 것은 아니라

30) R. Laird Harris 외 2인, *Theological Wordbook of the O.T.*, 306.

는 말이다. 긍휼히 여길 자를 아셨고, 불쌍히 여길 자를 아셨다는 말이다. 그렇다면 누구를 긍휼히 여기고, 누구를 불쌍히 여겼다는 말인가?

긍휼히 여기고, 불쌍히 여길 자를 아시는 하나님은 어떤 분이신가? 요한계시록에서 하나님은 자신을 알파와 오메가로 선포하신다(계 1:8, 17). 알파와 오메가, 처음과 나중이신 하나님은 시작도 없고 끝도 없는 존재로서, 항상 현재로 존재하시는 분이라는 뜻이다. 즉 영원한 현재이신 하나님은 현재(now)에서 인간의 과거와 현재 그리고 미래를 다 보고 계시는 분이라는 의미다. 영원한 현재이신(eternal now) 하나님께서 당신이 하시고자 하는 일을 하시고, 선택하고자 하는 자를 선택하신다. 그러므로 그분의 선택의 기준을 우리는 알 수도 없고, 알려고 해서도 안 된다.

분명한 것은 우리는 아무 자격 없는 자들로서, 그리고 심판받고 죽음에 떨어졌던 사람들로서(요 3:18-21), 오직 그분의 사랑으로 인하여 선택받았을 뿐이다. 그러므로 선택은 오직 하나님의 은혜일 뿐이고, 선택받은 자의 태도는 그저 받아들이는 것이고, 그저 감사하고 찬양하는 것이다. 데살로니가전서 5장 16-18절에서는 선택받은 사람들이 하나님 앞에서 어떻게 살아야 하는가를 말하고 있다.

> "항상 기뻐하라 쉬지 말고 기도하라 범사에 감사하라 이것이…너희를 향하신 하나님의 뜻이니라."

하나님의 선택에 대하여 인간들은 불평할 수도 없고, 그 이유를 물을 수도 없다. 그러나 분명한 것은, 하나님께서 누구를 선택하시

든지 그 선택에는 분명한 목적이 있다고 한다. 바울은 하나님께서 바로에게 하신 말씀을 인용한다.[31]

> "내가 이 일을 위하여 너를 세웠으니 곧 너로 말미암아 내 능력을 보이고 내 이름이 온 땅에 전파되게 하려 함이라 하셨으니"(롬 9:17b).

하나님께서는 바로 같은 인물을 하나님이 하고자 하시는 일을 하도록 하기 위하여 그를 '완악'하게 세우셨다.[32] 부정적인 이미지(image)이지만, 바로가 하나님을 대적하므로 더 많은 기적과 이적을 행하게 되었고, 그 일로 인하여 이스라엘은 물론 애굽인들, 그리고 온 땅에 하나님이 어떤 분인가를 알게 해주었기 때문이다.

존 머리는 "하나님의 오래 참음은 그의 은총을 보증하는 증명서가 아니라, 끔찍하게도 진노의 그릇들인 사람에게 하나님이 진노를 보이고, 그의 능력을 알리게 하기 위해 그들의 척박한 마음을 더 선명하게 드러내기 위한 것임을 알라는 말이다"라고 설명한다. 악한 자를 세우심도 하나님의 뜻을 이루기 위해서라면 선한 자로 세우심은 말할 필요도 없지 않는가?

슈라이너는, 바로가 완악하게 된 것은 바울 당시 많은 이스라엘

31) 롬 9:15은 하나님께서 모세에게 말씀하셨다고 하고, 17절에, 바로에게는 성경에 말씀하셨다고 한다. 왜 바로에게는 '성경에 말씀하셨다'고 할까? 성경과 하나님은 동일한 요소로 보아야 한다. 그런데도 성경에 말씀하셨다고 하는 것은 바울 자신이 하나님께서 바로에게 직접 말씀하셨다는 것을 피하고 우회적으로 표현했다고 본다.

32) '세우셨다'는 헬라어 '엑세게이라'(ἐξήγειρά)는 '엑세게이로'(ἐξεγείρω)의 과거 능동태로서, 바로가 애굽의 왕이 될 수 있었던 것은 자기 자신의 힘이 아니라, 원천적으로 하나님께서 세워주셨기 때문에 가능한 것이었다는 점을 강조한다. 옥스퍼드, 《로마서 II》, 68.

사람이 완악하게 된 것과 유사하고, 바로가 이스라엘의 구원을 가져오기 위해 완악했던 것처럼, 이스라엘도 이방인에게 구원이 확대될 수 있도록 완악해졌다고 한다.[33] 그러나 이스라엘이 완악하게 된 것은 하나님께서 그들에게 주신 사명을 잊어버리고 교만해졌기 때문이지, 하나님께서 바로처럼 완악하게 만들어 사용하시는 것은 아니라는 점은 분명히 해야 한다.

지금까지 이스라엘에 대한 하나님의 언약이 폐한 것은 아니라는 주장에 대한 근거로 하나님의 선택에 대하여 진술해 왔다. 즉 하나님의 선택에 의해서 버림받은 자들이 있고, 구원받을 자들이 있다는 것이다. 그렇다면 하나님의 선택의 근거는 무엇인가? 하나님의 긍휼(헤세드)이라고 한다(롬 9:15). 헤세드는 계약에 근거한 사랑을 말한다.

그렇다면 헤세드로 판단하시는 근거는 무엇인가? 바울은 예수 그리스도를 통하여 이루어진 '믿음으로의 의'라고 말하고 싶었을 것이다. 그러나 아직 이 원리는 분명하게 드러내놓지 않는다. 앞으로 이 문제를 서서히 풀어갈 것이다.

출애굽기 19장 5-6절에서는 하나님의 선택의 근거를 "너희가 내 말을 잘 듣고 내 언약을 지키면"이라고 했다. 그리고 신약에 와서는 '믿음으로 얻는 의'가 된다. 그렇다면 출애굽기에서 제시한 조건과 신약에서 말하는 의에 이르는 길은 다른 길인가? 사도 바울은 두 가지 계약 조건을 '믿음과 순종'이라는 주제로 통합하여 일관되게 진술해 나간다.

---

33) 슈라이너, 《로마서》, 607.

거역할 수 없는 하나님의 뜻(롬 9:19–29)

"혹 네가 내게 말하기를 그러면 하나님이 어찌하여 허물하시느냐 누가 그 뜻을 대적하느냐 하리니 이 사람아 네가 누구이기에 감히 하나님께 반문하느냐 지음을 받은 물건이 지은 자에게 어찌 나를 이같이 만들었느냐 말하겠느냐 토기장이가 진흙 한 덩이로 하나는 귀히 쓸 그릇을, 하나는 천히 쓸 그릇을 만들 권한이 없느냐 만일 하나님이 그의 진노를 보이시고 그의 능력을 알게 하고자 하사 멸하기로 준비된 진노의 그릇을 오래 참으심으로 관용하시고 또한 영광 받기로 예비하신 바 긍휼의 그릇에 대하여 그 영광의 풍성함을 알게 하고자 하셨을지라도 무슨 말을 하리요 이 그릇은 우리니 곧 유대인 중에서뿐 아니라 이방인 중에서도 부르신 자니라 호세아의 글에도 이르시기를 내가 내 백성 아닌 자를 내 백성이라, 사랑하지 아니한 자를 사랑한 자라 부르리라 너희는 내 백성이 아니라 한 그곳에서 그들이 살아 계신 하나님의 아들이라 일컬음을 받으리라 함과 같으니라 또 이사야가 이스라엘에 관하여 외치되 이스라엘 자손들의 수가 비록 바다의 모래 같을지라도 남은 자만 구원을 받으리니 주께서 땅 위에서 그 말씀을 이루고 속히 시행하시리라 하셨느니라 또한 이사야가 미리 말한 바 만일 만군의 주께서 우리에게 씨를 남겨두지 아니하셨더라면 우리가 소돔과 같이 되고 고모라와 같았으리로다 함과 같으니라"(롬 9:19–29).

"혹 네가 내게 말하기를 그러면 하나님이 어찌하여 허물하시느냐?"

이는 수사적 질문이다. 이런 질문은 유대인 중에서도, 그리고 이방인 중에서도 당연히 던져질 수 있는 질문이다. 18절에 "그런즉 하나님께서 하고자 하시는 자를 긍휼히 여기시고 하고자 하는 자를 완악하게 하시느니라"고 했다. 그렇다면 하나님께서 선하게도, 또는 악하게도 하셨다면 누가 그 뜻을 거스르겠느냐는 것이다. 그렇다면 하나님께서 그렇게 만들어 놓으셨다면, 하나님께서는 그 사람을 책망할 수 없지 않느냐? 이것은 디아트리베라는 수사적 질문이다.

선택의 교리를 말하게 되면, 이중 선택을 언급하지 않을 수 없다. 어떤 이들을 영광의 자녀로 선택했다면, 여기서 제외된 사람들은 저주에 떨어질 수밖에 없기 때문이다. 그렇다면 믿음으로 바르게 살아가는 사람들이 자랑할 것이 없듯이, 저주에 떨어진 사람들도 하나님께서는 책망할 권한이 없게 될 것이다. 그러므로 "하나님께서는 사람들을 책망할 권한이 없지 않느냐"(19절)라는 질문은 당연하다고 하겠다.

바울은 다시 반대하는 편에 질문을 던진다. "지음 받은 물건이 지은 자에게 '어찌 나를 이같이 만들었느냐?'라고 말할 수 있느냐?"라는 것이다. 여기에 대한 대답으로 바울은 토기장이와 토기의 비유를 든다.

> "토기장이가 진흙 한 덩이로 하나는 귀히 쓸 그릇을, 하나는 천히 쓸 그릇을 만들 권한이 없느냐"(롬 9:21).

이 말씀은 예레미야 18장 1-11절에 나오는 토기장이의 비유이다. 이 비유의 핵심 구절은 6절이다.

> "여호와의 말씀이니라 이스라엘 족속아 이 토기장이가 하는 것같이 내가 능히 너희에게 행하지 못하겠느냐 이스라엘 족속아 진흙이 토기장이의 손에 있음같이 너희가 내 손에 있느니라."

토기장이의 주체적 판단에 의하여 토기가 만들어지듯이, 하나님께서도 자신의 뜻대로 사람을 만드신다는 뜻이다. 로마서 9장 16-

17절에 이미 언급했듯이, 하나님께서는 모세도 만드시고 바로도 만드셨듯이, 하나는 귀히 쓸 그릇으로, 하나는 천히 쓸 그릇을 만드신다. 여기서 질문은 "(하나님께서) 하나는 천히 쓸 그릇을 만들 권한이 없겠느냐?"이다. 그런데 22절 하반절에서는 거기에 대한 대답이 아닌, "진노의 그릇에 대하여 참으시고, 영광의 그릇을 통하여 그분의 영광의 풍성을 알리고자 한다고 해도 무슨 말을 하겠느냐?"로 흘러가버렸다.

학자들은 22절에 조건문이 완결을 보지 못하고 귀결문을 버린 채 끝났다고 주장한다.[34] 다드(C. H. Dodd)는 "바울과 같이 정상적 사유인이 표현에 있어서 모호성을 초래했다면, 그것은 대개 자신의 기존 입장에 순응하려는 억지 때문일 것"이라고 했다.

토기장이와 하나님의 절대 주권을 비교해 보자.

토기장이	**하나님**
귀히 쓸 그릇 천히 쓸 그릇을 만든다(21절).	진노의 그릇과 긍휼의 그릇으로 만드신다(22,23절)
	진노를 보이시고, 그의 능력을 알게 하고자, 오래 참으심으로 관용하시고(22절), 긍휼의 그릇에 대해 그 영광의 풍성을 알게 하고자 하신다(23절).

34) 분명히 바울이 이 문장을 시작하였을 때는 '그래, 네가 어떻게 하겠다는 거야?' 또는 '누가 감히 합법적인 이의를 제기할 수 있겠는가?' 또는 '누가 그를 심판하겠는가?'라는 귀결문으로 끝내려고 마음먹었을 것이다. 그러나 그는 이러한 예측대로 끝내는 대신 23절의 '긍휼의 그릇'에 대한 하나님의 인내를 언급함으로 귀결문을 끝내고 말았다. John Knox, *The Epistle to the Romans(Interpreter's bible)*, 548.

토기장이가 귀히 쓸 그릇을 만들고 천히 쓸 그릇을 만들듯이, 하나님께서도 마음대로 진노의 그릇과 영광의 그릇을 만드실 수 있다. 그런데 문제는 진노의 그릇에 대하여 오래 참으시는 이유가 무엇인가 하는 점이다. 22절에서 바울은 '하나님의 진노를 보이시고, 그의 능력을 알게 하기' 위해서라고 말하고, '멸하기로 준비된 진노의 그릇을 오래 참으심으로 관용'(22절b)하신다고 한다.

그렇다면 이들은 다음에 어떻게 되는가? 멸망을 받게 되는가? 아니면 구원에 이르게 되는가? 로마서에서는 하나님의 오래 참으시는 예가 두 번 언급되었다. 하나는, 유대인들을 향하여 말한 바와 같이 그들이 회개하고 돌아오기를 바라고 오래 참으시는 것이다(롬 2:4). 또 하나는, 바로와 같은 악한 사람에 대하여 오래 참으심으로 하나님의 능력을 나타내며, 하나님의 이름을 온 세상에 전파되게 하려는 경우이다(롬 9:17-18). 본문에서 진노의 그릇에 대하여 오래 참으심은 전자의 경우에 해당하는가? 아니면 후자의 경우인가?

학자들 중에는 "오래 참으시는 것은 '진노의 그릇'과 같이 된 인간들에 대하여 즉시 심판하는 것이 마땅하지만, 또한 하나님은 사랑의 주님이시므로 죄인이 회개하고 하나님의 긍휼을 입어 구원을 얻을 수 있는 기회를 주시기 위해서"라고 한다.[35] 특별히 오래 참으심으로 멸망의 길에 빠진 유대인 중에서 남은 자들이 하나님께로 돌아오도록 기다리신다고 한다. 이런 소망에 반대할 사람은 아무도 없다. 이 땅에 한 사람도 멸망에 이르지 않고 다 구원에 이르기를 바라는 마음은 우리 모두가 진실로 원하는 바이다.

35) 옥스퍼드, 《로마서 II》, 77.

그러나 본문 22절 하반절에는 '멸하기로 준비된(카테르티스메나 에이스 아포레이안-κατηρτισμένα εἰς ἀπώλειαν) 진노의 그릇'이라고 명시해 놓았다. 'κατηρτισμένα'(카테르티스메나)는 '완전에 이르도록 준비하다'라는 의미를 갖는 'καταρτίζω'(카타르티조)의 완료 수동태 분사이다.[36] 인간의 의지와는 상관없이 하나님의 의지에 의하여 되어진 것을 말한다. 완료 수동태 분사이므로 이전부터 준비가 되어 왔으며, 현재도 되고 있고, 미래까지 계속될 것을 의미한다. '멸망시킬 목적으로'라는 의미의 'εἰς ἀπώλειαν-에이스 아포레이안'은 하나님께서 멸망시키기로 만드신 진노의 그릇이 있다는 말이다. 그렇기 때문에 이 구절에서 하나님의 오래 참으심은 바로의 경우처럼 이해하는 것이 옳을 것이다.

또 유대인 중에서도 진노의 그릇들로 작정된 자들이 있다는 말이다. 그들은 멸망에 던져질 수밖에 없다. 그런데 그들에 대하여 오래 참으심은 앞으로 전개될 로마서 11장 11-12절을 암시하고 있는 것은 아닌가?

> "그러므로 내가 말하노니 그들이 넘어지기까지 실족하였느냐 그럴 수 없느니라 그들이 넘어짐으로 구원이 이방인에게 이르러 이스라엘로 시기나게 함이니라 그들의 넘어짐이 세상의 풍성함이 되며 그들의 실패가 이방인의 풍성함이 되거든 하물며 그들의 충만함이리요."

유대인들 중에 넘어지는 자들로 인하여 구원이 이방인에게 이르게 하고, 유대인들의 넘어짐이 세상에 풍성함이 되기 때문에 하나님

---

36) 상게서, 77.

께서는 오래 기다리신다고 한다. 동시에 이스라엘의 충만을 이야기함으로 그들에게도 희망을 남겨 놓는다.

하나님께서는 준비된 진노의 그릇을 오래 참으심으로 관용하신다고 한다. 진노의 그릇에 오래 참으심은 그들이 회개하기를 바라시기 때문인가? 아니면 진노의 그릇을 통하여 하나님께서 이루시려고 하는 계획을 이루기 위해서인가? 우리는 지금까지 두 가지 측면의 하나님의 오래 참으심을 보았다. 아니면 두 가지를 동시에 다 의미하는 것일까?

23-24절을 먼저 이해하는 것이 필요하다. '영광 받기로 예비하신 것'과 '긍휼의 그릇'은 동일하다. 이들을 향해 하나님께서 오래 참으시면서 영광의 풍성을 알게 하고자 하신다고 한다. 그렇다고 할지라도 '무슨 말을 하리요'라는 반문은 22절과 23절을 동시에 받는다. 악한 그릇에 대하여 오래 참으시고, 그런 자들을 통하여 당신이 영광을 받으신다(마침내는 심판이지만). 즉 바로처럼 말이다. 반면 영광의 그릇에 대하여 오래 참으심으로 하나님의 풍성하신 영광을 알리고자 하신다.

바울은 고난을 통하여 이 비밀을 깨달았을 것이다. 루스드라에서 전도하다가 안디옥과 이고니온에서 온 군중들의 돌에 맞아 죽었던 적도 있었고(행 14:19-20), 빌립보 옥중에서 고난도 있었지만(행 16:20-34), 그 일들을 통하여 하나님의 영광이 얼마나 풍성한가를 자신도 깨달았고, 보는 모든 사람들도 눈으로 보도록 하였다.

"그렇다고 한들 인간들이 무슨 말을 할 수 있겠는가?"(롬 9:23b)라는 질문은 진노의 그릇과 영광의 그릇에 대한 결론적 질문이지만, 이 흐름을 로마서 9장 19-20절로 연결시켜도 무난하다고 할 수 있을 것이다. 하나님께서 어떻게 하신다고 해도 질그릇 같은 인간은 항변할 수 없고 불평할 수 없다. 동시에 어떤 책임도 하나님께 돌릴 수 없다고 한다.

바울은 "이 그릇은 우리다"(24절)라고 얘기하고 있다. 우리는 영광의 그릇이다. 이 그릇들은 유대인 중에도 존재하고, 이방인 중에도 존재하는 우리(로마)의 교회라고 한다. 그들은 하나님의 영광을 알게 하기 위하여 예비된 유대인과 이방인들 중에 '남은 자'들이다. 특별히 선택된 이방인들이 하나님의 백성이 되고, 하나님의 아들이라 일컬음을 받을 것에 대하여 호세아의 글을 인용한다.

> "내가 나를 위하여 그를 이 땅에 심고 긍휼히 여김을 받지 못하였던 자를 긍휼히 여기며 내 백성 아니었던 자에게 향하여 이르기를 너는 내 백성이라 하리니 그들은 이르기를 주는 내 하나님이시라 하리라 하시니라"(호 2:23).

진노의 그릇과 영광의 그릇에 대한 대답은 호세아의 글에서 확실해졌다. 유대인 중에서도 진노의 그릇이 있고, 남은 자인 영광의 그릇이 있으며, 이방인 중에서도 남은 자가 있고, 진노의 자식들이 있다고 한다. 그리고 27절과 28절의 말씀은 여기에 대한 대답이다.

> "이스라엘 자손들의 수가 비록 바다의 모래 같을지라도 남은 자만 구원을 받으리니"(롬 9:27).
> "만일 만군의 주께서 우리에게 씨를 남겨 두지 아니하셨더라면 우리가 소돔과 같이 되고 고모라와 같았으리로다 함과 같으니라"(롬 9:29; 사

1:9절 참고).

드디어 바울은 말하고 싶어 하던 결론에 도달한다.

"이스라엘 자손들의 수가 비록 바다의 모래 같을지라도 남은 자만 구원을 받으리니"(27절).

로마서 9장 22-23절은 '예정'을 말함에 틀림이 없다. 그것도 이중 예정이다. 어떤 사람은 구원에 이르도록 예정되었고, 또 다른 사람은 멸망으로 예정되어 있다. 이 예정에 대하여 인간은 왈가왈부할 수 없다. 그것은 하나님만이 아시고, 하시는 일이다. 그렇다고 인간이 토기장이가 만든 토기와 같다는 말은 아닐 것이다.

바울은 여기에 대하여 아무 말도 하지 않는다. 변명하거나 설명하려고 하지도 않는다. 단지 믿음으로 구원받는다는 진리를 아무렇지도 않게 묵묵히 전개해 나갈 것이다. 그렇다면 예정과 믿음으로 받는 구원은 어떻게 설명할 수 있는가? 한번 멸망으로 예정된 사람은 변화될 가능성이 전혀 없는 것인가?

토기장이 비유를 해석할 때 주의해야 할 점이 있다. 이 비유는 토기장이가 같은 진흙으로 하나는 귀히 쓸 그릇을, 또 하나는 천히 쓸 그릇을 만들고, 한번 만들어진 토기는 바뀔 수 없는 것처럼 한번 선택된 것은 변경이 불가능하다는 숙명론을 말하려는 것이 아니다. 바울이 토기장이 비유를 든 것은, 사람들이 하나님의 선택을 걸고 하나님께 도전하는 것에 대하여 그렇게 할 수 없다는 이유를 설명하는 것이다. 결코 이 비유로 하나님의 선택의 교리를 설명하려는 것은 아니다. 즉 인간의 숙명론을 말하려는 것이 아니다.

여기서 바울은 토기장이(창조주)와 토기(피조물)의 차이를 설명한다. 토기가 토기장이에 대하여 "왜 당신 마음대로 어느 것은 선하게, 그리고 다른 것은 악하게 사용되도록 만들었느냐?"라고 반문할 수 없다고 한다. 이것이 하나님과 인간의 질적 차이(質的 差異)를 의미한다. 피조물이 창조주가 하신 일에 대하여 결코 반문하거나 시비를 걸 수 없다는 점이다.

이런 바울의 해석에서 우리는 유대인들의 신관(神觀)을 들여다볼 수 있다. 그들은 철저히 하나님과 인간의 질적 차이를 인정하는 신앙 안에서 살아온 민족이다. 그래서 하나님께 질문하거나 반문할 수 없는 한계를 분명히 긋고 살고 있다. 이 점에 대하여는 질문도 할 수 없고, 알려고 해서도 안 된다고 한다. 그렇다면 선택에 대하여 인간이 알 수 있는 점은 무엇인가?

하나님께서 하시는 일에 대하여는 인간이 알 수 없지만, 현재 인간 안에 일어나고 있는 상황을 통하여 알 수 있는 내용이 있을 것이다. 호세아의 글을 인용한다.

> "내가 내 백성 아닌 자를 내 백성이라, 사랑하지 아니한 자를 사랑한 자라 부르리라(참고, 호 2:23). 너희는 내 백성이 아니라 한 그곳에서 그들이 살아 계신 하나님의 아들이라 일컬음을 받으리라(호 1:10)".

이 내용을 호세아서로 읽으면 다음과 같이 읽을 수 있다.

> "내가 내 백성 아닌 자(로암미)를 내 백성(암미)라, 사랑하지 아니한 자

> (로루하마)를 사랑한 자(루하마)라 부르리라(호 2:23). 너희는 내 백성이 아니라(로암미) 한 그곳에서 그들이 살아 계신 하나님의 아들이라(암미) 일컬음을 받으리라(호 1:10)".

호세아의 글은 하나님께서 이스라엘을 버리셨다가 다시 찾으시고, 내 백성이 아니라고 한 그(로암미)를 내 백성(암미)으로 삼으시고 사랑하지 않겠다고 결심하신 마음이 변하여 사랑하신다는 하나님의 마음을 표현한 내용이다.[37] 그러나 본문에서 바울은 내 백성이 아닌 자를 이방인으로 생각하고 하나님께서 그들에게 주신 말씀으로 해석한다. 이렇게 함으로써, 본문 구조는 이중의 의미를 갖게 된다. 즉 유대 백성들도 버렸다가 찾으신 것처럼, 버려져 있는 이방 백성들을 찾으시고 자기의 백성으로 삼아주신다는 두 가지 의미를 나타낸다. 이 구절은 로마서 9장 24절에서 이미 언급한 내용이다.

그리고 9장 27절에서는 이사야서 10장 22절을 인용하여 다시 유대인에게만 국한해서 말한다.

> "이스라엘 자손들의 수가 비록 바다의 모래 같을지라도 남은 자만 구원을 받으리니."

분명한 것은 선택에서 제외되었던 백성들이 하나님께로 돌아와

37) 호세아서의 언어의 유희를 이해하기 위해서는 호세아의 자녀들의 이름의 뜻을 알아야 한다. 첫째 아들의 이름은 '이스르엘', 즉 이스르엘의 죄를 심판하시겠다는 의미고, 첫째 딸인 로루하마는 '불쌍히 여기지도, 용서하지도 않겠다'는 의미고, 둘째 아들의 이름은 '로암미', 즉 너희는 내 백성이 아니라는 뜻이다. '로루하마'와 '로암미' 이름 앞에는 '로'(아니다)라는 접두어가 붙어 있어서 '로'(no)라는 접두어만 제거하면 긍정의 뜻으로 변한다.

서 하나님의 자녀가 될 수 있다는 점이다. 그리고 하나님의 사랑에서 제외되었던 사람들이 하나님의 사랑을 받게 된다는 점이다. 반대로 선택을 받아 이스라엘 사람이라 부름을 받고 양자가 되고, 하나님의 영광의 언약들을 받고 살던 자들이 버림을 받을 수 있다는 점이다.

본문에서 바울은 이사야의 예언을 인용하기는 하되 끝까지 이스라엘이 버림을 받고 저주 아래 떨어진다는 말은 극히 삼가하고 있다. 그만큼 하나님에게서 떨어지는 것은 무섭고 처참한 것이기에 자기 동족에게 이 말을 사용하지 않는다. 바울이 말하는 내용은 분명하다. 만일 만드신 그릇이 그 목적을 수행하지 못하면 '진노의 그릇'이 되어 '멸하심을 당한다'는 사실이다. 즉 선민도 버림을 받을 수 있다는 점이다.

그렇다면 바울의 주장에서 유대인이나 이방인의 운명을 가르는 분명한 기준이 설정되었는데, 그것은 곧 십자가의 은혜의 언약이다. 그리스도를 통하여 회복되든지, 아니면 버림을 받든지 한다는 점이다. 그렇다면 예수 그리스도의 은혜의 언약은 제2의 선택의 기준이 된다는 것인가? 분명한 것은 예수 그리스도와 연합하여 하나님과의 관계가 회복되기까지는 하나님의 진노가 유대인이나 이방인, 모든 사람에게 임해 있다는 점이다.

아직 속단은 이르다. 인간은 토기가 아니다. 숙명론을 말하는 것이 아니다. 그렇다면 단지 선택받지 못한 사람들이 구원을 받을 수 있고, 선택받은 자들도 잘못하면 저주 아래 떨어질 수 있다고 암시하는 말이다.

현재 한국교회는 예정 교리의 포로가 되어 있다. 성경에는 예정 교리를 뒷받침할 수 있는 성경 구절도 많다. 반면 예정(豫定)보다는 인간의 의지와 결단을 촉구하는 구절도 많다. 이것은 그 메시지의 대상들의 상황 때문에 생긴 결과이다(예, 히 6:1-6).[38] 그러므로 어떤 자라도 한쪽 교리만을 선택해서 그것만 고집한다면 그와는 전혀 다른 배경의 성경은 배격하게 된다. 그래서 루터 같은 학자도 야고보서를 '지푸라기 복음'이라고 말하는 어리석음을 범하였다. 하나의 교리로는 성경의 폭넓은 진리를 다 수용할 수 없다는 점을 인정해야 한다.

하나님의 선택 교리나 예정 교리는 인간의 논리로 정리할 수 없을 만큼 광대한 것이다. 성경에 나와 있는 선택에 대한 모든 진리를 그대로 수용해야 한다. 선택된 자들도 버림받을 수 있음을 받아들여야 한다. 동시에 선택 밖에 있던 자들이 그리스도의 십자가와 부활을 받아들임으로 하나님의 자녀가 될 수 있다는 진리도 그대로 받아들여야 한다. 하나님의 진리를 성경에 밝혀진 대로 받아들이는 것이 하나님의 넓은 마음을 받아들이는 것이 되기 때문이다.

특히 예수 그리스도를 믿는 믿음은 교리가 아니고, 삶이고 교제(사귐)이다. 교리는 변할 수 없다. 마치 결혼 서약은 변할 수 없듯이 말이다. 그러나 관계(사귐)는 교리(doctrine)처럼 고정될 수 없다는 점을 기억한다면, 성경을 한 가지 교리로 묶어둘 수 없다는 점도 기억해야 할 것이다.

바울은 이스라엘에 대한 희망을 놓지 않는다. 이스라엘의 '씨를

38) 히브리서의 상황은 예수 그리스도를 버리고 배교하거나 유대교로 돌아가는 사람들이 생겨나기 시작했다(히 2:1, 4:1-2). 그러므로 예수 그리스도를 버리면 안식에 들어가지 못한다고 경고한다(히 4:3, 11, 6:6, 12).

남겨두셨다'는 것이다.

"만일 만군의 주께서 우리에게 씨를 남겨 두지 아니하셨더라면 우리가 소돔과 같이 되고 고모라와 같았으리로다"(롬 9:29).

바울의 주장은 변함이 없다. 누구든지 예수를 메시아로 인정하지 않는 자들에게는 어떤 소망도 없다. 유대인도, 이방인에게도 말이다.

존 머리는 다음과 같이 말한다.

"유대인과 이방인을 모두 거론한 것은 매우 중요하다. 유대인 중에서 부르심을 받은 자가 있다는 것은 이 문단 전체의 내용과 일치한다. 언약의 약속은 실패한 것이 아니라, 진정한 이스라엘, 진정한 자녀, 진정한 씨를 통해 성취된다(롬 9:6-9, 27, 29, 11:5, 7). '유대인 중에서뿐 아니라'는 표현 양식은 언약적 약속과 하나님의 선택의 은혜가 유대인보다 더 넓은 범위를 갖고 있다는 것을 의미한다. 그러기에 '이방인 중에서도 부르신 자니라'고 덧붙였다."[39]

믿음에서 난 의 (롬 9:30–10:7)

"그런즉 우리가 무슨 말을 하리요 의를 따르지 아니한 이방인들이 의를 얻었으니 곧 믿음에서 난 의요 의의 법을 따라간 이스라엘은 율법에 이르지 못하였으니 어찌 그러하냐 이는 그들이 믿음을 의지하지 않고 행위를 의지함이라 부딪칠 돌에 부딪쳤느니라 기록된바 보라, 내가 걸림돌과 거치는 바위를 시온에 두었노니 그를 믿는 자는 부끄러움을 당하지 아니하

39) 존 머리, 전게서, 498.

리라 함과 같으니라 형제들아 내 마음에 원하는 바와 하나님께 구하는 바는 이스라엘을 위함이니 곧 그들로 구원을 받게 함이라 내가 증언하노니 그들이 하나님께 열심이 있으나 올바른 지식을 따른 것이 아니니라 하나님의 의를 모르고 자기 의를 세우려고 힘써 하나님의 의에 복종하지 아니하였으니라 그리스도는 모든 믿는 자에게 의를 이루기 위하여 율법의 마침이 되시니라 모세가 기록하되 율법으로 말미암는 의를 행하는 사람은 그 의로 살리라 하였거니와 믿음으로 말미암는 의는 이같이 말하되 네 마음에 누가 하늘에 올라가겠느냐 하지 말라 하니 올라가겠느냐 함은 그리스도를 모셔 내리려는 것이요 혹은 누가 무저갱에 내려가겠느냐 하지 말라 하니 내려가겠느냐 함은 그리스도를 죽은 자 가운데서 모셔 올리려는 것이라"(롬 9:30–10:7).

유대인들의 근본적인 문제를 다루기 전에 이방인들이 어떻게 하나님의 의를 얻었는지를 다루고 있다. "의를 따르지 아니한 이방인들이 의를 얻었으니"(롬 9:30)라고 선언한다.[40] 반면 의의 법을 따라간 이스라엘은 율법에 이르지 못하였다고 단언한다. 이방인들이 따르지 아니한 '의'는 유대인들이 따라간 '의', 즉 모든 유대인들이 추구한 율법을 통한 '의'를 말한다. 바울은 이러한 유대인들의 태도를 "그들이 믿음을 의지하지 않고 행위를 의지함이라"(32절)고 잘라 말했다.

31-32절에 말하는 '의의 법'과 '행위를 의지함이라'는 말은 같은 표현의 반복이다. '행위를 의지함'이라는 말은 이스라엘이 칭의를 얻는

40) "의로운, 의(righteousness), 의롭게 하다(justify), 칭의(justification)로 번역한 단어들은 모두 같은 헬라어 어근(dikaio-)에서 나왔다…바울은 '의로운 사람이란 비록 죄를 지었을 수는 있지만 하나님과 올바른 관계를 맺으며 서 있는 사람'으로 생각하고 있으며, 이는 성경의 다른 부분의 이해와 일치한다…믿는 사람들은 하나님의 은혜로운 활동을 통해 의롭게 되며, 이제 앞으로는 의롭게 살기로 헌신한다. 따라서 '의'는 하나님께서 사람들에게 주신 새로운 지위(status)로 이해할 수 있으며, 이는 새롭고 의로운 삶의 방식으로 표출되도록 의도된 지위다." 하워드 말샬 외 2인, 《서신서와 요한계시록》, 박대영 역, 성서유니온선교회출판사, 190.

방법으로 오랫동안 마음에 품고 살았던 율법을 행함으로 얻는 의를 말한다. 예수 그리스도를 통하여 제시한 하나님의 '의'에 이르는 길을 거부하고 행위의 길을 따라온 그들은 결국 실패할 수밖에 없고, 마침내 버림을 받을 수밖에 없었다. 선택받지 못한 이방인들은 믿음으로 하나님의 의를 얻었으니 그들이 어떻게 하나님의 의를 얻었느냐고 묻는 것은 당연하다고 하겠다.

이방인들이 의를 얻은 이유는 무엇인가? 30절에 '의'라는 단어가 세 번 나온다. 첫 번째 등장하는 '의'는 이방인들이 따르지 아니한 '의'(디카이오쉬넨-δικαιοσύνην)이다. '따르다'는 헬라어 '디오콘타'(διώκ-οντα)는 현재 분사로서 지금 '따르지 않고 있다'는 의미다. 그들은 이전에도 따르지 않았고, 앞으로도 따르지 아니할 것이라는 의미도 내포되어 있다. 이 의는 하나님과 이스라엘이 광야에서 맺은 계약에 근거한 의를 말한다. 이방인들은 그런 의를 알지도 못했고, 추구하지도 않았고, 앞으로도 따라가지 아니할 의다.

두 번째로 '의를 얻었으니'라고 말하는 '의'는, 하나님께서 의롭다고 여겨주신 의를 말한다. 소위 '칭의'(justification)를 의미한다. 여기에 사용된 '얻었다'를 나타내는 동사는 'κατέλαβεν'(카텔라벤)으로 '자기 것으로 삼았다'는 뜻으로 부정 과거시제이다. 하나님으로부터 의롭다 함을 받았고, 그것을 지금 확실하게 자기 것으로 누리고 있다는 의미다.[41)]

세 번째 언급된 '의'는 두 번째와 동일한 의(義)이기는 하지만, 그

---

41) 'κατέλαβεν'(카텔라벤)은 '…에서', '…마다'를 뜻하는 접두사 'κατά'(카타)와 '취하다'는 뜻을 지닌 '람바노'(λαμβάνω)의 합성어로서, '붙잡았다', '자기 것을 삼았다'는 뜻의 'καταλαμβάνω'(카타람바노)의 부정 과거형이다. 옥스퍼드, 로마서 II, 109.

'의'를 얻게 된 방법을 언급한 '믿음에서 난 의(義)'를 말한다.

유진 피터슨이 위의 내용을 그의 책《메시지》에서 명확하게 풀어 놓았다.[42]

"하나님께서 하고 계신 일에 관심 없어 보였던 사람들(이방인)이 실제로는 하나님이 하고 계신 일, 곧 그들의 삶을 바로 세우시는 하나님의 일을 받아들였습니다. 그러나 하나님께서 하고 계신 일에 대해 읽고 이야기하는 일에 그토록 관심을 많이 보였던 이스라엘은 결국 그것을 놓치고 말았습니다."

그리고 그들이 왜 그처럼 소중한 것을 놓쳤는지 이어서 설명한다.

"그들이 하나님을 신뢰하는 대신에, 자기 자신을 앞세웠기 때문입니다. 그들은 자기들이 하고 있는 일에 푹 빠져 있었습니다. 그들은 자신들의 '하나님의 프로젝트'에 너무도 푹 빠져 있어서, 그만 바로 눈앞에 계신 하나님을 주목하지 못했습니다."

바울이 33절에 제시한 거침돌과 거치는 바위의 비유는, 유대인들의 문제와 이방인의 문제를 모두 해결한다. 자기들이 그동안 지켜온 율법의 방법으로 하나님의 의를 얻기 위해 온갖 노력을 다해온 유대인들은 예수 그리스도라는 거침돌에 걸려 넘어졌다.

(저희가) 부딪칠 돌에 부딪친 것이다(32절). 그러나 이방인들은 그것

42) 유진 피터슨,《더 메시지》, 로마서 9장, 459.

을 믿고 받아들였다. 본래 이 돌은 부딪쳐 넘어지도록 둔 것은 아니다. 온 세상을 구원하여 하나님의 의에 이르게 하시려는 하나님의 나라의 기초요 반석이다. 그런데 유대인들이 그것을 받아들이지 아니하고 거절하므로, 은혜의 반석은 그들에게 걸림돌이 되고 넘어지는 반석이 되었다.

'거침돌과 거치는 바위'는 말할 필요도 없이 인류의 죄를 짊어지고 십자가에 달려 돌아가신 예수 그리스도시다. 베드로는 이 돌을 시편 118편 22절을 인용하여 '모퉁이의 머릿돌'이라고 했다. 바울도 다메섹 길 위에서 부활의 주님의 부름을 받지 않았더라면 이 돌에 걸려 넘어졌을 사람이다. 바울은 신명기 21장 23절 하반절의 "나무에 달린 자는 하나님께 저주를 받았음이니라"는 율법 때문에 예수 그리스도를 저주받은 자로 여기며 주님을 따르는 자들을 멸하려 했었기에, 아마도 바울은 자기의 옛 과거를 회상하면서 이 글을 쓰고 있었을 것이다.

선택은 교리가 아니다. 하나님과 나와의 관계다. 교리는 한번 받아들이면 변할 수 없다. 그러나 관계는 계속 변한다. 하나님에 의하여 변할 수 있고, 나에 의하여 변할 수 있다. 그러나 하나님은 변하지 않으시는 분이다. 그러므로 하나님의 선택도 절대로 변할 수 없다. 다만 변한다면 그것은 인간일 뿐이다. 그래서 히브리서 저자는 목회 현장에서 이뤄지는 일을 지켜보면서 이렇게 말했다.

> "…죽은 행실을 회개함과 하나님께 대한 신앙과 세례들과 안수와 죽은 자의 부활과 영원한 심판에 관한 교훈의 터를 다시 닦지 말고 완전한 데로 나아갈지니라…한 번 빛을 받고 하늘의 은사를 맛보고 성령에

참여한 바 되고 하나님의 선한 말씀과 내세의 능력을 맛보고도 타락한 자들은 다시 새롭게 하여 회개하게 할 수 없나니 이는 그들이 하나님의 아들을 다시 십자가에 못 박아 드러내 놓고 욕되게 함이라"(히 6:1-6).

로마서에서 바울은 '구원'이라는 용어 대신에 '의'라는 말을 주로 사용한다. 그 이유는 무엇일까? 우리에겐 '구원'이라는 용어가 더 익숙하다. 구원이라는 말은 하나님의 은혜로 건짐을 받는 인간편에서 이해하는 용어이다. 그러나 잘못하면 거기에는 우리를 구원하시는 하나님의 목적이 무시될 수 있고, 하나님과의 관계가 무시될 수도 있다. 그러나 '의'(righteousness)는 하나님 편에서 보는 구원의 의미다. 즉 왜 하나님께서 인간을 구원하시려는지를 설명해 준다. 의롭게 된 이후에 우리가 해야 할 책임도 느끼게 해준다. 우리는 믿음에 대하여 자주 말한다. 그러나 우리가 말하는 믿음이란 무엇인가에 대한 정의를 내리지 않고 있기 때문에 일어나는 문제들이 심각하다. '의'라는 용어는 믿음에 대한 정의를 설명해 주는 개념이라 하겠다.

구원이란 교리나 형식을 받아들이는 것이 아니라, 십자가와 부활을 받아들임으로 예수 그리스도를 통하여 하나님과 친밀한 교제를 이루어 살려는 데 목적이 있다. 요한복음은 '믿음이란 영접하는 자 곧 그 이름을 믿는 자들'이라고 함으로써, 믿음은 그 이름을 믿는다고 고백하는 자만 아니라, 예수 그리스도를 영접하는 자(To all who received Him)라는 사실을 명백하게 밝히고 있다(요 1:12). 이처럼 믿는 자들이 하나님을 마음에 모시고 새로운 삶을 출발하는 하나님과의 관계를 설명하는 것이 '의'이다. 그렇다면 의롭다 함을 받은 후에는 어떻게 되는 것인가를 물어야 한다. 이 의미를 명확하게 보여주는 용어가 '의롭게 된다'(righteousness)는 표현이다.

'의'란 언제나 하나님과의 관계에서만 사용되는 용어다.[43] 의는 하나님과의 올바른 관계에 이르게 하시는 하나님의 행위이다. 그러므로 의란 하나님께서 우리의 믿음을 보시고 우리를 의롭다고 받아주심으로, 우리를 하나님 앞에 설 수 있게 하고, 하나님과 사귐 안에 살 수 있는 자격과 특권을 주시는 하나님의 은혜의 행위를 말한다. 이렇게 보면 믿음은 하나님의 의에 도달하도록 안내해 주는 안내자이다. 그리고 '의'는 하나님의 주권과 인간의 책임이 상호 모순되는 것이 아니라 보완적이고 양립적이라는 것을 보여주는 사인과 같다고 하겠다.

이스라엘은 의에 이르는 길에서 실패하였다. 그 이유는 율법을 통하여 의에 도달하려는 길에 매달려 있기 때문이다. 결국 그들은 율법에만 매달려 있어서, 하나님의 의에 도달하지 못하였을 뿐 아니라, 하나님과의 올바른 사귐으로 들어가는 길을 버렸다. 왜 이스라엘이 하나님의 의에 이르는 길에서 실패하였는지 바울 자신보다 더 잘 아는 사람은 없을 것이다. 바울은 율법에 열심이었던 사람, 율법의 최선봉에 서서 살았던 사람이었다. 그러나 그 결과는 십자가에 예수 그리스도를 못 박고 교회를 핍박하는 결론에 도달하고 말았다. 예수님을 만나기 전에 바울이 자랑했던 것들을 보면 이해가 된다.

"하기야, 나는 육신에도 신뢰를 둘 만합니다. 다른 어떤 사람이 육신에 신뢰를 둘 만한 것이 있다고 생각하면, 나는 더욱 그러합니다. 나는 난 지 여드레 만에 할례를 받았고, 이스라엘 민족 중에서도 베냐민 지파요, 히브리 사람 가운데서도

---

43) 하워드 마샬, 스티븐 트레비스, 《서신서와 요한 계시록》(Exploging the N.T.), 40.

히브리 사람이요, 율법으로는 바리새파 사람이요, 열성으로는 교회를 박해한 사람이요, 율법의 의로는 흠 잡힐 데가 없는 사람이었습니다"(빌 3:4-6, 새번역).

그는 이런 것에 집착하다가 십자가의 예수를 배척하였다. 그런데 예수 그리스도를 만난 후에 이런 것들이 '해로운 것'이라는 사실을 알았다고 고백한다.[44] 사도 바울은 이전에 자기처럼 살아가는 동족 유대인들의 실패가 무엇인가를 알고 그들에게 권고한다 .

이스라엘인들이 의에 도달하지 못하고 실패한 이유는 '(하나님의) 올바른 지식'를 따라 살지 않았기 때문이다. 율법도 알고 열심도 있었지만, 그들은 올바른 지식이 없었다. 그렇기 때문에 바로 순종하지 못했다.

이스라엘은 선택받은 백성이다. 그러나 하나님의 올바른 지식을 따르지 않았다. 그 결과 그들은 하나님의 뜻을 이루는 데 실패했다. 여기에 하나님의 선택과 인간의 바른 선택이 대립되어 나온다. 그러나 바울은 이 문제를 교리적으로 해결하려고 하지 않는다. 두 개를 그대로 펼쳐놓는다. 그 이상은 인간이 알 수 없다는 고백일 것이다.

선택하여 주셨기 때문에 믿는 것인가? 믿었기 때문에 선택해 주신 것인가? 그들이 그리스도에게서 떨어져 나갔다면, 그것은 믿지 않았기 때문이라고만 말한다. 믿었기 때문에 선택해 주신 것인가? 여기에 대해서 바울은 명확한 답을 내놓지 않는다. 단지 선택과 버림받음을 가르는 것은 오직 믿음으로 얻는 의라고 말할 뿐이다(롬

44) 유진 피터슨은 그의 책 《더 메시지》에서 이렇게 표현했다. "한사코 율법 조문을 이용해 하나님 앞에 바로 서겠다는 자들은, 곧 그렇게 사는, 깨알 같은 계약서 조항들에 일일이 얽매여 사는 (자들)!"이라고 했다. 로마서 10장, 460.

9:30). 여기서 '믿음과 순종'이라는 바울의 주장이 무엇을 의미하는지 명백해진다. 믿음 없이는 순종할 수 없고, 순종이 없다면 그것은 믿음이 아니라고 한다. 순종은 믿음에 반드시 첨부되어야 하는 요소이지, 분리할 수 없는 실체다. 그런데 지금까지 많은 그리스도인들이 이 두 요소를 분리해서 생각함으로 커다란 모순을 낳았고, 많은 사람들이 그리스도에게서 떨어져 나가게 되었다.

이스라엘은 믿지 않았다. 그 이유는 올바르게 순종하지 않았기 때문이다. 즉 믿음이 없어 순종하지 않기도 하지만, 순종하지 않는 것을 보니 믿음이 없는 것이다(참고, 약 2:17). 그러나 순종에는 바른 지식이 필요하다. 이스라엘이 순종하지 않은 이유는 잘못된 지식에 의지하여 살았기 때문이다. 올바른 지식은 하나님의 의를 아는 것이다. 잘못된 지식은 자기들의 의를 세우려고 하는 것이다. 이 둘은 같이 갈 수 없는 기찻길과 같다.

왜 많은 이방인이 구원받는데, 이스라엘은 소수만이 믿음을 가졌는가? 이 질문은 왜 이방인들이 하나님과 올바른 관계를 가진 것에 비하여 유대인은 그에 미치지 못했는가를 묻는 것과 같다(롬 9:30-33).

이방인보다 유대인은 윤리 생활에 더 엄격했으며, 하나님의 뜻을 찾고 행하는 일에 더 열심이었다. 따라서 믿음의 의를 받아들이는 데는 배타적이었다. 결국 그들은 그리스도의 부딪히는 돌에 부딪히고 넘어지게 되었다. 이에 유진 피터슨은 "그래서 그들은 길거리 바로 맞은편에 자신들의 판매점을 차려 놓고서 요란스럽게 자신들의 물건을 팔고 있습니다"(롬 10:3)라고 번역했다.[45]

---

45) 유진 피터슨, 《더 메시지》, 460.

십자가의 비밀은 곧 율법의 완성이다. 유세비우스에 의하면, 그리스도가 율법의 끝이 된 것은 그가 율법을 완수했기 때문이라고 했다. 존 녹스(John Knox)는 "바울이 말하는 율법의 완성이란, 그리스도가 율법의 목표점에 도달했다기보다는 그리스도가 율법을 폐기(대체)했음을 의미한다"(롬 3:21; 갈 3:25)라고 했다. 그러나 여기서 우리는 양자택일 보다는 두 가지 해석을 다 받아들이는 것이 더 좋다고 생각한다(롬10:4). 즉 예수 그리스도께서 십자가를 지심으로 율법의 목표지점(완성)에 도달했고, 그로 인하여 구원의 길이 '율법의 의'가 아니라 '믿음의 의'의 길에 있게 된 것이다. 유대인들은 율법을 완성하고 제시한 믿음을 통한 의(義)의 길을 받아들이지 않았고, 이전 그대로 율법을 통하여 이르는 의의 길에 매달려 있었다. 그러나 이방인들은 겁도 없이 그 길을 받아들였다.

그러므로 그리스도의 십자가를 받아들이는 것은 율법을 완성한 하나님의 의를 받아들이는 것이다. 율법을 이루려는 것은 자기들의 노력으로 하나님의 의에 도달하겠다는 인간들의 오만이다.

> "그러므로 여러분이 그리스도 예수를 주님으로 받아들였으니, 그분 안에서 살아가십시오. 여러분은 그분 안에 뿌리를 박고, 세우심을 입어서, 가르침을 받은 대로 믿음을 굳게 하여 감사의 마음이 넘치게 하십시오" (골 2:6-7, 새번역).

유대인들은 왜 버림을 받은 것일까?(롬 9:30)

1) '의'에 이르는 지식으로 살지 않았기 때문이다(롬 10:2). 그 이유는 듣지 않으려고 한 것이다. 그들은 열심을 내면 낼수록 하나님을 배반하는 길에 열정을 쏟았다. 결국 그들은 헛된 길을 추구해 나갔

다. 바울은 자기 이야기를 하고 있는 것이다.

2) 유대인들은 율법의 의를 추구하다가 하나님께 버림을 받았고, 이방인들은 유대인들의 의를 추구하지 않았기 때문에 선택을 받은 것이다. 결국 예수 그리스도는 유대인들에게 걸림돌이 되고 말았다(롬 9:33).

유대인들은 하나님의 의에 복종하지 않았다(롬 10:3b). 그렇다면 '하나님의 의'란 무엇인가? 또 그 의를 어떻게 알 수 있는지 누군가가 물었다고 생각해 보자. 여기에 바울은 대답한다. "하나님의 의를 받아들이는 믿음의 길은 멀리 있지 않다. 메시아를 모셔 오겠다고 위험천만하게 하늘까지 올라갈 일도 없고, 또 메시아를 구출하겠다고 위험천만하게 지옥까지 내려갈 일도 없다"라고 한다(롬 10:6-7). 그 길은 아주 가까이 있다고 한다.

> "(그) 말씀이 네게 가까워 네 입에 있으며 네 마음에 있다 하였으니 곧 우리가 전파하는 믿음의 말씀이라"(롬 10:8)[46)]

로마서 10장 6-7절은 히브리 70인역을 번역하면 더 쉽게 이해될 수 있다.

> "내가 오늘날 네게 명한 이 명령은 너무 어렵거나 너로부터 너무 멀리

46) 로마서 10:8은 곧 신 30:14의 인용이다. "오직 그 말씀이 네게 매우 가까워서 네 입에 있으며 네 마음에 있은즉 네가 이를 행할 수 있느니라." 이 구절의 핵심은 '이를 행할 수 있다'는 데 있다. 신명기의 핵심은 말씀을 따라 사는 곳에 하나님의 샬롬이 임한다는 점이다(신 28:1-68). 그리고 말씀을 따라 사는 길이 어렵지 않다고 한다. 왜냐하면 그 말씀이 매우 가까이 있기 때문이다.

> 있는 것도 아니다. 이것은 하늘에 있는 것이 아니니, 이르기를 누가 우리를 위하여 하늘에 올라가서 그 명령을 우리에게로 가지고 오겠느냐? 우리에게 들려주어 행하게 할 것도 아니요, 이것이 바다의 밖에 있는 것이 아니니, 이르기를 '누가 우리를 위하여 바다를 건너가서 그 명령을 우리에게로 가지고 오겠는가? 우리에게 들려 행하게 할꼬?' 할 것도 아니다. 그러나 그 말씀은 네게 심히 가까이 있고, 네 입에 있고, 네 마음에 있으므로, 네가 능히 행할 수 있느니라."

유대인의 죄는 올바른 지식을 갖지 못한 것이며, 순종하지 않은 것이다. 이스라엘은 하나님의 언약에 순종하기로 서약하고 하나님의 백성이 된 자들이다. 하나님은 그들에게 말씀하셨다.

> "너희가 내 말을 잘 듣고 내 언약을 지키면 너희는 모든 민족 중에서 내 소유가 되겠고 너희가 내게 대하여 제사장 나라가 되며 거룩한 백성이 되리라"(출 19:5-6).

그리고 그들은 "주님께서 말씀하신 모든 것을 우리가 실천하겠습니다"라고 하나님 앞에서 서약했다(출 19:8). 바른 지식이 없는 나라는 망한다. 결국 계속 바르게 배우고, 열심히 실천하지 않는 교회도 망한다.

사람 앞에서 주를 고백하고 그대로 살기 (롬 10:8–13)

> "그러면 무엇을 말하느냐 말씀이 네게 가까워 네 입에 있으며 네 마음에 있다 하였으니 곧 우리가 전파하는 믿음의 말씀이라 네가 만일 네 입으로 예수를 주로 시인하며 또 하나님께서 그를 죽은 자 가운데서 살리신 것을 네 마음에 믿으면 구원을 받으리라 사람이 마음으로 믿어 믿어 의에 이르고 입으로 시인하여 구원에 이르느니라 성경에 이르되 누구든지 그를 믿는 자는 부끄러움을 당하지 아니하리라 하니 유대인이나 헬라인이나 차별이 없음이라 한 분이신 주께서 모든 사람의 주가 되사 그를 부르는 모든 사람에게 부요하시도다 누구든지 주의 이름을 부르는 자는 구원을 받으리라"(롬 10:8–13).

드디어 바울이 유대인들에게 말하고 싶은, 하나님의 의를 얻기 위하여 반드시 걸어야 할 그 길(the way)에 도달했다.

"하나님의 말씀은 네게 가까이 있다"(롬 10:8, 새번역) 이 구절을 원어 순서대로 하면, '너에게 가까이 있다. 그 말씀이'로 읽을 수 있다. '가까이 있다'를 문장 맨 앞에 놓음으로 '가까이 있다'를 강조한다. 그리고 얼마나 가까이 있는가를 설명한다. 입에 있고 마음에 있을 정도로 가까이 있다고 한다. 이것은 신명기 30장 11-14절의 인용이다. 신명기 28장으로부터 30장까지는 복과 저주의 길을 강조하는 신명기의 결론과 같은 내용이다.

신명기 28장 1-6절은 말씀에 순종하여 받는 복을 말한다. "네가 네 하나님 여호와의 말씀을 삼가 듣고 내가 오늘 네게 명령하는 그의 모든 명령을 지켜 행하면 네 하나님 여호와께서 너를 세계 모든 민족 위에 뛰어나게 하실 것이라"로 시작한 복의 길은 "(그리하면) 네가 들어와도 복을 받고 나가도 복을 받을 것이니라"(6절)로 끝을 맺는다.

그리고 신명기 28장 15-18절에는 순종하지 않음으로 받는 저주의 길을 소개하였다. 신명기 30장 11절에서부터 20절까지는 신명기 28장 1절로부터 진술한 복과 저주의 길에 대한 결론 부분이고, 마지막 구절은 이렇게 끝을 맺는다.

> "네 하나님 여호와를 사랑하고 그의 말씀을 청종하며 또 그를 의지하라 그는 네 생명이시요 네 장수이시니 여호와께서 네 조상 아브라함과 이삭과 야곱에게 주리라고 맹세하신 땅에 네가 거주하리라"(신 30:20).

신명기는 그 말씀은 네게 어려운 것도 아니요, 먼 것도 아니고, 하늘에 있는 것도 아니고, 바닷속에 있는 것도 아니며 네게 매우 가까워서 능히 실천할 수 있다고 강조한 것이다(신 30:11-14).

본문의 내용은, 모세의 설교를 인용하여 유대인들에게 말씀에 순종하는 것이 의에 이르는 길이요 복의 길이라는 사실을 강조한 내용이다. 그리고 그들이 받아들여야 할 '그 말씀'은 곧 '우리가 전파하는 믿음의 (그) 말씀(The word of faith)이라고 한다. 곧 현재 전도자들이 전파하고 있는 바로 그 말씀이다. '전파하다'(케뤼소멘-κηρύσσομεν)라는 동사는 '전파하다. 또는 설교하다'라는 의미를 가진 '케뤼소'(κηρύσσω)의 현재 능동태 직설법이다. '케뤼소'(κηρύσσω)[47]의 기본적인 의미는

47) '케뤼소'(κηρύσσω)의 신약에서 강조점이 선포의 행위에 주어지고 있기는 하지만, 선포의 내용이 결코 이차적인 것은 아니다. 하나님의 말씀을 선포한 것이 그대로 이뤄진다면 그 말씀의 내용은 실로 말할 수 없이 중요하다. 말씀의 내용은 청중들의 상황이나 선포자의 사상에 의해 결정되는 것이 아니라, 예수 자신이 선포하고 가져온 하나님 나라나 하나님의 주권에 의해 결정된다. Theological Dictionary of the

'알리다', '크게 선포하다'는 뜻으로, 현재 복음 전도자들이 계속해서 선포하고 전파하는 복음의 내용이 바로 그 말씀이라는 것이다.

이 말씀은 로마인들만 아니라 유대인들이 부끄러워하는 것이었다(롬 1:16). 어리석은 것이라고도 했다(고전 1:18). 바울도 그중에 한 사람이었다. 그러나 지금은 그가 부끄러워했던 복음을 전하는 전도자가 되었다. 왜냐하면 그 말씀이 구원으로 인도하는 복음이요, 하나님의 의에 이르는 유일한 길(the way)이기 때문이다.

로마서 10장 1절부터 문장의 흐름을 보면 '하나님의 의'를 이루는 길은 '믿음으로 말미암는 의'다. 그리고 '믿음으로 말미암는 의'는 곧 '말씀'과 떨어질 수 없는 깊은 관계가 있다. 또 말씀은 순종과 관계된다. 유대인들은 이 믿음으로 말미암는 의를 따르지 아니하고, 자신들의 의(율법의 의)를 세우려고 힘쓰다가 하나님의 의로부터 멀어져 간 것이다. 그러므로 사람들이 하나님의 의를 이루기 위해서 따라야 하는 길은 바로 그 말씀이다. 그리고 그 말씀은 곧 '믿음의 말씀'이다.

8절에서 말하는, '그 말씀'(8절a)과 '(그) 믿음의 (그) 말씀'(τὸ ῥῆμά τῆς πίστεως, 8절b)은 동격이다. 동시에 그 믿음의 말씀은 바울을 위시하여 지금도 외쳐지고 있는 예수 그리스도의 복음이다. 그렇다면 그 말씀을 듣지 못했다고 변명할 수 없지 않는가 하고 반문하는 것이다.

유진 피터슨은 "이 말씀이란, 우리를 위해 모든 것을 바로 세워주시며 일하시는 하나님을 받아들이는 그 믿음의 말씀을 말한다"라고 한다. 말씀으로 사용된 '레마'(ῥῆμα)[48]라는 명사는 문자가 아닌 역동

N. T(킷텔 단권 원어 사전), 495.

48) '레마'(ῥῆμα)는 분명하게 또는 명백하게 말해진 어떤 것, 즉 진술(생명)과 같은 것이

적으로 역사하는 말씀이다. 그러므로 여기서 사용된 그 말씀(믿음의 말씀)은 '믿음으로 의롭게 된다'는 것을 암시하는 말씀이기 때문에 '믿음의 말씀'으로 바꿔 써도 전혀 무리가 없다.

이 말을 들은 유대인들 중에는 "그렇다면 그 말씀은 무엇이냐?"라고 물었을 것이다. 여기에 대한 답변으로 주어지는 내용이 8절 이하로 이어진다.

'네 입에 있고 네 마음에 있다'(8절). 유대인들은 말씀을 늘 묵상(默想)하는 민족이기 때문에 말씀을 늘 입으로 말하고 가슴에 담고 사는 백성들이다. 그런 민족임에도 불구하고, 그리스도에 대한 믿음으로 의에 이른다는 복음을 거절하고, 자신들의 노력으로 이루려는 고집을 버리지 못하는 어리석음을 저지르고 말았다.

그것은 곧 말씀이신 예수 그리스도를 배격한 것이다. 난센스가 아닐 수 없다.

하나님의 의를 이루기 위하여 사람들이 믿고 따라야 하는 그 말씀은 멀리 있지 않다(8절). 그 말씀은 하늘에 있는 것도 아니고, 땅 끝에 있는 것도 아니다. '우리 입 안에 있고, 마음에 있기 때문에' 모른다고 부정할 수도 없고, 모른다고 핑계할 수도 없다. 관심을 가지고 듣고 결단하기만 한다면 누구나 모두 그 말씀을 따라 살 수 있다.

바울은 전도자들이 외치는 하나님의 의에 이르는 길, 곧 구원의 길을 제시한다.

다. 이것은 공고(발표), 또는 조약을 의미하기도 한다. "로고스는 말하는 데 있어서 합리적인 요소에 그 강조점이 있으며, 레마는 감정적이며 의지적인 강조점이 있다." Theological Dictionary of the N. T. 상계서, 573. 신약성경에서는 하나님께서 사자를 보내어 특정 개인에게 그 말씀을 전할 경우에 사용되었다(눅 1:37-38).

"네가 만일 네 입으로 예수를 주로 시인하며 또 하나님께서 그를 죽은 자 가운데서 살리신 것을 네 마음에 믿으면 구원을 얻으리라"(9절).

그리고 10절에서는 문장의 순서를 바꾸어 "사람이 마음으로 믿어 의에 이르고 입으로 시인하여 구원에 이르느니라"(10절)고 한다.

'단순하게 믿어'라고 말하지 않고 마음에 믿는다고 한다. 마음으로 믿고 입으로 시인하라고 한다. '마음으로 믿으면'(피스튜세스 엔 테 카르디아 수-πιστεύσῃς ἐν τῇ καρδίᾳ σου)에서 '마음'이 문자적으로는 심장을 일컫지만, 마음은 인간 활동의 신체적 중심이요 종교적 행위의 원천을 가리키니까, 그 사람의 전 인격을 다해서 믿는다는 것을 전제한다.[49)]

여기서 사용된 '믿으며'로 번역된 'πιστεύσῃς'(피스튜세스)는 부정과거 가정법으로 과거의 단회적 행위를 나타내는 동사로서, 그 믿음이 구원에 결정적 믿음임을 보여준다. 여기서는 '믿는다'는 행위 자체를 강조하는 것이지, 한 번 믿음으로 영원히 구원받는다는 것을 말하려는 것은 아닌 점을 기억해야 한다. 마음으로 믿는다는 표현 자체가 단순히 교리적으로 받아들이는 것이 아니라, 그 사람의 전 인격을 다해 그리스도를 영접하고 함께 살아가는 삶을 말하기 때문이다.

바울은 마음으로 믿어야 할 내용을 이어서 밝힌다. "하나님께서 그를 죽은 자 가운데서 살리신 것을 믿는 것이다. 우리를 위하여 십자가에 죽으시고 부활하신 대속의 역사를 온 인격과 지성을 다하여 믿어야 한다"(롬 6:5, 9-11).

---

49) 게하르트 킷텔 편저, Theological Dictionary of the N. T., 359. "카르디아(καρδίᾳ)는 구약에서의 레브(לב)와 레바브(לבב)로서, 신체적 활력의 중심지, 여러 가지 이성적인 역할을 하는 중심지(신 29:3)…지적인 생활, 의지적인 생활 및 종교적인 생활을 포함한 인간 생활의 중심적이 기관이다."

'입으로 시인하며'(9절).

여기서 중요한 단어는 '시인하다'(호몰로게세스-ὁμολογήσης)이다. '시인하다'라는 단어는 주로 법정적 서약, 약속 혹은 고백 행위를 나타내는 데 쓰였다. 이런 고백은 공개적으로 하는 것이 특징이다.[50] 그렇다면 무엇을 시인해야 하는가? 예수를 주로 시인하라고 한다. '주'로 번역된 'κύριος'(퀴리오스)는 일반적으로는 로마 황제의 일반적인 호칭이었고, 헬라 신들 앞에 붙여 사용하였다. 특별히 히브리 성경에서는 하나님의 명칭인 '여호와'(יהוה)의 역어로 사용되어 유일신을 나타내었다.[51] 그렇다면 입으로 시인한다는 말의 의미는 예수 그리스도를 이 땅에 유일하신 황제, 유일신이신 여호와 하나님으로 고백하는 것이며, 자신의 삶의 가장 높은 자리를 그분에게 드리는 것이다.

루터는 "의로 인도하는 그 믿음이 고백에 이르지 않는다면, 그것은 의에 목표, 즉 구원에 도달하지 못한다. 왜냐하면 고백은 믿음의 가장 기본적인 행위(the principle work)이기 때문이다"라고 했다. 또한 말하기를 "사람들은 자기를 부인하고 하나님을 고백하는 데까지 나아감으로써, 비로소 자기를 부인할 수 있고 지기를 지탱히는 모든 것까지도 부인하게 될 것이다. 하나님을 고백하고 자신을 부인할 때 그는 죽는 것이다. 하나님을 하나님으로 고백하기 위하여 죽는 것보다 더 자기를 부인하는 것이 어디 있겠는가? 그러므로 사람은 하나님 안에서 자기를 버리고, 그분을 진심으로 하나님으로 고백할 때 굳건히 서는 것이다"라고 했다.[52]

"입으로 시인하고", "누구든지 주의 이름을 부르는 자는 구원을

50) 옥스퍼드, 《로마서》, 136.
51) 상게서, 136.
52) Martin Luther, 전게서, 294.

받으리라"(13절)는 고백은 당시에 생명을 건 믿음을 가진 사람들만이 할 수 있었다. 이런 믿음이 우리를 하나님에게로 인도한다. 이러한 구원의 길은 유대인이나 헬라인에게 차별이 없다고 선언한다. 9절과 10절에서 두 번이나 반복한다. '입으로 시인한다'는 말도 9절과 10절에서 두 번 반복한 것에 주의해야 한다. 예수 그리스도를 믿는다는 사실을 결코 가볍게 생각하지 말아야 한다.

"한 분이신 주께서 모든 사람의 주가 되사 그를 부르는 모든 사람에게 부요하시도다"(12절).

믿음은 말씀을 들음에서 (롬 10:14-21)

"그런즉 그들이 믿지 아니하는 이를 어찌 부르리요 듣지도 못한 일을 어찌 믿으리요 전파하는 자가 없이 어찌 들으리요 보내심을 받지 아니하였으면 어찌 전파하리요 기록된바 아름답도다 좋은 소식을 전하는 자들의 발이여 함과 같으니라 그러나 그들이 다 복음을 순종하지 아니하였도다 이사야가 이르되 주여 우리가 전한 것을 누가 믿었나이까 하였으니 그러므로 믿음은 들음에서 나며 들음은 그리스도의 말씀으로 말미암았느니라 그러나 내가 말하노니 그들이 듣지 아니하였느냐 그렇지 아니하니 그 소리가 온 땅에 퍼졌고 그 말씀이 땅끝까지 이르렀도다 하였느니라 그러나 내가 말하노니 이스라엘이 알지 못하였느냐 먼저 모세가 이르되 내가 백성 아닌 자로써 너희를 시기하게 하며 미련한 백성으로써 너희를 노엽게 하리라 하였고 이사야는 매우 담대하여 내가 나를 찾지 아니한 자들에게 찾은 바 되고 내게 묻지 아니한 자들에게 나타났노라 말하였고 이스라엘에 대하여 이르되 순종하지 아니하고 거슬러 말하는 백성에게 내가 종일 내 손을 벌렸노라 하였느니라"(롬 10:14-21).

바울은 새로운 의가 유대인이나 헬라인에게 차별없이 적용된다고 말했다(롬 10:12-13). 또 주의 이름을 부르는 모든 사람이 구원을 받는다고 했다. 그런데 유대인들은 예수 그리스도를 입으로 시인하지 않으며, 그 이름도 부르지 않았다. 유대인들은 믿지 않았기 때문이다. 왜 믿지 않았을까? 그들이 듣지 못했기 때문일까? 그들에게 복음을 전파하는 전도자가 없었기 때문에 듣지 못했기 때문일까? 바울 자신은 아시아에서 복음을 전하고, 가는 곳마다 배척을 받고 박해를 받았다. 그러니 그들이 듣지 않았다고 거짓말하고 있음을 바울 자신은 누구보다 더 잘 알고 있다.

바울은 비약을 한다. "아름답도다. 좋은 소식을 전하는 자들의 발이여!"(How beautiful are the feet of those who bring good news-NRSV). 전도자들의 발길이 온 땅에 미치며, 그 소리가 온 세상에 퍼지고 있음을 하늘을 향해 외치듯 이사야 52장 7절을 암송한다. "그러나 그들이 다 복음을 순종하지 아니하였도다"라고 한 말을 보면, 그들도 다 복음을 들었기에 거짓말을 할 수 없다고 한다. 단지 그들이 복음을 듣고도 순종하지 않았을 뿐이라고 단언한다.

15절은 "보내심을 받지 아니하였으면 어찌 전파하리요"와 "기록된 바 아름답도다"로 이어지는 문장을 붙여 읽지 말고, 완전히 다른 문장으로 분리해서 읽어야 한다. 그래서 '기록된바'(As has been written)는 '아름답도다, 좋은 소식을 전하는 자들의 발'을 이끄는 구절로서, '기록된바'를 '기록되었지 않느냐?'로 읽어도 좋을 것이다.

바울은 "그 말씀은 이미 우리가 현재 전하고 있지 않느냐? 그 말씀이 곧 너희들이 믿어야 할 말씀"이라고 밝힌 바 있다(8절b). 그 내용을 여기서 더 자세히 설명한다. 그러나 모든 사람이 다 순종한 것은 아니라고 한다(16절). 말씀을 전했는데도 믿지 않는 사람들이 많다고 말한다. 여기서는 듣지 않은 자들이 특별히 유대인임을 암시하고 있다. 17절부터 믿음에 이르는 길을 명확하게 다시 제시한다.

> "그러므로 믿음은 들음에서 나며 들음은 그리스도의 말씀으로 말미암았느니라."

믿음은 그리스도의 말씀을 들음에서 시작된다. 들음보다 더 중요한 것은 하나님의 말씀이다. 복종이나 기적보다 먼저 중요한 것은 말씀이다. 기적도 표적도 하나님의 말씀에서 나오기 때문이다. 그러나 유대인들은 바로 듣고 바른 지식을 가지고 있지 않기 때문에 하나님을 바르게 따르지 못하였다. 그 사람의 믿음은 무엇을 듣느냐로 결정된다.

그렇다면 유대인들은 그 말씀을 들은 적이 없는가? 여기서 시편을 인용한다.

> "그 소리가 온 땅에 퍼졌고 그 말씀이 땅끝까지 이르렀도다"(롬 10:18b).

온 땅에 퍼졌고 땅끝에서도 들을 수 있는데, 어찌 유대인이라고 듣지 못했겠는가! 한편은 선택이요 한편은 버림이라고 했다. 야곱을 선택하고 에서를 버렸듯이, 유대인들이 하나님을 거역했기 때문에 하나님께서는 그들을 버렸고, 이방인을 초청하기 시작하셨다. 예수님의 혼인 잔치 비유에서, 초대받은 자들이 거부하고 오지 않자 "네거리 길에 가서 만나는 사람을 혼인 잔치에 청하여 오라"고 하신 것은 유대인의 불순종으로 인하여 이방인들을 초청하신 것이 분명하다.

사도 바울도 전도 여행에서 유대인들의 방해와 박해를 받고 그 지역에서 쫓겨나자, 발의 먼저를 떨어버리고 이고니온으로 떠났다(행 14:40-51). 이는 주께서 "누구든지 너희를 영접하지도 아니하고 너희 말을 듣지도 아니하거든 그 집이나 성에서 나가 너희 발의 먼지를 떨어 버리라"(마 10:14)고 하신 말씀을 따른 것이다. 그 결과 복음은 '나를 찾지 아니한 자들에게 찾은 바 되고, 내게 묻지 아니한 자들에게 나타났다'고 한다.

'마음으로 믿고, 입으로 시인하여'(롬 10:10).

마음으로 믿을 때 그 결과로 의롭다 함으로 들어가고, 입으로 고백할 때 그 결과 구원으로 들어간다는 뜻이다. 믿음으로 들어가기 위해서는 먼저 마음으로 주님을 영접해 드려야 하고, 그리고 순종하기로 결단해야 한다.

신약성경에서 '마음(카르디아-καρδία)은 (a) 사고와 이해의 중심지(마 7:21; 막 11:23; 요 12:40; 행 8:22; 계 18:7)이고, (b) 의지의 중심지이며(눅 21:14; 행 11:23; 고후 9:7). (c) 하나님을 향하여 가는 종교적 중심지로서, 이것은 종교적 생활의 근거이며 도덕적 행위를 결정한다(눅 16:15; 롬 5:5, 8:27; 엡 3:17; 히 8:10; 벧후 1:19).[53)]

마음으로 믿는다는 의미는 자신의 전 인격으로 예수 그리스도를 마음에 영접하고, 그분과 함께 살기로 결단하는 행위이다. 그리고 모든 커뮤니티 앞에서 입으로 소리내어 고백해야 한다. '고백하다'는 단어는 모두 현재 수동태 3인칭 단수형이다. 3인칭 단수형은 믿고

53) Theological Deictionary of the N. T. 전게서, 359.

고백하는 주체가 각 개인이어야 하고, 한 번의 행위가 아닌 일생 동안 변함없이 계속해서 반복되어야 한다. 그리고 수동형은 믿음이 자신에게서 나온 게 아니라, 하나님으로부터 온 것임을 밝힌다. '부요하다'는 현재 분사형으로, 부요하심이 언제나 변치 않음을 나타낸다.

바클레이에 의하면, '퀴리오스'(κύριος)가 갖는 의미는, (a) 당시에 로마 황제에게만 사용되었고, (b) 헬라 신들의 이름 앞에 붙여 인간과는 다른 영역에 있는 신을 나타내기도 하였다. 특별히 구약 70인(LXX) 역에서는 하나님의 명칭인 '여호와'의 역어로 사용되었다. 그뿐 아니라, 초대교회에서는 신도들이 세례를 받을 때 고백 문구로 사용하기도 했다.[54]

그렇기 때문에 바울은 "그들이 다 복음을 순종하지 아니하였도다"(16절)라고 한다. 유대인도 예수를 주라 고백하지 않고, 이방신을 섬기는 이방인들도 고백하지 않았다. 예수 그리스도를 '주'라고 고백하는 것은 당시 상황으로는 가족이나 공동체로부터 버림을 받는 것을 의미하고, 로마 황제 앞에서라면 죽음을 각오해야 했던 일이다. '입으로 예수를 주로 시인하며'(호몰로게세스 엔 토 스토마티 수-ὁμολογήσῃς ἐν τῷ στόματί σου)라는 문구가 9절과 10절에 두 번에 걸쳐 사용되었다. '시인하다'(고백하다)는 동사는 '말하다'라는 뜻이지만, 실제로는 법정에서 약속 또는 고백하는 행위를 나타내는 단어로 사용되었다. 이런 고백은 공개적 성격을 갖는다.

> "이사야가 이르되 주여 우리가 전한 것을 누가 믿었나이까 하였으니"(16절).

54) 옥스퍼드, 전게서, 135.

듣기는 하였으나 동의하거나 순복하지 않았다.

> "이스라엘에 대하여 이르되 순종하지 아니하고 거슬러 말하는 백성에게 내가 종일 내 손을 벌렸노라 하였으니라"(21절).

이는 선택된 민족에 대한 하나님의 사랑을 표현한다. 그러나 그들은 끝내 순종하지 않았다.

로마서 6장 15-23절에서 '순종'의 심각성을 다루었다. 누구에게 순종했는지는 곧 그 사람이라고 했다. 우리는 죄의 종이었다. 그 결과 죄의 종으로 사망에 이를 수밖에 없었던 사람이었는데, "교훈의 본을 마음으로 순종하여 죄로부터 해방되어 의에게 종이 되었느니라"(6:17-18)고 했다. 믿음에서 실패하는 것도 멸망에 이르지만, 순종에 실패하는 것도 사망에 이른다. 유대인들이 복음에 순종하는 데서 실패하고 있다는 사실이 얼마나 심각한 것인지를 사도 바울은 잘 알고 있다. 예수께서는 두 아들의 비유를 통하여 이미 예언해 놓으셨다.

> "어떤 사람에게 두 아들이 있는데 맏아들에게 가서 이르되 얘 오늘 포도원에 가서 일하라 하니 대답하여 이르되 아버지 가겠나이다 하더니 가지 아니하고 둘째 아들에게 가서 또 그와 같이 말하니 대답하여 이르되 싫소이다 하였다가 그 후에 뉘우치고 갔으니 그 둘 중의 누가 아버지의 뜻대로 하였느냐"(마 21:28-31).

결국 예수 그리스도의 복음은 하나님을 찾지도 않았던 이방인에게로 간다. "내가 백성 아닌 자로써 너희를 시기하게 하며 미련한 백성으로써 너희를 노엽게 하리라"(롬 10:19)고 바울은 신명기 32장 21절을 인용한다. '시기하게 하며'는 미래형으로, 어떤 주체가 객체의 어떤 특질이나 소유물에 대해 탐심을 갖는 매우 강력한 감정을 표현하는 말이다. '시기하게 하며'와 대구를 이루는 '노엽게 하리라'는 '화나게 하고 동요시킨다'는 의미로 마음이 뜨거운 상태가 되도록 흥분시키는 것을 의미한다.[55)]

과연 유대인은 하나님께로 돌아올 수 있을까?

복음은 이방인에게로 (롬 11:1-10)

"그러므로 내가 말하노니 하나님이 자기 백성을 버리셨느냐 그럴 수 없느니라 나도 이스라엘인이요 아브라함의 씨에서 난 자요 베냐민 지파라 하나님이 그 미리 아신 자기 백성을 버리지 아니하셨나니 너희가 성경이 엘리야를 가리켜 말한 것을 알지 못하느냐 그가 이스라엘을 하나님께 고발하되 주여 그들이 주의 선지자들을 죽였으며 주의 제단들을 헐어 버렸고 나만 남았는데 내 목숨도 찾나이다 하니 그에게 하신 대답이 무엇이냐 내가 나를 위하여 바알에게 무릎을 꿇지 아니한 사람 칠천 명을 남겨 두었다 하셨으니 그런즉 이와 같이 지금도 은혜로 택하심을 따라 남은 자가 있느니라 만일 은혜로 된 것이면 행위로 말미암지 않음이니 그렇지 않으면 은혜가 은혜 되지 못하느니라 그런즉 어떠하냐 이스라엘이 구하는 그것을 얻지 못하고 오직 택하심을 입은 자가 얻었고 그 남은 자들은 우둔하여졌느니라 기록된바 하나님이 오늘까지 그들에게 혼미한 심령과 보지 못할 눈과 듣지 못할 귀를 주셨다 함과 같으니라 또 다윗이 이르되 그들의 밥상이 올무와 덫과 거치는 것과 보응이 되게 하시옵고 그들의 눈은 흐려 보지 못하고 그들의 등은 항상 굽게 하옵소서 하였으니라"(롬 11:1-10).

55) 옥스퍼드, 상게서, 175.

"하나님이 자기 백성을 버리셨느냐?" 다시 근본 문제로 돌아왔다.

바울은 수사적 질문을 던진다. 누군가가 하나님께서 자기 백성을 버리셨다고 생각하는 사람이 있다는 것을 전제하고, 그런 생각을 하는 사람들에게 되묻는 것이다. "하나님이 자기 백성을 버리셨다고 생각하느냐?"[56] 드디어 이스라엘이 신앙적으로 당면한 심각한 문제를 표면에서 다루기 시작한다. 이스라엘에 대한 하나님의 폐기 문제를 제기한 것이다.

바울은 다루기 힘든 주제를 던져 놓고 성급하게 "아니, 그럴 수 없다"라고 부정한다. 로마서 11장 1절에는 'No'라는 대답이 되돌아오기를 기대하는 의문 부정사인 '메'(μὴ)를 한 절에서 두 번이나 사용하여 강한 부정을 나타내고 있다. "하나님이 자기 백성을 버리지 않으셨지?"(메 엡타이산-μὴ ἔπταισαν'), "결코 그럴 수 없다"(메 게노이토-μὴ γένοιτο)라고 자기가 대답한다.

이런 질문 방법을 예수님도 사용하셨다. 부활 후 갈릴리로 제자들을 찾아간 예수님은 "너희에게 고기가 있느냐?"(요 21:5)라고 물으셨다. 그러나 사실 이 질문의 의도는 "너희가 물고기를 잡지 못했지?"(You have no fish, have you?)라는 뜻으로 물으신 것이다. 그러니까 오늘 본문도 "하나님이 자기 백성을 버리지 않으셨겠지?"라는 뜻이다.

바울은 하나님께서 자기 백성을 버릴 수 없는 증거로 자기의 경우를 예로 든다. "나도 이스라엘인이다"(1절b). 헬라적 표현에서는 더 강

---

56) '버리셨다'를 나타내는 헬라어 동사 '아포사토'(ἀπώσατο)는 전치사 '아포'(ἀπό)와 '오데오'(ὠθέω)의 합성어로서 의미는 '…으로부터 멀리 치우다' 또는 '…으로부터 떼밀어 내다'는 뜻이다(행 7:27). 실제로는 '제거하다', '거절하다'는 뜻으로 사용된다. 옥스퍼드, 《로마서》, 191.

력한 어조가 나타난다. 바울은 강력한 표현을 사용하여 자기가 이스라엘인이라는 사실을 강조한다. "καὶ γὰρ ἐγὼ Ἰσραηλίτης εἰμί"(카이 가르 에고 이스라엘리테스 에이미). '그리고'(καὶ), '왜냐하면'(γὰρ)을 사용하여 그 이유를 설명하면서 '나는 나다'라는 강조적 표현인 'ἐγὼ … εἰμί'라는 표현을 쓴다. '왜냐하면 나 역시 이스라엘 사람이기 때문이다'라는 뜻이다.

그리고 바울 자신이 아브라함의 씨에서 난 자요, 베냐민 지파에 속해서 자랐다는 점을 강조한다. 이 구절 속에는 바울의 과거와 현재의 경험이 고스란히 들어 있다. '나도 버리지 않으셨지 않는가?'고 묻는 듯하다. 이 구절은 '왜냐하면'이라는 이유를 설명하는 전치사 '가르'(γὰρ)로 시작하는 문장으로, '그리고 왜냐하면 현재 나도 역시 이스라엘 사람이기 때문이다'로 해석해야 한다.[57]

바울이 과거에 누구였는가? 그런데 자기 같은 사람이 구원받았다면, 현재 이스라엘 백성들이 하나님에게서 떨어져 나간 것처럼 보이기는 해도 하나님이 구원할 자를 남겨두셨을 것으로 확신하는 것이다. 그리고 2절에 다시, "하나님이 그 미리 아신 자기 백성을 버리지 아니하셨나니"라고 선언한다.

2절에서 특별히 이스라엘 백성을 말하면서 '미리 아신 자기 백성'이라는 말을 쓴다. '미리 아신'(프로에그노-προέγνω)의 원어는 '프로기노스코'(προγινώσκω)의 부정 과거형이다. 이 단어가 '예정'을 암시하

57) 'καὶ γὰρ ἐγὼ Ἰσραηλίτης εἰμί'(카이 가르 에고 이스라엘리테스 에이미). '그리고'라는 접속사 '카이'로 앞 문장과 연결하면서 자기가 이스라엘 사람인 것을 말하는 이유를 밝히는 '가르'(γὰρ)를 쓴다.

는 말인가는 논란이 많다(롬 8:29). 바울이 과연 예정을 말하려고 이 용어를 쓴 것일까? 그렇게 단정하기는 어렵다. 이 용어는 단지 자기 백성을 미리 아셨다는 하나님의 예지적(叡智的) 특성을 나타내는 의미로 사용했을 뿐이다.

하나님께서 자기 백성을 다 아셨다고 하였지만, 여기서 말하는 바는 이스라엘 전체를 다 아셨고 선택했다고 보아서는 안 된다. 성경에서 사용되는 용어는 항상 본문의 맥락에 의해서 해석해야 되기 때문이다. 아직 온 이스라엘 백성을 구원하실 것이라는 결론은 나오지 않았다.

엘리야의 예가 바른 해석의 길을 열어준다. 엘리야는 이세벨의 칼날을 피하여 브엘세바 굴에 들어가 하나님께 기도하였다.

> "내가 만군의 여호와 하나님께 열심이 유별하오니 이는 이스라엘 자손이 주의 언약을 버리고 주의 제단을 헐며 칼로 주의 선지자들을 죽였음이오며 오직 나만 남았거늘 그들이 내 생명을 찾아 빼앗으려 하나이다"(왕상 19:10).

바울은 이 구절을 엘리야가 이스라엘을 고발한 것으로 이해하고 있다. 비록 엘리야의 착각이었지만, 엘리야가 온 이스라엘이 하나님의 언약을 버리고 바알을 좇아갔다고 이해한 것은 옳았다. 그러나 그는 하나님께서 무엇을 계획하여 놓았는지를 몰랐을 뿐이다. 그렇다면 엘리야가 하나님의 계획을 모르고 성급하게 판단함으로 오류를 범한 것처럼, 오늘날도 그런 속단을 해서는 안 된다고 경고한다.

하나님께서는 칠천 명을 남겨두셨다. 남겨진 자들은 오직 하나님의 은혜로 된 것이지, 그들의 노력(행위)으로 된 것이 아니다.

> "이스라엘이 구하는 그것을 얻지 못하고 오직 택하심을 입은 자가 얻었고…"(롬 11:7).

'남겨진 자'란 의미를 가진 'remnant'(남은 자)라는 단어가 등장한다. 루터는, 바울이 '그들이 남아 있었다'라고 말하지 않고, '남은 자'라고 말했다고 지적한다. 그 남은 자들은 자기들의 결단에 의해 남아 있는 것이 아니라, 하나님께서 그들을 뒤로 남겨 놓으셨기 때문에 존재하는 자들이라는 것이다. 로마서 9장 16절에서도 "그러므로 그것은 사람의 의지나 노력에 달려 있는 것이 아니라 하나님의 자비에 달려 있습니다"(새번역)라고 했다.

엘리야는 자기가 남아 있다고 고백했다(왕상 19:14). '남았다'(와이와테르-ואותר)는 동사는 '야타르'(ותר)의 단순 재귀형으로 '내가 남았다'는 뜻이다. 자기 혼자만이 바알 숭배에 저항하면서 남아 있다는 점을 강조한다. 그러나 하나님께서는 "칠천 명을 남기리니'라고 하셨다(왕상 19:18). '남기리니'(웨히쉬아르티-והשארתי)는 '남다'(솨아르-שאר)의 사역 능동형이다. 그래서 그 의미는 '내가 남기리니'라는 뜻을 나타낸다.

마찬가지로 이스라엘에도 하나님께서 남겨두신 그루터기가 있다고 바울은 확신한다. 전체 이스라엘이 아닌 그루터기에 대한 희망이다. 남겨두신 그루터기들은 단지 아브라함의 씨이기 때문에 구원받은 자들이 아니다. 은혜로 택하심 때문에, 남은 자로 숨겨져 있다고 한다(롬 11:4). 이 말은 율법으로 하나님의 의에 이른다는 유대인의 주장을 일축(一蹴)하고, 지금까지 강조해온 대로 믿음으로 하나님의 의에 이르는데, 이것은 오직 하나님의 선택과 은혜로 되어진다는 사실을 증명하는 것이다.

'택하심을 입은 자가 얻었다'(7절).

자기들의 고집과 교만으로 스스로 방법을 찾던 자들은 구하는 것을 얻지 못했다. 그리고 그들은 모두 우둔해졌다(7절). 신명기 29장 4절과 같이 그들의 영은 혼미해졌고, 눈이 있어도 보지 못하고, 귀가 있어도 듣지 못한다. 선택과 버림받음을 '사랑받고…덜 사랑받고'라고 했다(말 1:2).

로마서 1장 18절 이하에서 선택받지 못한 자들을 '정욕대로 더러움에 버려두고'(1:24), '그들을 부끄러운 욕심에 내버려 두셨다'(1:26)고 하였다. 그 결과는 '생각이 허망하여지며'(1:21), '마음이 어두워졌다'(1:21)고 했다. 그럼에도 불구하고 하나님께서는 복종하지 않고 거역해서 말하는 그들에게 "나는 온종일 내 손을 내밀었다"라고 하신다.

뿌리도 거룩, 가지도 거룩 (롬 11:11-24)

"그러므로 내가 말하노니 그들이 넘어지기까지 실족하였느냐 그럴 수 없느니라 그들이 넘어짐으로 구원이 이방인에게 이르러 이스라엘로 시기나게 함이니라 그들의 넘어짐이 세상의 풍성함이 되며 그들의 실패가 이방인의 풍성함이 되거든 하물며 그들의 충만함이리요 내가 이방인인 너희에게 말하노라 내가 이방인의 사도인 만큼 내 직분을 영광스럽게 여기노니 이는 혹 내 골육을 아무쪼록 시기하게 하여 그들 중에서 얼마를 구원하려 함이라 그들을 버리는 것이 세상의 화목이 되거든 그 받아들이는 것이 죽은 자 가운데서 살아나는 것이 아니면 무엇이리요 제사하는 처음 익은 곡식 가루가 거룩한즉 떡덩이도 그러하고 뿌리가 거룩한즉 가지도 그러하니라 또한 가지 얼마가 꺾이었는데 돌감람나무인 네가 그들 중에 접붙임이 되어 참감람나무 뿌리의 진액을 함께 받는 자가 되었은즉 그 가지들을 향하여 자랑하지 말라 자랑할지라도 네가 뿌리를 보전하는 것이 아니요 뿌리가 너를 보전하는 것이니라 그러면 네 말이 가지들이 꺾인 것은 나로 접붙임을 받게 하려 함이라 하리니 옳도다 그들은 믿지 아니하므로 꺾이고 너는 믿으므로 섰느니라 높은 마음을 품지 말고 도리어 두려워하라 하나님이 원 가지들도 아끼지 아니하셨은즉 너도 아끼지 아니하시리라 그러므로 하나님의 인자하심과 준엄하심을 보라 넘어지는 자들에게는 준엄하심이 있으니 너희가 만일 하나님의 인자하심에 머물러 있으면 그 인자가 너희에게 있으리라 그렇지 않으면 너도 찍히는 바 되리라 그들도 믿지 아니하는 데 머무르지 아니하면 접붙임을 받으리니 이는 그들을 접붙이실 능력이 하나님께 있음이라 네가 원 돌감람나무에서 찍힘을 받고 본성을 거슬러 좋은 감람나무에 접붙임을 받았으니 원 가지인 이 사람들이야 얼마나 더 자기 감람나무에 접붙이심을 받으랴"(롬 11:11–24).

"그들이 넘어지기까지 실족하였으냐?"(11절)라고 바울은 다시 반문한다. 남은 자를 제외한 이스라엘은 로마서 11장 8절의 내용대로, 그들은 눈이 있어도 보지 못하고, 귀가 있어도 듣지 못한다. 그들은 버림받은 자들이기 때문이다. 그래서 "그들이 넘어지기까지 실족하였느냐?"(11절)라고 묻는다. 여기서도 로마서 11장 1절의 경우와 같이 '메'(μή)라는 부정사를 사용하여 결코 그럴 수 없다는 부정을 전제하고 묻는 말이다.

'넘어지고', '실족하고.' 이 두 동사는 비슷해 보이기는 해도 단어도 다르고 의미도 전혀 다르다. 새번역에서는 "이스라엘이 걸려 넘어져서 완전히 쓰러져 망하게끔 되었습니까?"라고 번역했다. 이 구절을 의역하면, '이스라엘이 걸려 넘어지기는 했어도 완전히 쓰러져 망하게끔 되지는 않았지요?'라고 할 수 있다.

이스라엘이 넘어진 것만은 사실이다(롬 11:1, 22). 그러나 그렇다고 망하게 된 것은 아니지 않느냐고 반문하는 것이다. 그리고 곧바로 대답한다. "결코 그럴 수 없느니라." 두 개의 의문부정사, 즉 '메(μὴ)… 메(μὴ)'가 사용된 예이다.

로마 교회 안에서 이스라엘의 구원문제가 심각하게 대두되고 있었던 것으로 보인다. 어떤 사람들은 심지어 하나님께서 이스라엘을 버리셨다고까지 주장하는 일도 있었던 것으로 보인다. 혹 이들이 로마서 16장 17-18절에 경계하고 멀리하라고 한 사람들인지도 모른다. 여하튼 유대 크리스천들 앞에서 이방 크리스천들은 우쭐대기도 하고(18절), 교만한 마음을 품고(20절), 그들을 업신여기기도 했다(롬 14:3).

사도 바울은 그들이 넘어진 데 대한 하나님의 계획을 먼저 밝힌다. 유대인이 넘어짐으로 구원이 이방인에게 넘어갔고, 이것은 이스라엘에게 질투를 일어나게 함으로, 그들을 하나님께 다시 돌아오게 하려는 것이다. 아이러니하게도 유대인이 퇴장하면서 열고 나간 문으로 이방인들이 입장할 수 있게 되었다는 말이다.[58] 그리고 유대인들이 질투심을 갖게 함으로 그들을 다시 그리스도 안으로 들어오도록 하려고 하신다고 한다.

바울은 전도여행을 통하여 하나님께서 이방인에게 복음의 문을 여신다는 사실을 생생하게 경험했다. 고넬로의 부름을 받고 간 베드로는 설교 도중에 '말씀 듣는 모든 사람에게' 성령이 임하시는 것을 보았다. 베드로도 놀랐고 그와 함께 동행한 유대 크리스천들도 놀랐다. 성령이 임하시어 유대인과 이방인의 담을 헐으셨기 때문이다. 로

58) 유진 피터슨, 《더 메시지》, 로마서, 465.

마서에서 성령의 임하심은 특별한 의미를 갖는다. 이미 로마서 8장에서 살펴본 대로, 성령의 임하심은 하나님께서 그들의 죄를 용서하셨다는 표이고, 하나님의 자녀로 인치신다는 표징이기 때문이다. 그렇기 때문에 양자 됨을 알리는 양자의 영이시다(롬 8:9).

고넬료의 집에서 이방인에게 성령이 임하시는 모습을 본 베드로의 마음의 장벽은 이미 무너졌다. 이를 통하여 베드로는 복음이 이방인에게 흘러가야 한다는 사실을 분명하게 깨달았다. 그리하여 그가 예루살렘 회중에게 소환되어 갔을 때도 자기의 경험보다는 성령께서 어떻게 하셨는가만 정확하게 진술하였다.

> "그런즉 하나님이 우리가 주 예수 그리스도를 믿을 때에 주신 것과 같은 선물을 그들에게도 주셨으니 내가 누구이기에 하나님을 능히 막겠느냐 하더라 그들이 이 말을 듣고 잠잠하여 하나님께 영광을 돌려 이르되 그러면 하나님께서 이방인에게도 생명 얻는 회개를 주셨도다 하니라"(행 11:17-18).

바울 자신도 하나님의 말씀을 유대인에게 먼저 전하려고 열정적으로 노력했다. 그러나 그들이 복음을 거절했을 때 이방인에게로 향한다(행 13:46). 그리고 드로아에서 "와서 우리를 도우라"는 마게도냐 사람의 환상을 보고, "이는 하나님이 저 사람들에게(마게도냐) 복음을 전하라고 우리를 부르신 줄로 인정함이러라"(행 16:10)고 했다. 최종적으로 고린도에서 바울은 하나님의 비밀(계획)을 깨닫고 '내가 이방인에게로 가리라'고 결단한다(행 18:6).

바울은 이방인들이 하나님께 돌아오고, 유대인들이 복음에서 점점 멀어지는 것을 체험한 사람이다. 그중에서도 바울은 하나님의 희망을 보았다. 이방 크리스천들을 통하여 유대인들이 다시 하나님께로 돌아오리라는 희망이다. 그래서 바울은 자기 골육에 대한 희망은 버릴 수가 없었다.

> "그들의(이스라엘의) 넘어짐이 세상의 풍성함이 되며, 그들의 실패가 이방인의 풍성함이 되거든 하물며 그들의 충만함이리요"(12절).

이스라엘이 돌아온다는 희망, 그리고 돌아왔을 때(바로 설 때)의 풍성함은 얼마나 크겠느냐고 한다. 바울의 그루터기 개념은 고정되어 있지 않고 열려 있는 개념이다.

그들(이스라엘)의 충만함(τὸ πλήρωμα αὐτῶν)이란 이스라엘의 충만함을 언급한다(12절). 25절에는 '이방인의 충만함'(τὸ πλήρωμα τῶν ἐθνῶν)을 말한다. 그리고 25절에서는 '모든 이스라엘'이라고 말을 바꾼다. 이렇게 보면 12절에서 사용한 '그들(유대인)의 충만함'(τὸ πλήρωμα αὐτῶν)과 25절에 '온 이스라엘'(πᾶς Ἰσραὴλ)은 같은 의미로 해석해도 무방할 것이다.

그렇다면 이방인의 충만과 이스라엘의 충만을 같은 뜻으로 해석하여, 온 이스라엘도 구원받고 온 이방인도 구원받는다고 번역할 수 있을까? 그렇게 되면 만인 구원설이 되고 만다. 그렇기 때문에 25절에서 사용한 '온 이스라엘'은 전체 이스라엘로 해석하면 모순이 일어난다. 그렇게 해석할 수 없는 또 다른 이유는 9장에서 11장까지 전개된 내용에서 강조하고 있는 바는 선택된 자 또는 남은 자만이 구원받는다고 했는데, 이것과 모순이 된다.

또한 성경 어디에서도 집단이 아무런 조건 없이 다 건짐을 받는다고 말한 적이 없다. 구원은 개개인의 고백과 순종으로 받는 것이다.

그렇기 때문에 '온 이스라엘'은 이스라엘 전체라고 해석할 수 없고, 이스라엘 중에 하나님이 선택하신 사람들, 즉 남은 자들의 전체를 의미한다고 해야 할 것이다.

사도 바울은 유대인의 구원과 이방인들의 구원을 양손에 잡고 균형잡기에 온 정신을 쏟고 있다. 이것은 모든 사람을 구원하고자 하는 바울의 열정을 나타내기도 하지만, 동시에 로마 교회 안에 유대 크리스천과 이방 크리스천의 갈등이 그만큼 심각하다는 것을 나타내기도 한다. 메조리티를 이루고 있는 이방 크리스천들은 우쭐대면서 연약한 유대인들을 업신여기고 있으며(롬 11:18, 15:3), 유대 크리스천들은 좀 주눅이 든 채로 눌려 있다.[59] 그래서 본문은 유대와 이방 크리스천 사이에 균형을 잡으려고 노력하는 흔적이 역력하다.

갑자기 바울 자신은 이방 사도로 부름을 받은 직분을 영광스럽게 여긴다고 선언한다(13절). 왜 이방 사도의 직분을 끄집어내는 것일까? 앞에서 말한 유대인들의 넘어짐이 이방인에게 구원이 열렸다고 하는 말에 거부 반응이 일어났다고 생각했는지도 모른다. 이방 사도라고 하면서도 관심은 이스라엘의 구원에만 집착하고 있다고 바울 사도를 비방했는지도 모른다. 그래서 자신이 이방 사도의 직분을 받은 것을 영광으로 여긴다고 강조한 것은 아닐까! 그리고 14-15절에서 유대인에게도 복음이 계속해서 전파되어야 하는 이유를 설명한다.

---

59) 글라우디오 황제의 유대인 추방이 주후 54년에 일어났고, 그가 죽고 네로가 황제에 오르던 해에 추방명령이 취소되어 추방되었던 유대 크리스천들이 돌아오기 시작했다면, 로마서를 기록할 당시(AD 56-7년경)에는 유대 기독교인들은 극소수에 불과했고, 대다수가 이방 신자였던 것으로 보인다. 여기에서 일어난 갈등이 오늘 본문의 배경이 되어 있다.

"(나는) 내 골육을 아무쪼록 시기하게 하여 그들 중에서 얼마를 구원하려 함이라"(14절).

유대인의 구원을 강조하면서 왜 이방인의 눈치를 보는 것일까? 유대인의 구원을 이야기하는 것이 이방 크리스천에게는 눈치 보이는 일인가? 그러나 이방인이든 유대인이든 하나님께서 구원하시는 것이 얼마나 엄청난 일인가를 설명함으로, 자기가 유대인 구원에 마음을 쏟는 일이 얼마나 귀한 일인가를 변명하는 듯하다. 그들을 버림이 세상에 화목을 가져오기도 하지만, 그들을 받아들이는 것이 그들을 죽은 자 가운데서 살려내어 영원한 삶을 주는 것이라면 해야 되지 않겠느냐고 묻는다.

'자랑하지 말라'(18절), '교만한 마음을 품지 말고 도리어 두려워하라'(20절)는 이스라엘이 넘어진 것을 그들은 기뻐한다는 말인가? 자기들의 신앙을 자랑하면서 이스라엘의 구원에 대하여는 백안시하는 것일까? 이방 크리스천들에게 경고하는 내용을 몇 가지로 요약해보자.

1) 단지 이스라엘로 시기나게 하여 그들을 구원하려 한다는 사실을 잊지 말아야 한다(11절).

2) 곡식 가루가 거룩한즉 떡덩이도 거룩하다(16절). 뿌리가 거룩한즉 가지도 거룩하다.

3) 동시에 감람나무 일부가 꺾인 것은 그 자리에 이방인을 접붙임을 받게 하시려는 것이다. 때문에 아무리 이방 그리스도인이 많다고 해도 뿌리를 무시해서는 안 되고, 또한 접붙인 가지가 원가지보다 앞설 수 없다는 것을 기억하라고 한다. 가지가 뿌리를 보전하는 것

이 아니요, 뿌리가 가지를 보전하기 때문이다(17-20절).

4) 원가지도 아끼지 않으셨던 것처럼, 너도 아끼지 아니하실 것이다(21절). 우쭐대지 말고 교만하지 말고 도리어 두려워하라고 권고한다. 너희도 찍힌 바 되리라.

5) 돌 감람나무 가지가 접붙임을 받았으니 원가지들이야 다시 접붙임을 받는 것은 얼마나 쉽겠느냐!

이방 사람의 구원의 신비 (롬 11:25–36)

"형제들아 너희가 스스로 지혜 있다 하면서 이 신비를 너희가 모르기를 내가 원하지 아니하노니 이 신비는 이방인의 충만한 수가 들어오기까지 이스라엘의 더러는 우둔하게 된 것이라 그리하여 온 이스라엘이 구원을 받으리라 기록된바 구원자가 시온에서 오사 야곱에게서 경건하지 않은 것을 돌이키시겠고 내가 그들의 죄를 없이 할 때에 그들에게 이루어질 내 언약이 이것이라 함과 같으니라 복음으로 하면 그들이 너희로 말미암아 원수 된 자요 택하심으로 하면 조상들로 말미암아 사랑을 입은 자라 하나님의 은사와 부르심에는 후회하심이 없느니라 너희가 전에는 하나님께 순종하지 아니하더니 이스라엘이 순종하지 아니함으로 이제 긍휼을 입었는지라 이와 같이 이 사람들이 순종하지 아니하니 이는 너희에게 베푸시는 긍휼로 이제 그들도 긍휼을 얻게 하려 하심이라 하나님이 모든 사람을 순종하지 아니하는 가운데 가두어 두심은 모든 사람에게 긍휼을 베풀려 하심이로다 깊도다 하나님의 지혜와 지식의 풍성함이여, 그의 판단은 헤아리지 못할 것이며 그의 길은 찾지 못할 것이로다 누가 주의 마음을 알았느냐 누가 그의 모사가 되었느냐 누가 주께 먼저 드려서 갚으심을 받겠느냐 이는 만물이 주에게서 나오고 주로 말미암고 주에게로 돌아감이라 그에게 영광이 세세에 있을지어다 아멘"(롬 11:25–36).

11절부터 시작된 이방인에 대한 권고가 계속된다. 25절에 "형제들아"는 이방 크리스천을 말한다. 18절에 "그 가지들을 향하여 자랑하지 말라"고 한 것을 보면, 이방 그리스천들이 유대인을 향하여 우쭐대고 있음이 틀림이 없다. 본문에서도 이방 그리스도인들이 '스스로 지혜롭다'고 하지 않도록 하기 위하여 자기가 받은 '신비'를 말한다고 한 것을 보면 이방 그리스천들이 유대인에 대하여 자만심을 가지고 있는 것은 분명하다.

바울이 신비 또는 비밀을 말한다고 한다. 그러나 여기서 말하는 신비(비밀)는 사도로서 바울이 혼자 알고 있는 것이 아니라 주변에 많은 사람들이 알고 느끼고 있는 어떤 사실을 말한다. 동시에 이 신비는 그가 특별히 하나님께로부터 받은 것일 수도 있지만, 세계 전도에 앞장섰던 사도로서 직접 복음을 전파하는 현장에서 경험으로 깨달은 하나님에 대한 어떤 생각일 수 있다. 그렇기 때문에 '신비'라는 말 속에는 자신이 확신하는 하나님의 계획에 대한 것임을 알 수 있다. 그래서 신비이고 비밀이다.

이 비밀을 이제 구체적으로 말하려고 한다. 첫째는, 이스라엘이 우둔하게 된 것은 이방인의 충만한 수(the full of the Gentles)가 들어오기까지다. 둘째는, 마지막에는 온 이스라엘(all Israel)이 구원을 받게 된다는 것이다.

"그리하여 온 이스라엘이 구원을 받으리라"(26절)는 말은 바울이 이해하고 있는 비밀이요 신비다. 이 문구를 어떻게 해석해야 할까? 온 이스라엘은 전체 이스라엘을 가리키는 것일까? 그런데 이어서 나온 구약의 예언은 온 이스라엘이 구원받는다는 사실을 반증해 주고 있다.

"구원하시는 분이 시온에서 오실 것이니, 야곱에게서 경건하지 못함을 제거하실 것이다. 이것은 그들과 나 사이의 언약이니, 내가 그들의 죄를 없앨 때에 이루어질 것이다"(롬 11:26, 새번역).

전반부는 이사야 59장 20-21절이요, 후반부는 예레미야 31장 34절의 인용이다.

28절부터는 전혀 다른 내용이 전개된다. "유대인은 이방인 때문에 하나님의 원수가 되고, 조상으로 보면 하나님의 사랑받는 자들이다." 여기에 하나님이라는 단어는 없다. 그러므로 유대인이 누구의 원수가 되었는지 분명하지 않다. 분명한 것은 이방인 너희들 때문에 원수가 되었다고 했기 때문에 이방인의 원수가 된 것은 아니다. 이방인의 구원을 위하여 원수가 되었다고 했으니, 그들이 우둔하게 되어 하나님을 배반하고 어리석게 되어 하나님의 원수가 되었다고 해석할 수 있다. 새번역은 다음과 같이 번역했다.

"복음의 관점에서 판단하면, 이스라엘 사람들은 여러분이 잘되라고 하나님의 원수가 되었지만, 택하심을 받았다는 관점에서 판단하면, 그들은 조상 덕분에 하나님의 사랑을 받는 사람들입니다"(롬 11:28).

이 내용은 당시 로마 교회의 형편이 반영된 듯하다. 당시 로마 교회에는 이방 교인들이 다수를 차지하고 있고, 유대인 교인은 소수에 불과하였다. 그래서 유대인은 버림을 받은 것처럼 보인다. 이 점을 바울은 '하나님의 원수'가 되었다고 해석한다. 대부분 이스라엘 사람들은 우둔하게 되어 있고, 이처럼 유대인이 우둔하게 되어 버림받게 된 것은 이방인들을 구원하려는 하나님의 계획 때문이라고 한다

(28절). 루터는 "복음을 받아들여서 사랑받고 있듯이, 복음을 거부해서 미움받고 있는 백성이 유대인이다"라고 했다.[60] 그렇다면 불순종하여 미움을 받고 있더니, 이제는 복음에 순종하여 하나님의 긍휼을 받고 있는 백성이 이방인들이다.

전에는 이방인들이 하나님께 순종하지 않아서 버림을 받더니,[61] 이제는 이스라엘이 순종하지 않음으로 인하여 이방인이 하나님의 긍휼을 입었다. 후에는 이방인에게 베푸시는 긍휼을 유대인에게도 베푸사 그들로 하여금 긍휼을 얻게 하려 하심이라고 한다(30-31절).

이렇게 보면, 유대인이 순종하지 아니하므로 이방인이 하나님의 은혜를 입었고, 이방인들의 믿음의 열심을 시기하여 유대인들로 하여금 하나님께 돌아오도록 하려는 것이 하나님의 신비한 계획이다.

이스라엘의 불순종 →	이방인이 하나님의 긍휼을
유대인의 시기로 하나님께로	← 이방인의 열심이
유대인의 풍성으로	← 이방인의 풍성한 은혜로

그렇다면 이방인들 때문에 시기심이 일어나 온 유대인들이 하나님께로 돌아올 것인가? 대답은 32절이다.

"하나님이 모든 사람을 순종하지 아니하는 가운데 가두어 두심은 모든

60) 루터, 전게서, 208.

61) "너희가 전에는 하나님께 순종하지 아니하더니"(롬 11:30)- '순종하지 아니하더니'(에페이데사테-ἠπειθήσατε)는 'ἀπειθέω'(아페이데오)의 단순과거 능동태로서, '믿지 않다. 따라서 불순종하다'는 의미를 가진다. '너희'는 이방 크리스천을 말한다. 원어 해설, 전게서, 135.

사람에게 긍휼을 베풀려 하심이로다."

이것도 명확한 대답은 아니다. 모든 사람은 유대인과 이방인을 가리킨다. 순종하지 않은 상태로 두신 것은 결국 하나님께 영광이 된다는 사실을 말한다(롬 11:11-12). 이것도 우리가 이해할 수 없는 놀라운 하나님의 신비다.

그리하여 바울은 하나님을 찬양한다.

> "깊도다 하나님의 지혜와 지식의 풍성함이여, 그의 판단은 헤아리지 못할 것이며 그의 길은 찾지 못할 것이로다"(33절).

하나님의 지혜(소피아스-σοφίας)와 지식(그노세오스 데우-γνώσεως Θεοῦ)![62] 하나님은 지혜의 근원이시요, 모든 세상을 만드시고 운행하시는 지식의 총체시다. 누가 그 지혜와 지식을 이해하고 깨달을 수 있을까?

루터는 사도 바울의 찬송은, 지금까지 그가 모든 결론들을 말해왔지만, 여전히 우리가 이해할 수 없는 깊은 숨겨진 그 무엇이 있다는 사실에 대한 바울 자신의 고백이라고 말한다.[63] 지금까지 바울이 쏟아낸 숱한 진리들, '이중 선택'이라든지, '예정'이라든지, '그들은 구

62) 지혜와 지식에 대한 성 어거스틴의 견해: "지혜와 지식은 서로 구별된다. 영원한 것들에 관한 묵상은 지혜에 속하고, 일시적인 것들에 대한 연구는 지식에 속한다. 따라서 지혜는 오직 믿음을 통해서만, 또는 하늘에 옮겨야만 볼 수 있고 이해할 수 있는 것들을 다룬다. 그러나 지식은 하나님 밖에 있는 것, 피조된 것을 다룬다. 그러므로 만물을 그들의 존재 이전에, 그들의 존재를 뛰어넘어서, 그들의 존재 안에서 그 자체로 보는 것은 하나님의 지혜다. 하나님께서 시간 속에서 일어나는 것들을 인식하는 것은 하나님의 지식이다. 따라서 그것을 직관적인 지식이라 하는데, 이를 통해 하나님께서는 자신의 외부에 있는 모든 것들을 아신다." 루터, 전게서, 20.

63) 상게서, 208.

원받기 위하여 넘어졌도다', '그들은 믿기 위하여 믿지 않는다', '그들을 버리는 것이 세상의 화목이 된다'(롬 11:15) 등등 이해하기 어려운 말들이다. 자기가 해놓고도 자기도 다 이해할 수 없는 지혜와 지식 앞에 그는 무릎을 꿇는다. 바울의 찬송은 마치 욥의 고백과 같다.

욥은 마침내 하나님의 계속하여 쏟아지는 질문에 침묵할 수밖에 없었다. 욥은 하나님께 고백하였다.

> "주께서는 못 하실 일이 없사오며 무슨 계획이든지 못 이루실 것이 없는 줄 아오니 무지한 말로 이치를 가리는 자가 누구니이까 나는 깨닫지도 못한 일을 말하였고 스스로 알 수도 없고 헤아리기도 어려운 일을 말하였나이다"(욥 42:2-3).

그렇다면 마침내는 온 이스라엘이 구원을 받는다는 말인가?

이방인의 충만한 수가 돌아오면, 그 다음에는 온 이스라엘이 구원을 받게 된다는 말인가? 그렇다면 이방인도 충만한 수가 하나님께로 돌아오고, 후에는 온 이스라엘이 하나님께 돌아오게 된다면, 이 땅에 사는 모든 사람들이 다 구원받게 된다는 말인가? 그렇다면 만인구원설(萬人救援設)이 성립된다. 무엇이 문제인가?

성경 어디에도 이방인 전체가 하나님께로 들어온다는 말은 없다. 로마서에서도 지금까지 전개된 맥락으로 보면, 여기서 말하는 '충만'은 하나님께서 계획하신 온전한 숫자를 의미하는 것이지 이방인 전체를 가리키는 것은 아니다.

14절에서 "이는 혹 내 골육을 아무쪼록 시기하게 하여 그들 중에서 얼마를 구원하려 함이라"고 분명히 밝힌 바다. 그렇다면 '온 이스라엘'도 전체 이스라엘을 가리키는 것이 아닌 것은 분명하다. 하나님께서 선택한 사람의 전체 수를 의미한다고 보아야 한다. 이방인의 '충만'과 '온 이스라엘'은 같은 의미로 해석할 수 있기 때문이다(롬 11:12 주해에서 이미 밝혔음). '충만'이라는 헬라어에는 정관사 'τό'(토)를 붙여 'τό πλήρωμα'(토 프레로마), 즉 '그 충만'을 말한다. 하나님께서 생각하시는 '그 충만'이라는 의미로 해석할 수 있다. 루터도 '온 이스라엘'을 이방인들의 충만한 수와 상응하는 택함 받은 자의 수로 규정한다.'[64]

'충만'을 잘 설명해 주는 곳은 요한계시록이다. 요한계시록 7장에는 이스라엘에서 구원받은 사람의 '충만한 수'가 기록되어 있다. 144,000이다. 그렇다면 이방인 중에 구원받은 사람의 수는 얼마나 될까? 이방인의 충만한 숫자는 나오지 않고, 그 수를 셀 수 없을 만큼 큰 무리라고만 했다(계 7:9).

그런데 요한계시록 14장에서 시온산에 모여 있는 이스라엘과 이방인들을 합한 구원받은 사람들의 합계가 144,000이라고 한다(계 14:1). 그렇다면 유대인의 충만한 수와 이방인의 충만한 수를 합하면, 144,000이라는 계산이 나온다. 이런 수학적 계산은 이 땅의 계산법이 아니다. 하나님의 계산법이다. 결국 144,000은 실제 수를 의미하는 것이 아니라, 하나님이 계획하는 구원받은 사람의 전체 숫자를 상징적으로 나타내는 것이다.[65]

---

64) 상게서, 207
65) 이연길, 요한계시록, 킹덤북스, 162-163 참고.

그렇다면 '온 이스라엘'이라는 말은 어떻게 해석해야 할까? 문자적으로 '온 이스라엘'(파스 이스라엘-πᾶς Ἰσραὴλ)은 모든 이스라엘이 다 구원을 받으리라는 말인가? 그러나 지금까지 밝혀온 대로, '온'(πᾶς)이라는 단어와 '충만'(토 프레로마-τό πλήρωμα)이라는 단어는 같은 개념으로 보아야 한다. 이방인의 '충만'이 전체 이스라엘이 아니듯이, 온 이스라엘도 전체 이스라엘이 아닌 것은 분명하다. 지금까지 이스라엘의 구원을 말하면서도 전체 이스라엘이 구원을 받을 것이라고 암시한 곳은 한 곳도 없기 때문이다. 이스라엘 중에서도 남은 자들만 구원을 받으리라고 했다. 바울은 하나님의 신비를 말해왔다. 그리고 많은 의문을 남긴 채 하나님의 지혜와 지식의 풍성함을 찬양한다.

> "깊도다 하나님의 지혜와 지식의 풍성함이여, 그의 판단은 헤아리지 못할 것이며 그의 길은 찾지 못할 것이로다"(롬 11:33).

그동안 로마서는 심오하고 어려운 신학적 논쟁들을 언급하며 이스라엘과 이방인의 구원의 문제를 헤쳐 나왔다. 그러나 마지막은 하나님을 찬양하는 글로 끝을 맺는다.

왜 바울은 대답 대신 하나님을 찬양할까? 그는 자기가 진술한 모든 진리를 인간의 논리와 지식으로 합리화하거나 조직하려고 하지 않는다. 단순히 펼쳐 놓을 뿐이다. 인간의 구원에 전제되는 것은 하나님의 선택이라고 했다. 하나님의 선택에는 인간의 어떤 행위나 자랑이 개입할 수 없고, 오직 하나님의 은혜라고 했다. 그러나 곧이어 오직 믿음으로만 구원받는다고 한다. 여기에는 어떤 행위도 개입할 수 없고 오직 은혜로 구원받는다고 한다. 그러나 그 믿음에는 반드시 순종이 동반되어야 한다. 순종이 동반되지 않은 믿음은 믿음이 아니라고 한다.

바로 이것이 지금 이스라엘이 예수 그리스도에게서 떨어진 이유이다. 그렇다면 선택을 받았다 할지라도 믿고 순종하지 않으면 구원도 취소될 수 있다고 한다. 이것이 로마서이다. 이 말은 곧 크고 위대하신 하나님을 인간의 두뇌에 제한하지 말라는 뜻이다. 하나님은 하나님으로 이해하라는 말이다.

칼빈은 이렇게 말한다.

> "바울은 하나님의 말씀을 받아서 하나님의 영을 힘입어 하나님의 비밀을 말했고, 결국은 그 웅장한 신비에 굴복당하고 말았기 때문에 하나님의 지혜의 부요함이 너무나도 깊어서 우리의 이성으로는 그것들을 꿰뚫어 알 수가 없다는 것에 놀라며 감탄할 수밖에 없었다. 그러므로 우리가 어느 때이고 간에 하나님의 영원한 계획에 관하여 생각하거나 말할 때에는, 언제나 우리의 언사와 생각하는 방식을 삼가해야 한다." [66]

많은 학자들은 이런 모순과 비논리를 극복하기 위하여 여러 각도로 노력하였다. 그럼에도 불구하고 두 사이에 모순은 그대로 남겨진다. 이것은 해결될 수 있는 문제가 아니다. 하나님의 영역이기 때문이다. 만약 이중에 한 가지만을 누가 고집스럽게 주장한다면 그는 교리를 붙잡고 있는 것이지 하나님을 붙들고 있는 것이 아니라는 말이 된다. 어떻게 이런 논리가 성립될 수 있는가? 하나님의 지혜와 지

66) 칼빈, 《로마서 주석》, 377.

식의 풍성함을 사람으로는 다 헤아릴 수 없기 때문이다.

> "누가 주의 마음을 알았느냐…이는 만물이 주에게서 나오고 주로 말미암고 주에게로 돌아감이라 그에게 영광이 세세에 있을지어다 아멘"(롬 11:34, 36).
>
> "하늘에서는 주 외에 누가 내게 있으리요 땅에서는 주밖에 내가 사모할 이 없나이다"(시 73:25).

제2장

그리스도 안에 있는 사람으로 살기

그리스도 안에 있는 자

로마서 8장에 나오는 핵심 주제는 '그리스도 안에 있는 자'이다.

> "그러므로 이제 그리스도 예수 안에 있는 자에게는 결코 정죄함이 없나니"(롬 8:1).

'그리스도 안에 있는 자'라는 한 마디를 하기 위해 로마서는 1장에서부터 7장까지 달려왔다. 그렇다면 '그리스도 안에 있는 자'라는 관용어(idiom)는 과연 무엇을 의미하는 말인가? 이 관용어를 이해해야 하는 이유는, 로마서 12장에서부터는 그리스도 안에 있는 사람들의 삶을 다루기 때문이다.

로마서를 떠받치고 있는 세 기둥이 있다. '믿음', '의', 그리고 '하나님과 화평'이다. 그리고 이 세 기둥을 연결시켜 주는 버팀목이 '의'이다(롬 5:1). 예수 그리스도를 믿고 의지하는 자들을 하나님께서 의롭다고 여겨주신다. 의롭다 함을 얻은 사람들은 이제부터 전혀 다른 세계로 들어간다. 하나님과 함께 화평을 누리는 삶이다. 이 단계를 우리는 소위 '거듭남' 또는 '중생'(重生)이라고 부른다(요 3:1-8).[67] 그리고 거듭난 사람들을 '그리스도 안에 있는 사람'[68]이라고 한다.

로마서는 모든 사람들-유대인이나 이방인-이 '그리스도 안에' 살도록 그 축복된 길(the way)을 소개하고 있는 책(롬 2:1-4:25)이며, 또 그곳으로 모든 사람들을 초청하기 위하여 쓴 책이다. 즉 유대인이나 이방인 모두를 '그리스도 안에' 살도록 초청하기 위하여 쓴 책이 로마서이다. 그러므로 로마서에서 '그리스도 안에'라는 용어는 특별한 의미를 가진다. 단지 교회를 다닌다고 해서 그리스도 안에 사는 것은 아니다. 죄 용서를 받고, 하나님으로부터 의롭다 함을 얻고, 하나님의 자녀가 되어 함께 사는 사람들(롬 5:1)을 '그리스도 안에 있는 자'(for those who are in Christ Jesus)라고 부른다.

그렇다면 그리스도 안에 있는 자들은 하나님 안에서 어떻게 살아야 할까? 바로 그 내용이 로마서 12장 1절에서 16장 27절까지 전개된다. 로마서 12장 이하를 많은 분들이 그리스도인의 윤리라고도 하고, 또는 믿음의 실천편이라고도 말한다. 또 성화(聖化)의 과정이라고도 한다. 그러나 아무나 하나님과 화평을 누리고 살 수 있는 것이 아니라면, 이 과정은 하나님의 사람들이 하나님과 함께 어떻게 화평

67) 요한복음 3장 3-8절을 자세히 읽어보자. "사람이 거듭나지 아니하면 하나님의 나라를 볼 수 없느니라", "사람이 물과 성령으로 나지 아니하면 하나님의 나라에 들어갈 수 없느니라." 거듭남은 하나님 나라를 보고, 들어가는 문제이다.

68) '그리스도 안에'(ἐν Χριστῷ)에서 '안에'(엔-ἐν)라는 전치사는 공간적 의미를 나타낸다. 어떤 3차원적인 공간 안에서 어떤 일을 하고 있는 상태를 나타낸다. 그렇다면 '그리스도 안에'라는 인용구는 그리스도 안에서 뭔가를 이루어 가는 활동을 의미한다고 할 수 있다.

을 이루며 살아야 할까를 다루고 있는 내용이라고 해야 한다. 그렇다면 하나님과 함께 살아가는 그 출발점은 어디여야 할까?

'그러므로.' 이것이 로마서 12장 1절의 문을 여는 시작의 말이다. 이 관계사는 로마서 1장 1절로부터 11장 36절까지 전개된 모든 내용을 아우르는 말이다. 협의적으로 표현한다면 '그러므로'는 로마서 8장 9-10절에 기반을 두고 있다고 해야 좋을 것이다.

> "만일 너희 속에 하나님의 영이 거하시면 너희가 육신에 있지 아니하고 영에 있나니 누구든지 그리스도의 영이 없으면 그리스도의 사람이 아니라 또 그리스도께서 너희 안에 계시면 몸은 죄로 말미암아 죽은 것이나 영은 의로 말미암아 살아 있는 것이니라".

이 말씀을 정리해 보자.

1) 성령이 내게 오심은 나를 의롭다고 인정해 주신 것이다(9절). 그러므로 성령의 오심과 의롭게 되는 것은 동시적이다.

2) 성령이 내 안에 오심은 죄를 용서해 주셨다는 표이다(10절).

3) 성령이 오심은 내가 하나님의 양자가 되는 것이므로 아버지 하나님과 함께 살게 되었다는 표이다(10절).

4) 따라서 하나님의 영(그리스도의 영)이 없으면 하나님의 사람이 아니다(9, 14절).

하나님의 자녀가 되는 길을 다른 측면에서 말해보자. 성령이 우리 안에 오실 때, 우리는 성령과 동일한 영(spirit)이 된다(9절). 그리고 하나님의 자녀로 살기 시작한다. 어떻게 그럴 수 있는가?

1) 그런 사람이어야 영의 일을 생각할 수 있기 때문이다(5절).

2) 율법의 요구를 이루어가는 삶을 살기 시작하기 때문이다(4절).

3) 그런 사람이어야 하나님을 기쁘시게 할 수 있기 때문이다(8절).

4) 드디어 하나님을 아빠라고 부를 수 있게 된다(15절).

5) 그런 사람이 하나님의 영과 더불어 상속자가 된다.

6) 그리스도의 영(성령)이 죽을 몸도 살리셨듯이 우리 죽을 몸도 살리신다(11절).

이런 사람들이 그리스도 안에 사는 사람들이다. 그리고 그리스도를 통하여 하나님과 화평을 누리고 살아가는 자들이다. 위의 과정들은 바울이 다메섹 길 위에서 실제로 경험한 사건이다. 바울이 먼저 예수 그리스도를 찾은 것이 아니다. 예수께서 그를 찾아오셨다. 죄 용서가 선언되지도 않았다. 의롭다고 인정해 주시는 말을 한 적도 없다. 단지 예수 그리스도를 만났고, 일꾼으로 부름을 받았을 뿐이다. 그러나 그리스도께서 그를 만나 주신 것 자체로 그는 그리스도 안으로 들어갔고, 하나님의 자녀가 되었고, 주의 일꾼이 되었다. 그리고 하나님과 함께 살기 시작했다.

사울(바울)은 하늘로부터 비추는 빛과 함께 나타나신 예수님을 만나자마자 눈이 감겼다. 그리고 아나니아를 만나 안수를 받은 후에 눈이 떠졌다. 이런 과정을 통하여 그는 성령님이 자기에게 오셨고, 함께하신다는 사실을 경험했다(행 9:1-19). 그뿐 아니라 그리스도와 함께 죽고 사는 것이 무엇인지 몸으로 깨닫게 되었다.

그렇다면 그리스도 안에 있는 자들은 이제 어떻게 살아야 할까? 이제부터 로마서를 '그리스도 안에 있는 자'라는 빛 안에서 읽어가려고 한다.

삶으로 드리는 예배 (롬 12:1-2)

"그러므로 형제들아 내가 하나님의 모든 자비하심으로 너희를 권하노니 너희 몸을 하나님이 기뻐하시는 거룩한 산 제물로 드리라 이는 너희가 드릴 영적 예배니라 너희는 이 세대를 본받지 말고 오직 마음을 새롭게 함으로 변화를 받아 하나님의 선하시고 기뻐하시고 온전하신 뜻이 무엇인지 분별하도록 하라"(롬 12:1-2).

"그러므로 형제들아"(롬 12:1)는 '그리스도 안에서' 함께 살아가는 모든 크리스천들을 가리킨다. 즉 그리스도 예수 안에 있는 유대인이나 이방인을 총망라해서 부르는 호칭이다. '안에'(ἐν)라는 전치사는 존재의 상태(being)를 가리키기도 하지만, 동시에 존재의 활동을 의미하기도 한다. 그리스도 안에 있는 사람들이 그분 안에서 뭔가를 행동하는 'doing'을 암시하기도 한다. 그렇다면 그리스도 안에 있는 사람들은 어떻게 살아가야 할지 반드시 물을 수밖에 없다. 이 말은 '왜 하나님께서 우리를 그리스도 예수 안에 사는 사람들로 부르셨는가?'를 묻는 것과 동일한 질문이다. 에베소서 1장 5-6절에 이렇게 말하고 있다.

"그 기쁘신 뜻대로 우리를 예정하사 예수 그리스도로 말미암아 자기의 아들들이 되게 하셨으니 이는 그가 사랑하시는 자 안에서 우리에게 거저 주시는 바 그의 은혜의 영광을 찬송하게 하려는 것이라."[69]

69) 엡 1:6은 'εἰς ἔπαινον'(에이스 에파이논)으로 시작한다. 즉 '그의 은혜의 영광을'로 되어 있어서 찬양이라는 의미가 강조되고 있다.

그리고 이어 14절에서 "이는 우리 기업의 보증이 되사 그 얻으신 것을 속량하시고 그의 영광을 찬송하게 하려 하심이라"(엡 1:14)고 했다. 하나님의 사람들이 해야 하는 첫 번째 의무는 하나님을 예배하는 것이다. 그리고 그리스도 안에 있는 사람들은 예배로 살아가는 사람들이다. 이사야 선지자가 전한 메시지도 동일하다.

"이 백성은 내가 나를 위하여 지었나니 나를 찬송하게 하려 함이니라"(사 43:21).

'찬미'에 해당하는 '에파이논'(ἔπαινον)의 원형 '에파이노스'(ἔπαινος)는 원래 의로운 자들에게 대한 공동체의 인정, 특히 하나님의 인정을 가리키고 있는 용어다. 구약 70인역(LXX)은 이 단어를 하나님에 대한 이스라엘 공동체의 찬양과 예배를 가리키는 용어로 사용하고 있다. 이 말은 그리스도인들은 하나님을 찬양하며 살도록 부름을 받은 자들이므로 공동체나 사람들에게 인정받으려 하지 말고, 오직 하나님만을 찬양하며 살아가야 한다는 의미를 내포하고 있다. 그러나 '찬양'이라는 의미는 단순한 입술의 찬양만을 가리키는 것이 아니다. 자기 자신의 몸으로 이뤄가는 삶으로의 찬양까지를 포함한다.

이스라엘 백성을 애굽에서 건져내신 하나님의 목적도 '섬김'이었다. 출애굽 사건을 말할 때, 일반적으로 해방이나 구원이라는 용어를 쓴다. 이것은 인간의 입장에서 보는 견해라고 하겠다. 그러나 하나님께서는 '섬기다'는 말로 간단히 대답하셨다.

"하나님이 이르시되 내가 반드시 너와 함께 있으리라 네가 그 백성을

> 애굽에서 인도하여 낸 후에 너희가 이 산에서 하나님을 섬기리니 이것 이 내가 너를 보낸 증거니라"(출 3:12, 참고, 출 4:23, 10:7-8, 11, 24, 26, 12:31, 23:25).

새번역 성경과 NIV는 '섬기다'를 '예배하다'(worship)로 번역했다. 섬기다(타아브둔)의 동사 원형인 '아바드'는 '예배하다'(말 3:14)라는 뜻이다. 그러나 '아바드'는 그 외에 '일하다'(출 20:9), '봉사하다'(삼상 4:9) 등의 뜻도 지녔기 때문에, 하나님을 향한 신앙생활 전반을 의미한다고 번역할 수 있다. '섬기다'는 표현을 통하여 알 수 있듯이 하나님께서 그 백성을 구원하시는 목적은 예배를 받으시기 위함이다. 그러나 출애굽기에서 말하는 예배는 단순히 건물 안에서 드리는 예배만을 의미하지 않는다. 삶의 전부를 하나님께 드리는 예배를 말한다.

로마서 12장 1-2절에서 말하는 예배도 일반적인 예배와는 전혀 다른 예배 개념이다.

> "너희 몸을 하나님이 기뻐하시는 거룩한 산 제물로 드리라 이는 너희가 드릴 영적 예배니라"(롬 12:1b).

영적 예배는 예배자들이 자기 '몸'을 '거룩한 산 제물'로 드리는 예배라고 한다. 그리고 이런 영적 예배를 하나님께서 기뻐하신다고 한다. 그렇다면 '영적 예배'는 무엇이고, '거룩한 산 제물로 드리는 예배'는 무엇인가?

구약 제사에서, 제사는 반드시 동물의 피를 바쳐야 드릴 수 있었다. 그렇다고 여기서 말하는 '몸'이 인간의 육체라는 말은 결코 아니다. 바울이 말하는 '몸'이라는 개념은 로마서 6장 13절과 연관해서 해석해야 한다.

> "또한 너희 지체를 불의의 무기로 죄에게 내주지 말고 오직 너희 자신을 죽은 자 가운데서 다시 살아난 자같이 하나님께 드리며 너희 지체를 의의 무기로 하나님께 드리라"(롬 6:13).

이 구절에서 말하는 '지체'(members)와 '무기'(instrument)는 동일한 표현이다. 단지 목숨이나 생명을 의미하는 것이 아니고, 그 사람 자체요, 그 사람이 생각하고 활동하는 총체적인 삶을 의미한다. 과거에 죄로 죽었던 무기는 불의의 무기(instruments of wickeness)이고, 그리스도 안에서 다시 살아난 사람으로서의 무기는 의의 무기(instruments of righteousness)이다. 그러므로 무기는 본문에서 말하는 '몸'(body)과 동일한 개념임을 알 수 있다.

그렇다면 '몸'은 무엇인가? 우리 말에서 '몸'(body)과 '육체'(flcsh)는 동의어다. 여기서 로마서를 해석하는 데 차질이 일어난다. 우리의 언어 개념으로 이해하면 몸으로 드리는 예배는 우리의 육체를 드리는 것으로 이해하게 된다. 아브라함이 이삭을 모리아 산에서 드리던 것처럼 말이다. 그러나 헬라어에서 '몸'(소마-σῶμα)은 육체가 아니다. 헬라어에서 말하는 '소마'(σῶμα)는 그 사람의 전인적 인격체를 의미한다.

그러므로 그리스도 예수 안에서 사는 사람의 몸(소마)은, 그리스도 안에서 죽고 그리스도와 함께 살아난 몸으로(롬 6:13), 그리스도로 옷입은 완전히 새로워진 인격체를 말한다. 더욱이 성령께서 함께하시는 몸이다(고전 6:15, 19). 이 몸은 영원히 죽지 않고 그리스도와 함께 영원히 사는 몸이다. 바울이 말하는 '몸'의 부활도 육체의 부활이 아니라 '소마'의 부활을 말한다. 그렇다면 '소마'(몸)가 예배 되게 하라는 말은 곧 '소마'가 살아가는 모든 활동이 다 예배가 되어야 한다는 말이다.

이렇게 보면, 그리스도인이 있는 곳이라면 어디든 예배의 장소이고, 그리스도인이 하는 모든 대화나 행동-자고 먹고 일하고 노는 모든 삶-은 곧 예배행위가 된다. 예배가 그리스도인의 삶과 분리될 수 없듯이, 하나님은 그들의 삶과 한 치도 분리될 수 없다는 말이다. 이것이 하나님께서 '그리스도 안에' 살고 있는 모든 사람에게 원하시는 예배요, 그리스도인이 하나님께 드려야 하는 합당한 예배다.

예수님께서 예배의 원리를 '영과 진리'라고 가르쳐 주셨다면, 바울은 예배의 범위를 우리의 전 생애로 확대하였다. '몸으로 드리는 예배'는 성속(聖俗)의 개념을 완전히 파괴해 버린 개념이다. 주일(또는 안식일)만이 거룩한 날이 아니라, 그 외에 모든 날도 주일과 똑같이 거룩하고, 예배당 안에서 드리는 예배만 거룩한 것이 아니라, 예배당 밖에서 이뤄지는 모든 활동이 다 거룩한 예배이다. 동시에 '산'(living)이라는 표현은 영구성을 반영하는 것일 수 있고, 따라서 끊임없는 헌신이 요구된다는 의미를 포함하는 개념으로 이해할 수 있다.[70)]

크리소스톰은 몸으로 드리는 산 제사를 이렇게 표현한다.

"눈으로 악한 것을 보지 않을 때 그것이 제사가 됩니다. 여러분의 혀가 더러운 것을 말하지 않을 때 그것이 제물이 됩니다. 여러분의 손이 불법

70) 존 머리, 전게서, 600. 참고.

을 행하지 않을 때 그것이 온전한 번제가 됩니다. 그것으로 족하지 않습니다. 선행도 해야 됩니다. 손으로 구제를 행하고, 입으로 다른 사람을 축복하며, 귀로는 성경 말씀을 더 듣기 위해 힘써야 됩니다. 따라서 우리는 우리의 손과 발, 그리고 입과 다른 모든 지체로 하나님에게 첫 열매를 드려야 합니다."[71]

몸으로 드리는 산 제사의 기원은 구약 민수기에서 찾아볼 수 있다. 레위인이 여호와께 봉사하기 위해서는 먼저 자신들을 하나님께 드려야 한다. 이 과정에서 제일 먼저 해야 할 것은 아론이 레위 사람을 장막 앞에 데리고 와서 여호와 앞에 세우는 일이다. 그 다음은 이스라엘 자손을 모아 레위 사람들을 빙 둘러서게 하고, 레위 사람들 위에 손을 얹고 안수한다. 그러고 난 후에 아론은 레위 사람을 흔들어 제물로 주 앞에 바친다(민 8:8-19). 그러므로 레위 족속은 백성들이 여호와께 드린 제물들이고, 그들은 하나님께 드려진 몸으로 살아야 한다. 그들의 삶이 곧 예배(제사)가 되는 것이다. 레위 지파가 살아 있는 제물로 바쳐지던 모델이 사도 바울이 말하는 산 제사의 모델이 되었을 것이라고 추측한다.[72]

사무엘은 죽은 제사가 무엇이고, 산 제사가 무엇인가를 알았던 사람이다. 그래서 사울 왕에게 "주님께서 어느 것을 좋아하시겠습니까? 주님의 말씀에 순종하는 것이겠습니까? 아니면 번제나 화목제를 드리는 것이겠습니까? 잘 들으십시오. 순종이 제사보다 낫고, 말씀을 따르는 것이 숫양의 기름보다 낫습니다"(삼상 15:22, 새번역)라고

71) 크리소스톰, 《로마서 강해》, 418.
72) 데니스 올슨(Dennis T. Olson), 민수기, Interpretation(현대성서주석), 89.

했다.[73] 하나님께서도 "나는 제사를 원하지 않고 순종을 원한다"라고 하셨다. 선지자도 "하나님께서 구하시는 제사는 상한 심령이라"(시 51:17)고 했다.

영적 예배는 단순한 예배 형식을 말하는 것이 아니다. 그리스도와의 관계 속에서 이뤄지는 삶이다. 의롭다고 여김을 받은 자들이 그리스도와의 의로운 관계를 지켜 나가는 삶이 곧 영적 예배다. 예배 없는 삶이 죽은 것이듯 삶이 없는 예배도 죽은 것이다.

그런데 바울 사도가 그리스도의 자비하심으로 로마 교인들에게 몸으로 산 제사를 드리라고 간절히 권하는 것을 보면, 로마 교인들이 그리스도 안에 살고 있으면서도 아직도 성령의 사람으로 바로 살지 못하고 있었던 것으로 보인다. 현대의 용어로 성(聖)과 속(俗)이 구별되는 이중생활을 하고 있었던 것 같다(롬 6:1-14, 7:1-6). 그래서 그들에게 권했을 것이다. "여러분의 몸을 하나님께서 기뻐하시는 산 제물로 드리라." 이는 그리스도인들에게도 간절히 권해야 하는 말씀이다.

> "그러므로 형제들아 내가 하나님의 모든 자비하심으로 너희를 권하노니 너희 몸을 하나님이 기뻐하시는 거룩한 산 제물로 드리라 이는 너희가 드릴 영적 예배니라"(롬 12:1).

이 땅에는 죄에 드려진 몸이 있고, 성령께 드려진 몸이 있다. 죄에 드려진 몸은 그가 어디서 예배를 드려도 결코 예배일 수 없다. 그러므로 인간은 죄에 드려진 몸으로 사탄을 경배하며 그의 종으

---

73) 사울 왕은 결국 말씀을 따르는 것을 거부했기 때문에 여호와 하나님으로부터 버림을 받았다. "왕이 여호와의 말씀을 버렸으므로 여호와께서도 왕을 버려 왕이 되지 못하게 하셨나이다"(삼상 15:23b).

로 살든지, 아니면 성령께 드려진 몸으로, 성령의 사람으로 살아야 한다. 그리스도의 자비하심으로 권한다고 하는 것을 보면, 로마 교인들이 그리스도 안에 살고 있으면서도 아직도 성령의 사람으로 바로 살지 못하고 있었던 것으로 보인다. 그래서 그들에게 권한다. "여러분의 몸을 하나님께서 기뻐하시는 산 제물로 드리라!" 오늘의 그리스도인들에게도 간절히 권한다. 하나님께 바쳐진 몸으로 살아가라고 말이다.

'드리라'(파라스테사이-παραστῆσαι)는 부정과거 부정사로 명령형으로 쓰였는데, 이 말이 갖는 의미는 우리 몸이 이미 하나님께 드려진 것인데, 그리스도께서 마음대로 나를 사용하시도록 드려진 상태로 살아가라는 의미다. '하나님께 드려진 몸을 어찌 다른 부정한 곳에 사용할 수 있겠는가? 드려진 그대로 거룩한 사람으로 살아가라고 권고하는 말이다.

2절은 '그리스도 안에 있는 자'가 어떻게 새로워진 삶으로 계속해서 하나님이 받으실 예배를 드리며 살아갈 수 있는지, 그 방법을 제시하는 구절이다. 용어 자체가 의미하는 바와 같이 '그리스도 안에 있는 자'는 그가 어디에 있든지, 무엇을 하든지 그리스도 안에 있음을 의미하기 때문에 그 모든 행위 자체가 예배여야 한다는 것은 당연하다고 하겠다. 그런데 그 삶 자체는 정지된 것이 아니라 발전하고 성숙해져야 한다는 사실을 전제하고 있다.

루터는 이렇게 말한다.

"사도는 믿음의 성숙(progress)을 말한다. 그는 이미 사람들이 크리스천이 되기 시작했다고 말한다. 이것은 생명이란 정지된 것이 아니라, 선한 곳으로부터 더 선한 것으로 움직임을 의미한다. 마치 병든 사람이 질병에서 더 건강해져야 하듯이 말이다."

버나드(Bernard)는 "당신이 속히 건강해지기를 더 이상 바라지 않는다면 이는 건강해지기를 그치는 것이다"라고 했다.[74)]

'드렸기' 때문에 이제는 "이 세대(이 시대 풍조)를 본받지 말라"고 한다(롬 12:2).

'본받다'라는 뜻의 '쉬스케마티조'(συσχηματίζω)의 어근은 'σχῆμα'(스케마)이다. '스케마'는 외형(outward)이라는 뜻으로 '나날이 그리고 해마다 변화한다'는 의미를 가지고 있다. 사람의 '스케마'는 그가 일하러 갈 때와 집에 머물러 있을 때가 다르다. 이처럼 사람의 스케마는 계속적으로 변하는 것임을 염두에 두고 바울은 "본받지 말라"(메 쉬스케마티제스데-μὴ συσχηματίζεσθε)고 한다. 따라서 본문은 "너의 행실을 이 세상의 온갖 유행에 맞추려고 하지 말라"고 번역할 수 있다.[75)]

'이 세대'를 존 머리는 이렇게 설명한다.

"우리가 흔히 영원이라고 부르는 것의 이편에 서 있음을 말한다. 그것은 지나가는 일시적인 세대다. 이 세대를 본받는다는 것은 일시적인 것들에 휘말림을 말하며, 또 우리의 모든 생각을 가시적이고 일시적인 것으로 향하게 함을 의미한다. 즉 시류에 영합하는 자가 되는 것이다. 이 명령의 범위는 얼마나 넓은지 모른다!"[76)]

---

74) Lither: Tectures on Romans, 322.
75) 옥스퍼드, 전게서, 304.
76) 존 머리, 전게서, 663.

'본받지 말고'는 현재 수동태 명령으로, 그들이 현재 본받고 살고 있다는 것을 전제하고 있다. 그렇기 때문에 그 본받는 것을 멈추라고 한다.

사도 바울이 이 세대의 풍습을 이기고 그리스도의 삶을 살기 위해 얼마나 옛것과 투쟁했는가를 우리는 로마서 7장 15-24절에서 읽었다. 바울은 "오호라, 나는 곤고한 사람이다. 사망의 몸에서 누가 나를 건져내랴"고 절망에 이르기까지 탄식하며 투쟁한 사람이다. 당시 로마가 얼마나 부패한 사회였는가? 부패하고 음란한 로마 사회에 살고 있는 기독교인들이 그 세대를 이기고 승리하는 것은 쉬운 일이 아니었음은 말할 필요조차 없다. 바울은 당시 고린도에서 그 시대의 타락상을 생생하게 보고 느끼며 산 사람이기 때문에 더 간절하게 부탁하며 권고한 것이다. 하물며 우리들이야 어떻겠는가? 이 시대 풍조가 얼마나 타락하고 부패했는가를 인식한다면 더욱 투쟁하듯 살아야 할 것이다.

요한 사도는 이렇게 권고한다.

> "이 세상이나 세상에 있는 것들을 사랑하지 말라 누구든지 세상을 사랑하면 아버지의 사랑이 그 안에 있지 아니하니 이는 세상에 있는 모든 것이 육신의 정욕과 안목의 정욕과 이생의 자랑이니 다 아버지께로부터 온 것이 아니요 세상으로부터 온 것이라"(요일 2:15-16).

"오직 마음을 새롭게 함으로 변화를 받아(2절)."

세상을 본받지 않고 살려면 '이 세대를 본받지 말고', '날마다 새롭게 되어야 하고', '항상 변화되어야 하고', '하나님의 뜻이 무엇인지를 추구해야 한다'. 날마다 마음이 새로워지고, 계속해서 새롭게 되고 변화를 받아야 하는 주체는 마음(νοῦς)이다. '변화를 받아라'는 말은 현재 명령법 수동태이다. 헬라어의 현재는 항상 미래적 의미를 갖기 때문에 지금도 변해야 하지만, 앞으로 끝까지 날마다 변화되어 가는 것을 의미한다.

수동형은, 변화는 능동적으로 되는 것이 아니라 무엇에 의하여 되어지는 것을 의미한다. 즉 마음이 늘 새롭게 될 때 비로소 변화하게 된다는 뜻이다. 마음은 지성과 감성 그리고 의지의 중심이므로, 그 사람 자신이 통째로 변하는 것을 말한다(롬 10:10 참조). 그 사람의 사유와 이해와 의지의 근본이 계속해서 변해야 사람이 변화하는 것이고, 그의 삶이 변하는 것이다. 그리스도인에게 정지된 삶은 없다. 바울이 고백한 것처럼 "뒤에 있는 것은 잊어버리고 앞에 있는 것을 잡으려고…달려가노라"고 했듯이, 계속해서 예수 그리스도를 따라 전진해야 한다. 바울은 이 과정을 세 단어로 설명한다. "이 세대를 본받지 말라." "마음을 새롭게 하라." 그리고 "변화를 받아라."

루터는 믿음의 삶을 질병에 비유한다. 질병이란 더 악화되든지, 아니면 낫게 되는 것밖에 없다. 중간은 없다고 한다.[77] 우리의 믿음도 중간 지점에 멈춰서 있는 믿음은 없다. 좋아지지 않으면 더 악해지는 것이다. '그리스도 안의' 삶은 정지된 개념이 아니다. 그리스도와 함께 계속해서 전진하는 삶이다.

"태초에 말씀이 계시니라 이 말씀이 하나님과 함께 계셨으니 이 말씀은 곧 하나님이시니라"(요 1:1).

---

77) 루터, 전게서, 321.

'말씀과 함께'(πρὸς τὸν θεόν)에서 '함께'로 쓰여진 'πρὸς'는 정지된 개념이 아니라, 계속해서 전진하는 상태를 일컫는 전치사다. 하나님은 계속해서 전진하시고 새로워지시는 분이기 때문에 그분과 함께 같은 목표를 가지고 걸어가는 모습이다. 날마다 마음이 새롭게 변화를 받아야 하나님과 함께 살 수 있다.

루터는 아리스토텔레스의 이론을 소개하면서, 그리스도인의 다섯 단계를 말한다.

첫 단계는 not-being(존재 없음)으로 출발한다. 그리고 becoming(되어가는 존재), being(되어진 존재), action(행동하는 것), 그리고 맨 마지막은 being acted upon(더 높은 곳을 향하여 행동하는 것)으로 분류한다. 루터는 이 다섯 단계를 다음과 같이 설명한다. 'not-being'은 이름 없이 존재하는 어떤 것, 즉 죄 아래 있는 인간을 말하고, becoming은 의롭다고 인정됨(justification)으로 , 'being'은 의롭게 된 존재(righteousness)로, acting은 활동하는 것(to act), 그리고 'being acted upon'은 완전해지는 것이라고 한다.[78)]

이것을 다시 해석해 본다면, becoming을 '믿음의 단계'라고 할 수 있지 않을까? 믿기는 하지만 아직 하나님 앞에서 인정받기 전 단계, 그리고 'being'은 하나님으로부터 의롭다 함을 받고 하나님의 사람으로 거듭나게 됨이고, acting은 거듭난 사람, 즉 하나님의 사람으로 살아가는 삶이며, 'being acted upon'은 그리스도의 분량에 이르는 단계로 해석할 수 있겠다.

---

78) Martin Luther, Lecture on Romans, 322. 5단계의 내용은 아리스토텔레스의 주장을 인용하기는 했어도 본래 5단계가 체계적으로 된 내용이 아니라, 루터가 정리한 것이라고 한다.

로마서 12장에서부터는 4단계와 5단계로 올라가면서 하나님께로 가까이 다가가도록 인도하는 과정이라고 할 수 있을 것이다.

어떻게 하면 마음(νοῦς)을 새롭게 할 수 있을까? 어거스틴은 죄를 '의지의 빈곤'으로 본다. 그러므로 자기의 의지적 노력으로 어느 정도는 죄를 이길 수 있다는 것이다. 그러나 조나단 에드워드는 우리 마음의 변화는 오직 성령에 의해서만 이뤄진다고 믿는다. 그는 이렇게 말한다.

> 하나님의 영은 하나님의 자녀들을 인도하는 훌륭한 방법을 갖고 계시는데, 이것을 자연인은 결코 가질 수 없다. 이 방법은 하나님의 영이 하나님의 자녀들에게 주시고 그들을 이끌어 그들의 마음이 하나님의 마음에 합당하고 일치되는 일들로 기울어지도록 그들 속에 활성화시키는 거룩하고 신성한 성향에 따라 그들이 하나님의 뜻을 행하고, 진리와 기독교적 거룩함으로 빛나는 길을 가도록 하시는 방법이다…그 방법을 통해 하나님의 자녀들은 로마서 12장 2절에서 말하는 것처럼 '오직 마음을 새롭게 함으로 변화를 받아 하나님의 선하시고 기뻐하시고 온전하신 뜻이 무엇인지 분별한다'.[79]

"하나님의 선하시고 기뻐하시고 온전하신 뜻이 무엇인지 분별하라." 이는 그리스도 안에 있는 자들이 그분과 함께 살기 위해서 가져야 할 자세이다. 하나님은 날마다 새로워지시는 분이다. 그러므로 과거의 모습 그대로는 하나님과 함께 살 수 없다. 하나님을 따라서

79) 조나단 에드워드, 《로마서 주석》, 400-401.

계속 변하며 전진해야 한다. 교리는 연구가 필요없다. 외우고 행동으로 옮기기만 하면 된다. 그러나 사귐 또는 교제는 날마다 달라진다. 거기에 맞춰 그분의 뜻을 헤아리려고 노력하는 삶이 동반되어야 한다. 인생은 빨리 걷는 것이 중요한 것이 아니라, 방향이 중요하다는 것이다. 하나님의 온전하신 뜻이 무엇인지 분별해야 하고, 그 길을 따라 걸아가야 한다.

로마서 8장 8절을 보면 성령이 오실 때 우리는 하나님을 기쁘게 할 수 있고, 하나님의 뜻을 따라 살 수 있다고 했다. 그렇다면 하나님의 뜻이 무엇이고 그분이 원하시는 것이 무엇인지 계속해서 탐구해야 한다. 좋은 사귐을 지속하려면 계속적인 관심과 탐구와 노력이 필요하다. 그래야 그분과 매일매일 가까워지는 생활을 할 수 있다. 그러므로 여기서 말하는 핵심은 하나님만 주목하며 따라가라는 명령이라 할 수 있다.

키에르케고르는 다음과 같이 설명하고 있다.

"이것은 '하나님이 인간을 사랑하시는 사랑이다'라는 것과 함께 시작한다. 그리고 하나님은 사랑받고자 하신다는 것이 밝혀진다. 말할 나위 없이 하나님은 이기주의자가 아니다. 그는 무한한 자아이니, 너의 마음에 들기 위하여 스스로 변형된다는 것이 불가능한 그러한 자이시다. 오히려 그의 마음에 들기 위하여 네가 변형되어야만 한다.…노련한 궁수의 화살과 같이, 그것이 활시위를 떠나 날아가게 되면 목표에 도달하기까지 조금도 쉬지 않는다. 이와 마찬가지로 인간 역시 하나님에 의하여, 그리고 목표가 되시는 하나님을 위해 창조되어졌기에 하나님 안이 아닌 어느 곳에서도 평안을 발휘할 수 없다."[80]

다양하게 그러나 하나같이 (롬 12:3–8)

"내게 주신 은혜로 말미암아 너희 각 사람에게 말하노니 마땅히 생각할 그 이상의 생각을 품지 말고 오직 하나님께서 각 사람에게 나누어 주신 믿음의 분량대로 지혜롭게 생각하라 우리가 한 몸에 많은 지체를 가졌으나 모든 지체가 같은 기능을 가진 것이 아니니 이와 같이 우리 많은 사람이 그리스도 안에서 한 몸이 되어 서로 지체가 되었느니라 우리에게 주신 은혜대로 받은 은사가 각각 다르니 혹 예언이면 믿음의 분수대로, 혹 섬기는 일이면 섬기는 일로, 혹 가르치는 자면 가르치는 일로, 혹 위로하는 자면 위로하는 일로, 구제하는 자는 성실함으로, 다스리는 자는 부지런함으로, 긍휼을 베푸는 자는 즐거움으로 할 것이니라"(롬 12:3–8).

3절은 'γάρ'(가르)[81]로 시작하는 문장이다. 'γάρ'(가르)라는 접속사는 이 글을 앞에 기록된 12장 1-2절과 연결해서 읽어야 한다는 것을 암시한다. 그러므로 앞 구절에서 '그리스도 안에 있는 자들이 어떻게 살아야 하는가?' 하는 가장 기본적인 원리를 다루었다면, 3-8절의 권면은 '그 원리를 어떻게 크리스천의 삶에 적용해야 하는가?'를 다루는 내용으로 읽어야 한다.

특별히 여기서는 은사의 다양성에 관한 논의보다는 대신 교회에서 행사되는 몇 가지 기본적인 기능들이 다루어지고 있다는 점이

---

80) 바르트, 《로마서 강해》, 674에서 재인용.

81) '가르-γάρ'라는 접속사는 원인이나 이유를 나타내는 '왜냐하면'으로 사용할 수 있고, '그렇기 때문에'(so, then)라는 계속 혹은 관련을 나타내기도 한다. 그러므로 3절은 앞 절과 연결해서 읽어야 하는 내용이다.

다른 서신과 다른 점이다(고전 12:7-11과 비교하여).

로마서 12장 1-2절까지는 '나'(나)라는 주체가 활동하는 모든 삶이 하나님께 드리는 예배라고 했다. 그렇다면 이제부터 전개하는 주제는 은사(직분)를 받은 자들이 어떻게 은사를 활용하여 교회를 섬겨야 하는지를 다루게 된다. 바울은 대전제로 "내게 주신 은혜로 말미암아 너희 각 사람에게 말하노니"(3절a)라고 함으로 은사 문제를 시작한다.

"내게 주신 은혜로 말미암아"(3절).

왜 하나님의 은혜를 힘입어 말한다는 것을 맨 앞에서 강조하는 것일까? 칼빈은 사도의 권위로 말하므로 자기가 전하는 말을 하나님의 말씀으로 받도록 하기 위한 의도라고 했다.

> "그가 받은 권위를 상기시켜 줌으로써 그들로 하여금 자신의 목소리를 마치 하나님 자신의 목소리처럼 받아들이게 하고 있다."[82)]

칼빈이 의도하는 바를 세 가지로 요약한다면, 하나는 하나님의 권위를 높이고, 다음은 자기의 신분은 낮춤으로 바울이 전하는 말을 하나님의 말씀으로 받도록 하고, 은혜 받은 자를 강조함으로 은사 받은 자들에게 겸손을 가르치려고 한다는 것이다.

3절에서 "마땅히 생각할 그 이상의 생각을 품지 말고", "믿음의 분량대로", 그리고 6절에서 "우리에게 주신 은혜대로 받은 은사"를

82) 칼빈, 전게서, 386.

강조한 것을 보면, 은사나 직책은 하나님의 은혜로 받은 것임을 강조하려는 의도가 있어 보인다. 즉 내가 지금 말하는 것도 '하나님께서 내게 주신 은혜를 힘입어서' 말할 뿐이라고 선언하는 느낌을 준다. '너희 중 각 사람에게 말한다'는 말 속에도 '은혜 받은 자'가 '은혜 받은 자들'에게 주는 말이라는 점이 강조되고 있다. '은혜받은 자들'이란 곧 바울의 고백대로 빚진 자들이다(롬 8:12). 평생 갚아도 다 갚을 수 없는 짐을 지고 사는 자들이다.

조나단 에드워즈는 "은혜로 말미암아 바울은 자기의 특출한 영적 은사의 행사를 제한시키고, 자신의 주장을 납득시키기 위하여 자신의 본보기를 제시하는 것 말고 다른 것으로는 설득력 있는 논증을 제시할 수 없었다"라고 했다.[83)]

바울은 각각 은사 활용에 대하여 말하기 전에 은사 받은 자들이 유념(留念)해야 할 원리를 먼저 언급한다(3-5절). 그 원리를 다섯 가지로 요약할 수 있다.

1) 마땅히 생각할 그 이상의 생각을 품지 말고,

2) 하나님께서 각 사람에게 나누어 주셨다.

3) 믿음의 분량대로,

4) 분수에 맞게,

5) 지혜롭게 생각하라(3절b).

이상의 지침이나 원리는 다양하게 보이지만, 결국은 하나로 집약할 수 있다. '하나님께서 나누어 주신 선물'이라는 점이다.

83) 조나단 에드워즈, 《로마서 주석》, 405. 고전 14:29-32, 엡 4:7에서 동일한 문제에 대한 동일한 법칙을 제시한다.

많은 사람들이 하나님의 일을 하려고 할 때 사역에 중점을 둔다. 그러나 사도 바울은 하나님께서 은혜로, 그들의 분량대로 주신 것이라는 데 강조점을 둔다. 즉 사역을 말하기 전에 그 사람의 정체성에 더 많은 무게를 둔다. 누가, 왜, 그리고 무엇을 하라고 그 은사나 직책을 당신에게 주었는지를 잊지 말고 기억하라고 한다. 교회 안에 사역자들의 혼란과 갈등은 바로 정체성(正體性)의 혼란에서 온다. 자기가 누구이고, 무엇을 해야 하는지를 모르는데, 어떻게 바른 봉사를 할 수 있겠는가?

사도 바울은 처음에 자기 정체성을 밝히고 로마서를 시작했다.

> "예수 그리스도의 종 바울은 사도로 부르심을 받아 하나님의 복음을 위하여 택정함을 입었으니"(롬 1:1).

우리말의 문장 구조로는 바울이 말하는 근본 정신을 명확하게 보여주지 못한다. NIV성경은 이렇게 번역했다. "Paul, a servant of Christ Jesus, called to be an apostle and set apart for the gospel of God." 이는 '바울, 나는 노예다'로 시작하는 문장이다.

'둘로스'(δοῦλος)는 정확하게 번역하면 노예라는 말이다. 노예 시장에서 팔리고 있는 노예를 영화에서 본 적이 있는가? 그런 노예를 말한다. 그러다가 예수님에게로 팔려온 노예가 바로 바울 자신이라고 한다. 노예는 소유도 없고, 자기 주장도 없고, 자기 명예도 없다. 오직 주인만을 위해 사는 존재다. 그렇다면 바울이 "바울, 나는 그리스도 예수의 노예다"라고 선언한 것은 자기 정체성이 노예라고 분명히 밝힌 것이다. 그리고 사도란 노예로서 주님으로부터 받은 직책

이고, 이 사도의 직분은 복음을 전하는 것이라고 했다.[84)]

바울의 정체성은 분명하다. 그리스도의 '노예'이다. 그리고 사도는 노예에게 부여된 직책일 뿐이다. 바울이 말하는 바는 자기 신분은 첫째가 노예이고, 둘째가 사도이지, 사도가 먼저가 아니라고 한다. 이러한 정신 때문에 그는 평생 흔들림 없이 예수 그리스도 앞에서 살 수 있었을 것이다. 목숨까지도 내놓으면서 말이다.

노예(slave), 그리고 사도(apostle). 이 순서는 절대로 바뀔 수도 없고, 바꾸어서도 안 된다. 이 순서가 바뀌는 날 그는 타락한 천사의 신세가 된다. 사역자들끼리 갈등하고, 불화하고, 자기를 자랑하고, 고집스럽게 자기를 나타내려고 하는 것은 우선순위가 뒤바뀌었기 때문에 일어난 일이다. 자기들이 그리스도의 노예라는 점을 잊었기 때문이다.

현대 교회의 비극도 바로 여기에 있다. 모든 그리스도의 일꾼들은 자기가 그리스도의 노예요, 은혜로 받은 직분자라는 사실을 기억하며 평생 그 위치에 서서 자기 사역을 감당해야 한다. 은사라는 말 자체가 '카리스마타', 즉 '거저 받은 선물'이라는 뜻이다. 여기에는 자기의 자랑이 들어갈 곳은 한 구석도 없다. 은사를 받아 봉사하는 일꾼들은 그 은혜를 주신 주인에게 감사하고 오직 헌신할 뿐이다.

그래서 바울은 권면한다.

> "내게 주신 은혜로…마땅히 생각할 그 이상의 생각을 품지 말고…각 사람에게 나누어 주신 믿음의 분량대로 지혜롭게 생각하라"(3절).

---

84) 고린도전서 4장 1절에서도, 자신을 "그리스도의 일꾼이요 하나님의 비밀을 맡은 자로 여길지어다"라고 했다. 여기서 사용한 '일꾼'이라는 용어도 '노를 젓는 하급 노예'를 지칭하는 말이다.

"마땅히 생각할 그 이상의 생각을 품지 말고"(3절)[85]에서 '품지 말고'를 나타내는 '메 휘페르프로네오'(μή ὑπερφρονέω)는 '높이 평가하다', '거만하다'는 뜻이다. 칼빈은 이 단어가 '간절히 사모하지 말아야 할 것을 간절하게 생각하는 것', 그리고 이런 행위는 '자기 지혜의 한계를 벗어나는 점'이라는 사실을 보여주는 것이라고 했다.[86] "지혜롭게 생각하라"에서 '지혜롭게'는 '똑똑한 정신을 가지다', '건전한 마음을 가지다', '지각 있게', 그리고 '침착하다'라는 뜻으로 이런 마음으로 생각하고 판단하라는 말이다.[87] "지혜롭게 생각하라"는 말은 모든 은사를 적절하고 바르게 활용하기 위해서는 훈련받고, 계속해서 연구해야 한다는 말이 암시되어 있다. 은사(하나님의 선물)를 아무렇게나 할 수 있다고 여기는 사람들이 마음에 새겨야 할 말이다.

은사를 받은 사람들에게는 유혹이 많다. 자기가 받은 은사를 과장함으로 인기를 얻고 다른 사람 위에 서서 높아지려고 하는 욕망이 그중에 으뜸이다. 이런 유혹을 절제하지 못하면, 자연히 은사를 과장하거나 포장하게 되고, 사람들 앞에서 자기 자랑을 하게 된다. 바울은 '그 이상의 생각을 품지 말라'고 권고한다. "그 이상의 생각"과 "믿음의 분량"(3절b)은 상관관계가 있다. '분량'(a measure)은 믿음의 크고 작음이나 강조를 의미하는 것이 아니다. 학자들은 은사의 활용 영역과 관계가 있다고 말한다.

"그 이상의 생각을 품지 말고"(3절)는 예수의 노예라는 자리를 떠나서, 그 이상의 자리를 탐내지 말라는 말이다. '품지 말라'는 동사는

85) 크리소스톰은 이 구절을 주님의 산상설교의 '심령이 가난한 자'의 반영으로 보았다. 크리소스톰, 《로마서 강해》, 423.

86) 칼빈, 전게서, 387.

87) 옥스퍼드, 전게서, 319.

현재시제 부정사이다. 그러니까 지금 그들 중에서 그 이상의 생각을 품고 있는 사람이 있다는 말이 되기도 하고, 또 직분자들은 평생 그 위치를 지키며 살아야 한다고 미리 권고하는 의미도 된다. 바울은 그 이상의 생각을 품지 말고, 믿음의 분량을 지키라고 권고한다. 사람들은 대부분 자기를 과대 평가한다. 자기는 다른 사람과는 다르다는 것을 과시하려고도 하고, 또 그렇게 평가받기를 원한다. 이것이 언제나 갈등을 일으키는 원인이 된다. 그래서 믿음의 분량대로, 분수에 맞게 생각하라고 한다(3절b). 고린도전서 12장과 14장은 새로 회심한 자들이 자기들에게 주어진 다양한 은사로 잘난 척하기가 얼마나 쉬운지를 경고하고 있다.

유진 피터슨은 로마서 12장 3절을 이렇게 번역했다.

> "하나님께서 주신 것들에 깊은 감사의 마음으로, 여러분에 대해 특별한 사명을 받은 사람으로서 말씀드립니다. 여러분은 순전히 은혜 가운데 살고 있습니다. 여러분이 마치 하나님께 뭔가 좋은 것을 해드리고 있는 것처럼 착각하지 마십시오. 그렇지 않습니다. 실은, 하나님께서 여러분에게 온갖 좋은 것을 가져다주고 계신 것입니다. 우리가 우리 자신을 바르게 알게 되는 것은, 오직 하나님과 또한 그분이 우리를 위해 하고 계신 일에 주목할 때이지, 우리 자신과 또한 우리가 그분을 위해 하는 일에 주목할 때가 아닙니다".

우리는 한 몸에 많은 지체를 가졌다. 그러나 모든 지체가 같은 기능을 가진 것이 아니다(4절). 몸은 그리스도시다. 또 그의 교회이다. 우리 인간의 몸에도 많은 지체와 장기들이 있지만 똑같은 역할을 하는 장기도 없고, 자기만을 위해 독립적으로 존재하는 지체도 없다. 그리스도의 몸에도 많은 지체가 있어야 하고, 각기 다른 기능을 해야 한다. "전신 동맥은 공동체 한 곳에 탈이 나면 도미노처럼 무너진다"는 말이 있다. 그래서 5절에서 다시 반복한다.

> "이와 같이 우리가 많은 사람이 그리스도 안에서 한 몸이 되어 서로 지체가 되었느니라"(5절).

'그리스도 안에 있는 자'들이라고 해도 각자 다른 차이점들이 나타나는데, 이것은 하나님이 계획하신 일이다. 각기 다른 분량과 역량을 통하여 교회란 그리스도의 몸을 세워 나가기 위한 하나님의 계획이다. 만일 인간의 몸이 다양성의 특징이 없다면 그 몸은 제 기능을 발휘할 수 없을 것이다. 우리 몸 안에 어떤 지체가 다른 장기에 비해 너무 강하면 다른 장기를 상하게 한다. 치료 방법은 연약한 장기를 보완해 주는 것보다는 강한 장기를 약화시켜야 한다고 한다.

교회 안에서도 약한 자가 문제이지만, 너무 강한 자가 더 문제가 된다. 어느 경우에는 강한 자가 문제를 더 일으킬 경우가 많다. 교회 직분의 다양성을 지켜나가야 한다. 동시에 중요한 것은 통일성이다. 다른 은사와 분리된 은사도 존재할 수 없듯이 몸과 떨어진 은사도 존재할 수 없다. 몸에서 떨어져 나가는 순간 죽음이다. 독불장군은 하나님 앞에서 존재할 수 없다(고전 12:14-27).

칼빈은 "나라는 존재가 분명히 하나의 독립된 개체이기는 하나 교회라는 거룩한 공동체 속의 개체이며, 교회와의 관계를 떠나서는 존재할 수도 없고 존재 가치 또한 없다는 점을 유념할 필요가 있다"

라고 했다.[88)]

사람들은 '믿음의 수준'에서 말하고 살 뿐이다. 그 이상은 알 수가 없다. 그래서 하나님께서는 각자의 분량대로 은사를 주셔서 자기의 자리에서 봉사하게 하셨다. 바울은 이렇게 말한다.

> "그러나 이제 하나님이 그 원하시는 대로 지체를 각각 몸에 두셨으니 만일 다 한 지체뿐이면 몸은 어디냐?"(고전 12:18-19).

우리는 각기 자기의 집을 짓는 사람이다. 동시에 하나님을 위한 교회란 하나의 집을 짓는 사람들이다(엡 2:20-21). 한 분야의 전문성을 가진 목수들만 존재한다면 어떻게 하나님의 집을 세워갈 수 있겠는가? 각기 다르게 그러나 하나같이, 자기 자리에서 충성할 뿐 아니라 연합해야 쓸모있고 아름다운 집을 지어갈 수 있다. 이것이 각자의 기능과 전체의 연합이 강조되어야 하는 이유이다.

오늘날의 교회 안에는 전문성이 없다. 오직 집단으로 움직일 뿐이다. 이는 같은 재료만을 쌓아놓고 집을 짓겠다는 것과 다름이 없다. 교회 안에는 세분화된 전문적인 은사 활동이 있어야 한다. 은사 없이 오직 하나의 모임으로 움직이기에 신자들 간에 질투, 갈등과 분쟁이 일어난다. 직분자들은 자기가 속한 단체의 몸통 불리기를 그만두어야 한다. 그 강해진 몸통 때문에 교회는 진통을 겪고 있다. 그래서 바울이 "믿음의 비밀을 가지라"고 권고한 것보다 더 지혜로

---

88) 칼빈, 전게서, 322.

운 충고는 없을 것이다(딤전 3:9).

6절에 "은사가 각각 다르니"라고 기록되어 있다. 이제는 일곱 개의 다양한 은사들을 고찰해야 할 차례다. 은사에 대한 내용은 단 세 구절로 매우 단순하고 간단하다. 고린도 교회에 준 교훈이 12-14장에 이르는 긴 문장(文章)인 것과는 아주 대조적이다. 고린도 교회와는 달리 여기에는 은사 받은 자들 간에 충돌이나 갈등이 나오지 않는다.[89] 은사의 내용에 있어서도 고린도 교회에서 열거한 것이 매우 구체적이라면 로마서의 내용은 간략하다.

이렇게 보면, 로마 교회는 아직 어리고 출발 단계에 있는 가정교회임에도 불구하고, 고린도 교회와는 다르게 성실하고 질서가 잘 잡힌 교회들이었다는 생각이 든다.[90] 그렇다면 본문에서 언급한 은사적 직분이 로마 교회에 존재했을까 하는 의구심이 일어난다. 내용이 너무 단순하기 때문이다.

또한 바울 사도가 로마서를 기록한 시기가 주후 56-57년이라면 추방당했던 유대 기독교인들이 돌아오기 시작한 지는 불과 3년이 채 되지 않은 시기다(주후 54년경에 돌아오기 시작함). 그것도 그들이 한꺼번에 돌아온 것이 아니다. 그렇다면 교회의 공식 직분이 확립된 시기는 아닐 것이다. 로마 교회에는 고린도 교회나 에베소에서 언급한 사도, 예언자, 목사와 교사 등(고전 12:27-30; 엡 4:11)에 대한 언급도 전혀 나오지 않는다.

89) 고린도전서 12장과 14장에 나타난 바로는, 고린도 교회 안에는 은사를 가졌다는 사람들이 다른 사람을 멸시하고 교회를 독점하고 지배하려고 함으로써 야기된 혼란이 있었다. 또 로마서에는 고린도전서에서 심각하게 취급한 '방언의 은사'가 언급되지 않았다.

90) Interpretation, 전게서, 1300.

로마 교회에 아직 공식적인 직책이 없었다면, 본문에 열거한 은사나 직책들은 공식적(official)이라기보다는 그런 분야를 맡아서 봉사하는 일반 평신도 일꾼들이라고 해도 틀림이 없을 것이다. 더욱이 바울이 로마서를 기록하면서, 가상적인 현실에 입각해서 이 내용을 쓴 것이 아니라 사실(reality)에 근거해서 썼다면, 이런 논리는 더 신비성을 지닌다(롬 16:1-16 참조).

일곱 은사에 관해 쓰면서, 예언과 섬김에 대하여는 추상명사를 쓰고, 다음 다섯 개의 은사는 관사가 있는 현재 분사형을 사용하는 면이 특별하다. ὁ διδάσκων(호 디다스콘-가르치는 자), ὁ παρακαλῶν(호 파라카론-위로자), ὁ μεταδιδούς(호 메타디두스-베푸는 자), ὁ προϊ-στάμενος(호 프로이스타메노스-다스리는 자), ὁ ἐλεῶν(호 엘레온-자비를 베푸는 자) 등 이 다섯 개의 동사는 모두 현재 분사형이다. 지금 하고 있으며 앞으로도 계속할 사람들이다. 학자들은 바울이 왜 이렇게 문장을 바꿔 썼는지 그 이유가 이해가 되지 않는다고 했다. 이 문제는 해당 은사를 다루면서 찾아보려고 한다.

은사 문제를 다루기 전에 바울은 다시 한번 '우리에게 주신 은혜대로 받은 은사'를 강조한다. 하나님으로부터 은혜로 받은 은사를 어떻게 감당할 것인가를 생각하게 한다.

1) 예언(6절).

여기서 예언이라는 추상명사를 사용하였다. 왜 예언하는 사람이라고 하지 않고 예언이라는 추상명사를 사용하였을까? 단적으로 대답하기는 어렵다. 그러나 이것은 한두 사람이 아닌, 그리고 고정된 인물이 아닌 일반적으로 예언하는 사람들을 가리킨다고 생각할 수 있다. 그렇다면 신약성경에서 말하는 예언자란 어떤 사람인가? 예언자를 성경에서 정의한 곳은 한 곳도 없다. 단지 예언자들의 활동을 통하여 그들에 대한 정보를 얻을 뿐이다.

예언자란 히브리어는 '나비'(נביא)이고, 헬라어는 '프로페테스'(προφήτης)이다. 일반적으로 예언자는 앞일을 미리 말하는 사람이라고 이해한다. 그러나 구약성서에 나오는 예언자(나비-נביא)는 선지자(prophet), 대변인(spokeman), 또는 '말하는 사람'(speaker)이라는 뜻이다. 구약에서 예언자란 야훼 하나님의 말씀을 하나님을 위하여(for God), 하나님 앞에서(in front of God), 그리고 하나님을 대신하여(stead of God) 전달하는 사람들을 말한다.

원래 '나비'(נביא)라는 단어는 '끓어오르다'(bubble up) 또는 '쏟아져 나오다'(pour forth)라는 의미를 가진 어근에서 나왔다(렘 20:9, 참고, 렘 23:29; 호 11:8).[91] 그러니까 예언자는 성령의 감동을 받아 말을 쏟아내는 사람들이라는 뜻이다. 이들은 하나님의 손에 붙잡힌 사람들임에 틀림이 없다. 그들이 열정적으로 말씀을 쏟아낸 것도 분명하다. 그렇다고 그들이 예언한 내용 전부가 성령께서 직접 말씀해 주신 것은 아니다.

예언서를 읽으면서 느끼는 점은 예언자들이 성경에 능통한 사람들이었다는 것이다. 심지어 아모스같이 양을 치고 뽕나무를 가꾸고 살던 예언자도 성경에 대해 얼마나 박식했는가를 알고 놀라지 않을 수 없다. 이렇게 보면 구약의 '나비'(예언자)는 영감의 사람이지만 또한 노력하고 연구하는 사람들이었다.

91) Theological Wordbook of the O.T. The Moody bible institute of Chicago, 1275-1276 참고.

지금까지 찾아본 대로 '나비'(נביא)라는 직책은 성령의 영감을 받아 말하는 사람들이지만, 동시에 성경에 정통한 자들로서 하나님의 말씀을 전달한 사람들이었다. '나비'(נביא)에는 '미래'라는 의미가 전혀 없다. 그런 의미에서 예언자라고 부르기보다는 선지자로 부르는 것이 옳다고 주장하는 학자들이 많다. 구약에서 예언서를 기록한 사람들을 예언자라고 부르기보다는 선지자라고 부르는 이유도 여기에 있다(이사야 선지자, 예레미야 선지자 등).

'나비'라는 말에 '미래 또는 예언'의 의미가 붙게 된 것은 70인역에서 '나비'(נביא)를 프로페테스(προφήτης)라고 번역하는 과정에 '미래'라는 의미의 '프로스'(προς)가 접두어로 붙으면서 미래 또는 예언의 의미를 갖기 시작했다고 한다.[92]

신약성경에서 예언은 예수 그리스도의 계시와 증거를 말한다. 그들은 신령한 비밀들(고전 13:2), 미래의 사건들(행 21:10-11; 계 22:6-7), 그리고 동시대의 문제들(행 13:1; 딤전 1:18)에 관한 설교들을 했다. 선지자들은 훈계하고, 위로하며, 격려하고, 견책하기도 했다(고전 14:3). 일반적인 규칙은 아니지만, 어떤 경우에 예언자들은 순회 설교자들을 의미하기도 했다(참고, 행 11:27-28, 21:10).

누가(Luke)는 바나바를 선지자로(행 13:1), 그리고 바사바라고 하는 유다와 실라를 예언자(선지자)라고 호칭했다(행 15:22, 32). 특별히 이들이 1차 전도 여행 시에 바울과 바나바와 함께 안디옥에 갔을 때, 그곳 그리스도인들을 만나 형제들을 권면하고 위로하며 그곳을 떠났다고 기록하고 있다(행 15:32). 눈에 띄는 것은 유다와 실라는 신도(信

92) 장로회신학교 학장을 지내셨던 박창환 학장과의 대화에서 얻은 내용임을 밝힌다.

徒)들 중에 대표로 뽑힌 자들이며, 선지자라고 했다. 그렇다면 유다와 실라는 평신도로서 예언자였고, 안디옥에서 교인들에게 설교를 하고 위로했다고 하는데, 이 기록은 당시 예언자(선지자)의 위치와 그들의 역할이 무엇인가를 잘 보여주는 예(例)라 하겠다.

에베소서 4장 11절에는 초대교회의 직분들이 나온다.

> "그가 어떤 사람은 사도로, 어떤 사람은 선지자(예언자)로, 어떤 사람은 복음 전하는 자로, 어떤 사람은 목사와 교사로 삼으셨으니"(엡 4:11; 고전 12:28).

여기에서 볼 수 있는 것처럼 선지자(예언자) 그룹은 사도 다음에 나온다. 그러나 선지자 그룹은 점점 사라졌고 신약성경 후기 문서에는 등장하지 않는다.

바클레이는 이렇게 설명한다.

> "대다수 사람들은 예언을 장래 일을 말하는 것으로만 생각하고 있는데, 오히려 신약에서는 이런 의미로 쓰인 경우가 아주 드물다. 물론 이것은 장래 일을 말한다는 의미도 포함하고 있으나, 더 많은 경우에는 하나님의 말씀의 뜻을 바로 전하는 것과 관련이 있다."[93]

예언자들의 역할에 권면과 격려, 위로가 포함되는 것을 보면(고전 14:3), 예언자(선지자)들이 설교자 혹은 순회 설교자였을 가능성이 더

---

93) 옥스퍼드, 전게서, 323에서 재인용.

많다. 시간이 지나서 순회 전도자들이 많아지면서 거짓 선지자(예언자)들은 많은 문젯거리를 야기시켰다. 기록에 의하면, 그들은 대담하고, 야심적이며, 말이 많고, 점쟁이들처럼 충고하고, 요금을 받으며 그리고 사람들이 듣기를 원하는 것을 그들에게 말한다는 점을 지적하고 있다.[94)]

로마 교회에 사도는 없었다. 목사도 없었다. 단지 예언을 언급한다. 그렇다면 로마 교회 안에 공식적인 예언자가 있었던 것은 아니고, 단지 예언의 은사를 받은 자들이 자유롭게 하나님의 말씀을 전하며 활동하고 있었다고 보는 것이 좋을 것이다. 당시 로마가 세계의 중심이었기 때문에 순회 전도자나 소위 예언자들이 로마를 많이 방문했을 것으로 보인다. 사도 바울은 이들에게 믿음의 분수를 지키라고 지침을 주고 권고할 뿐이다.

6절에 "예언이면 믿음의 분수대로"(6절b)라고 기록되어 있다. 원문은 '예언은 믿음의 분수대로'(If prophecy, in proportion to our faith)라고 되어 있다. 그렇다면 '분수대로' 어떻게 하라는 말인지 생략되어 있다. 개역개정에서는 "분수대로…할 것이니라"고 했다. 그러므로 이 본문은 이렇게 의역할 수 있다. "예언이면 믿음의 분수대로 예언해야 한다."

3절에는 '믿음의 분량대로' 그리고 '분수에 맞게'(개역개정판에는 생략됨)라고 기록되어 있다. 존 녹스(John Knox)는 '믿음의 분량'을 주석하면서, 예언자(prophets)를 '영감받은 설교자'(inspired preachers)라 칭

94) 상게서, 1072.

하고, 그들로 하여금 그대로 설교하도록 하되 '성령께서 그에게 말하게 하신 바 그 이상을 말하지 말라고 경고한 것'이라고 했다.[95]

크리소스톰은 "예언의 은사라 하더라도 그 은사는 아무렇게나 주어진 것이 아니라 받는 사람을 평가함으로써 주어집니다. 따라서 믿음의 분량만큼 그것을 받을 수가 있습니다"라고 설명함으로 믿음의 분량은 '하나님께서 평가한 분량'으로 해석했다.[96]

'분수'라는 단어, '아날로기안'(τὴν ἀναλογίαν)은, '유사한', '닮은' 등을 뜻하는 '아날로고스'라는 말에서 파생된 단어이다. 일반적으로 '바른 관계', '균형', '조화', '어울림' 등의 뜻으로 사용되었는데, '아날로고스'는 주어진 은사의 한계를 넘어서지 말라는 의미로 읽는 것이 옳을 것이다. '분량과 분수'에서 '분량'은 하나님이 주신 몫이라면 분수는 이미 주어진 말씀과 전통에 의거하여, 또는 신앙고백과 일치하게(믿음의 내용에 일치되게) 예언하라는 말이다.[97]

이렇게 보면 예언의 두 가지 요소가 해석된다. 하나님의 성령이 주신 몫만큼만 바르게 예언하되, 예언자는 성경의 진리와 일치하게 해야 한다는 말이다. 어떤 학자는 분수(아날로기아)는 헬라적 여유을 풍기는 반면, 분량(메트론-12:3)은 유대적 사유 형식에 가깝다고 했다.

그렇다면 예언자들도 자기 분량을 지켜야 하며, 계속해서 하나님의 말씀과 교회의 규범에 대하여 연구하고 훈련되어야 할 것이다. 오늘날과 마찬가지로 로마 교회에도 예언하는 자들이 있어 자기의 분수를 넘어서 다른 사람에게 깊은 인상을 주려고 과욕을 부리는

95) John Knox, Romas(Interpreter's Bible), 585.
96) 크리스스톰, 전게서, 430.
97) 독일성서공회해설, 성경전서, 신약, 384 참고.

이들이 있었던 것 같다. 이런 사람들은 교회의 질서를 어지럽히고, 신앙에 혼란을 주어서 교회를 위태롭게 하는 자들이다.

예언자의 은사를 받았다는 사람들은 자기 자신의 관심사를 말해도 안 되고, 또한 성령으로부터 받은 영감을 이기적인 목적에 사용해서도 안 된다. 뼈를 깎는 노력으로 자신을 절제하고, 자기를 부르신 하나님께만 충성하도록 해야 한다. 이것은 오늘날 설교자들에게도 동일하게 적용된다고 하겠다.

2) "섬기는 일이면 섬기는 일로"(7절).

섬기는 자가 아니라 섬기는 일을 말한다. 그리고 섬기는 자는 그대로 섬김의 일을 하라고 한다. 그들의 은사를 제한하지 않는다. 그대로 그들을 인정하고 격려하는 말이다. 섬기는 일도 추상명사를 사용한다. 그 의미는, 당시 교회에는 섬기는 사람들이 많았던 것으로 추측된다.

섬기는 일은 주로 구제와 식사 대접을 의미한다. 그러나 8절에 구제하는 자를 따로 언급한 것을 보면, 여기서 말하는 섬김은 아마도 식사를 제공하는 일에 초점을 둔 은사일 것으로 생각된다. 더글라스 J. 무(Doouglas J. Moo)는 섬김의 어근은 '다아크'인데, 여기에서 사용된 단어들은 원래 '식사에 시중드는 것'을 가리키기 위해 쓰였으며, 이 의미가 신약시대에도 보존되었다(눅 17:8을 보라)고 말한다.[98]

초대교회에 가장 큰 사역 중에 하나가 섬기는 사역이었다. 오순절 직후 초대교회가 힘썼던 일과를 소개하는 곳에도, 사도들로부터 가르침을 받는 일과 성도의 교제하는 일 다음으로 '빵을 떼는 일'과

98) 더글라스 무, 전게서, 1030.

기도가 나온다(행 2:42). 떡을 함께 먹는 일이 세 번째 언급되었다. 사도행전 2장 46절에 다시 "떡을 떼며 기쁨과 순전한 마음으로 음식을 먹고"가 나온다. 그만큼 초대교회에서 성도들이 함께 떡을 먹는 일(성찬과 공동식사)은 중요한 일이었다.[99]

초대교회의 최초의 직분도 섬김의 직책이었다(행 6:1-7).[100] 예루살렘 교회가 식사 문제로 심각한 분쟁이 일어난 사실만 보아도 이 문제가 얼마나 중요한가를 짐작할 수 있다. 초대교회 때로부터 '섬김'은 그리스도인들이 믿음 공동체를 위하여 봉사하는 다양한 역할 중에 가장 기본 정신이었다. 예수님께서 생애 마지막에 제자들에게 가장 강조해서 가르치신 교훈도 섬김이었다(막 10:42-45; 요 13:12-17).

아마도 로마 교회도 예루살렘 교회의 모범을 따라서 식사 대접을 하였던지, 아가페 밀과 같은 공동체 식사를 했고, 그 책임을 맡은 자들을 섬기는 자라고 포괄적으로 지칭한 것으로 보인다. 어떤 학자들은 이들이 '집사'라고 지적하지만 – 언어상으로 집사를 지칭하는 건 사실이다 – 당시 로마 교회에 집사 제도가 제정되어 있었는지는 의문이다.

로마 교회에는 사회 하층 구조에 속한 교인들이 많았기 때문에 교회들마다 식사를 대접하는 일을 열심히 했을 것이며, 자연히 식사 문제를 해결하기 위하여 많은 교우들이 동원되었을 것이다. 바울은 '섬김'이란 은사를 분명한 은사로 언급하는 일이 없기 때문에, 일부 주석가들은 여기서 말하는 '섬김'은 교회 안에서 교인들이 맡을 수

99) 이연길, 《사도행전》, 101-102. 행 2:46에는 '떡을 떼며…음식을 먹고'로 되어 있다.
100) 일곱 인의 사역자는 성도들을 구제하는 일과 식사를 챙겨주는, 문자대로 '식사 대접'을 맡도록 뽑힌 사람들이다. 즉 이들의 역할은 형제자매를 섬기는 일이었다.

있는 일반적인 사역에 관해 쓴 것이라는 주장과 일치한다.[101)]

바르트는 "섬김은 영혼이 멸망의 구렁텅이에 빠지지 않게끔 육신을 배려하는 것이고, 강도에 의해 쓰러져 있는 자를 제사장과 레위 사람과는 다르게 그대로 지나치지 않음을 뜻한다"라고 했다.[102)]

'섬기는 일이면 섬기는 일로'라는 표현에는 목적절이 생략되었다.[103)] 아마도 그 목적절은 '그로 하여금 섬기는 일을 하게 하라'(Let him do it)일 것으로 추측한다. 섬기는 일이면(돕는 일이면) 그 일에만 국한시켜 적극적으로 그 일을 하게 하라는 뜻이다(7절). '그 일을 그대로 하게 하라'고 번역한다면, 그 의미는 첫째로, 그 일을 하는 사람들을 인정해 주는 의미가 있다. 그리고 둘째는, 계속해서 열심히 그 일을 하도록 격려해 주는 의미가 담겨 있을 것이다.

3) "가르치는 자면 가르치는 일로"(7절b).

여기서부터 관사가 붙은 사람을 지칭한다. 현재 수동형이기 때문에 지금 가르치고 있는 사람을 지칭한다.[104)] 그러므로 이 용어를 막연히 일반적인 용어로 해석하지 말아야 한다. 예언이 즉흥적이면서 특정 상황과 관련이 있는 사역이라면, 당시 가르치는 사역은 초점을

101) 전게서, 1030. 슈라이너는 "아마도 바울은 일반적인 섬김의 은사, 특히 재정적이고 물질적인 도움을 주는 일을 생각하고 있었을 것이다. 존 머리는 섬김을 집사직으로 생각하는데, 전혀 가능성이 없다"고 한다. 전게서, 778.

102) 바르트, 《로마서 주석》, 686.

103) '섬기는 일', '가르치는 자', 그리고 '권면하는 자'에게는 동일하게 '그렇게 하게 하라'(Let him do it)는 절(clause)이 생략되어 있다. 이것을 첨부해서 읽어야 본문의 뜻이 분명해진다.

104) '가르치는 자'는 'ὁ διδάσκων'(호 디다스콘)으로 '디다스코'에 관사가 붙은 현재 분사형으로, 그러므로 은사가 아니라 '가르치는 자'를 언급한다. 아마도 당시 가르치고 있는 어떤 사람들을 가리킬 것이다.

예수 그리스도에게 맞추는 다소 안정적인 직책이었다(엡 4:21; 골 1:28-29). 동시에 이 직책은 전승을 이해하고 설명하기 위해 연구와 노력을 필요로 하였다.[105] 이들이 연구하고 가르쳤던 내용은 사도들이 예루살렘 교회에서 사용했던 '디다케'였거나 초대교회 이후에 발전된 내용의 문서였을 것으로 보인다(행 2:42).[106] 이들은 교회에 보존된 대로 복음의 진리를 전하는 책임을 지고 있었을 것이다.

'가르치는 일로'라는 의미는 가르치는 직책을 가진 사람이라면, 가르치는 일에 힘쓰라는 권고다. 오순절이 있은 후 사도들은 그날에 회심한 사람들을 가르치는 일에 힘썼다(행 2:42). 안디옥 교회에서는 바나바와 사울이 일 년간 집중해서 큰 무리를 가르치는 일에 힘썼고, 그 결과 안디옥 교인들은 '그리스도인'이라고 일컬음을 받게 되었다(행 11:26).

초대교회가 가르쳤던 내용을 요약하면 다음과 같다. 예수의 부활(행 4:2), 예수가 그리스도라는 것(행 5:42), 주의 말씀(행 15:35), 하나님의 말씀(행 18:11), 예수에 관한 것(행 18:25) 등을 주로 가르쳤다.[107] 말씀이 흐르는 곳에 믿음은 성장한다. 물주기를 그치면 꽃들이 시들듯이 말씀이 메마른 곳에는 은혜가 소멸된다. 그렇기 때문에 가르치는 일이 얼마나 중요한가를 알고 있는 바울은, 가르치는 자들에게 온 힘을 다하여 말씀을 가르치라고 권고한다.

---

105) 슈라이너, 전게서, 779

106) 이연길, 《사도행전》, 2:42 주석 참고.

107) 슈라이너, 전게서, 779.

4) "위로하는 자면 위로하는 일로"(8절a).

위로를 권면이라고도 해석한다. 신약에서는 예언과 가르치는 사람과 위로하는 사람을 같은 의미로 사용하였다. 바나바는 예언자였다(행 13:1). 동시에 그는 '바나바'라는 '위로(권면)의 아들'이라는 별명을 가지고 있었다(행 4:36). 안디옥 교회에 와서 바울과 함께 교회를 가르쳤다. 그 결과 그리스도인이라는 별명을 얻게 되었다. 예언과 가르치는 것과 위로하는 일은 모두 설교 또는 말씀을 가르치는 것과 관계가 있다.

'권면'이라는 단어는 광범위한 의미를 가지고 있다. 그러나 그중에서 본문의 맥락에 어울리는 의미로는 '위로하는 자' 또는 '격려하는 자'가 가장 적합할 것이다.

> "그러나 위로하는 자가 '가르치는 자' 바로 뒤에 오는 만큼, 이 단어는 필시 기독교인들에게 복음의 진리에 따라 살라고 촉구하는 활동을 가리킬 것이다."[108]

슈라이너는 가르치는 일은 전승의 내용에 보다 집중하는 반면, 위로는 다른 사람들이 행동하도록 요청하여 무기력으로부터 그들을 일으키는 것이라고 했다.[109] 가르치는 일과 권면(위로)하는 일(파라클레시스-παρ-άκλησις)을 구별하는 것은 쉽지 않은 일이다. 어떤 경우에는 두 가지 은사가 동의어로 사용되기도 한다(살전 2:3).

'파라클레시스'(권면)라는 사역을 요약한다면, 권면은 사람들을

---

108) 더글라스 무, 전게서, 1031

109) 슈라이너, 전게서, 779.

움직이는 메시지로서 복음의 목회적 적용을 강조하면서 일상생활에 대한 구체적인 영향에 초점을 맞춘다. 바나바가 안디옥에서 와서 '하나님의 은혜를 보고 기뻐하여 모든 사람에게 굳건한 마음으로 주와 함께 머물러 있으라 권하니' 그 결과 큰 무리가 주께 더하여지더라고 한 것은 권면(위로)하는 사역이 무엇이었는가를 짐작하게 해준다.

루터는 가르침은 아직 모르고 있는 사람을 위한 것이고, 권면은 이미 알고 있는 사람을 위한 것이라고 하면서, "오늘날 모든 설교자들은, 말씀이 아직 전파되지 않은 곳에서 사역하는 것이 아니라면, 권면에 주의를 기울여야 한다…그러므로 권면의 은사를 가지고 이 직분으로 부르심을 받은 사람들은 다른 일에 종사해서는 안 된다"라고 했다.[110)]

섬기는 자, 가르치는 자, 위로하는 자들은 자신들이 받은 은사에 그대로 전념하라고 바울은 권고한다(롬 12:7-8).

5) "구제하는 자(호 메타디두스-ὁ μεταδιδούς)는 성실함으로"(8절).

여기서도 구제의 은사를 말하는 것이 아니라, '구제하는 자'를 말한다. '성실함으로'를 새번역에서는 '순수한 마음으로'라고 번역했다. 마지막 은사는 긍휼히 여기는 사람이다. 그렇다면 구제하는 자와 긍휼히 여기는 사람은 비슷하게 보이나 전혀 별개의 직책이라는 사실을 알 수 있다

칼빈은 "바울은 '주는 자들'이라는 단어를 쓰고 있는데, 이것은 자신들의 소유를 주는 자들이 아니라 교회의 공적 재물 분배 책임

---

110) 루터, 《로마서》, 218.

을 맡고 있는 집사들에 대한 기술적인 용어"라고 주장한다.[111] 더글러스 무(Moo)는 "구제하는 자(메타디듀스-μεταδιδούς)는 전체적으로 교회 물자를 분배하는 사람을 가리킬 수도 있고, 자기 소유를 불우한 사람들과 나누는 사람을 가리킬 수도 있다. 둘 중에 하나를 결정하기는 어렵지만, '성실함으로'라는 제약은 자기 소유물을 나눠 주고 있는 사람의 상황에 더 적합하다"라고 말했다.'[112]

가난한 자들에게 필요한 것을 공급하는 것(구제하는 자)과 그들을 돌보며 보살피는 것(긍휼을 베푸는 자)은 별개의 문제인데, 구제하는 자가 교회의 예산으로 어려운 이들을 돕는 사람들이라면, 자비를 베푸는 자는 병자를 돌보거나 특별한 어려운 사정에 있는 자들을 돌보는 사람들을 말한다.

구제하는 자는 '성실함으로'(엔 하프로테티-ἐν ἁπλότητι) 하라고 한다. '엔 하프로테티'는 '단순하게' 또는 '성실하게'로 번역할 수 있다. 여하튼 '단순 또는 신실함'이라는 의미의 '엔 하프로테티'(ἐν ἁπλότητι)는 아낌없는 마음으로 넉넉하게 하는 것을 말하는 것으로 보인다(고후 9:11, 13).

더글러스 무(Moo)는 "성실함이란 단일함(singleness)을 말한다. 하지만 주는 일에 관해 쓰일 때, 이 단어의 의미는 '너그러움'으로 변해간다고 한다. 즉 한결같은 마음과 뜻으로 주는 것을 가리킨다"(고후 8:2, 9:11, 13)라고 설명한다.[113]

구제하는 자가 빠지기 쉬운 유혹이 몇 가지 있다. 첫째는, 하나님

---

111) 칼빈, 전게서, 391.
112) 상게서, 1032.
113) 무(Moo), 전게서, 1032.

의 것을 나누어 주면서도 자신의 것인 양 자만할 수 있다. 둘째는, 자기와 가까운 사람들에게 인심을 후하게 쓸 수 있다. 셋째는, 자기가 베푼 대로 돌아올 것을 기대할 수 있다. 이런 면에서 보면 '단일함'(단순함)이라고 해석하는 것이 더 좋아 보인다. 왜냐하면 구제하는 자는 오직 한 가지만 생각해야 하기 때문이다. 즉 다른 사심 없이 오직 긍휼히 여기는 마음으로 넉넉하게 베풀어야 하기 때문이다.

6) "다스리는 자는 부지런함으로"(8절).

'호 프로이스타메노스'(ὁ προϊστάμενος)는 남에게 도움을 주는 사람으로, 그런 일을 총괄하는 사람을 가리킨다. '다스리는 자'를 이해하기 위하여, 이 직책이 '구제하는 자'와 '긍휼을 베푸는 자' 사이에 있음을 환기시키는 학자도 있다. 그렇다면 이것은 '다스리는 사람'은 구제와 긍휼히 여기는 사람들 모두를 관리하는 지도자로 읽을 수도 있다는 의미다. 단언할 수 없지만, 로마 가정교회의 지도자를 가리키는 것인지도 모른다. 종합해 보면, 다스리는 자는, 구제와 긍휼히 여기는 자 그리고 교회를 다스리는 직책을 의미하는 사람일 것이다. 가정에서나 교회에서나 지도자의 위치에 있는 사람을 가리킬 것이다. 칼빈은 장로들을 가리킨다고 하나, 당시 로마 교회에 장로가 없었을 것으로 생각하면 이런 주장은 받아들여질 수 없을 것이다. 어떤 학자들은 바울이 교회의 자선사업을 담당하는 자들을 가리키고 있다고 한다. 그런데 바울은 이 동사를 지역교회의 '지도자들'을 가리키기 위해 두 차례 사용한다(살전 5:12; 딤전 5:17).

다스리는 자란 무엇을 총괄한다는 의미다. 무엇을 총괄할까? 수리아 안디옥 교회가 예루살렘에 흉년이 왔다는 소식을 듣고 구제금을 바나바와 사울의 손으로 장로들에게 보냈던 일이 있었다(행 11:27-30). 이 일에 램지(Ramsey)는 바나바와 사울의 조수로 디도의 이름을 꺼낸다. 당시 구제는 돈을 가져다주는 경우는 없고, 대신 옥수수나 다른 식량을 가지고 가서 나눠주는 일까지 했다고 한다.

그때 구제금의 양이 많았기 때문에 협력자가 필요했고, 구제팀을 인솔하고 예루살렘을 다녀온 사람이 아마 디도였을 거라고 말한다. 이런 경우 디도가 바로 '다스리는 자'의 역할을 했다는 생각이 든다. 다스리는 자에게 '부지런함으로 하라'고 권면한다. 다스리는 직책은 해야 할 일들이 많았을 것이다. 구제와 긍휼히 여기는 사역을 돌봐 주어야 하고, 또한 교회의 행정들을 살펴야 하는 직책, 즉 공동체의 지도자의 역할까지를 감당했다면 얼마나 바빴겠는가? 그래서 그에게 '열심'으로 또는 '부지런함'으로 수행하라고 권면한 것이리라.

예루살렘 교회가 구제와 식사 문제를 부지런히 돌보지 못함으로 분쟁이 일어났던 것을 생각한다면, 이 일이 얼마나 중요하고 어려운 일이었는가를 생각하게 한다(행 6:1-7).

7) "긍휼을 베푸는 자는 즐거움으로 하라"(8절).

앞에서 언급한 대로 긍휼을 베푸는 자는 구제하는 자와는 별개의 직책이다. 이 단어가 신약에서는 아주 중요한 유대인의 자선 행위 – 가난한 자들에게 물자를 대주는 일(마 6:3 참조) – 를 기술하는 데 쓰인다. 그러므로 "우리는 이 섬김을 아주 일반적으로 이해하여 병자 방문, 노약자와 장애자 돌보기, 그리고 빈민의 구제 등 일체의 긍휼 행위를 포함시켜야 할 것이다."[114]

---

114) 상계서, 1033.

궁휼을 베푸는 사람은 자기 자존심을 다 내려놓아야 한다. 그리고 인내하고 진정한 섬김의 정신으로 해야 한다. 세상 사람들의 눈에는 참 험한 일이다. 그렇기 때문에 긍휼을 베푸는 자들에게 특별히 권고한다. "즐거움으로 하라." 마지 못해서 하거나 침울한 태도로 한다면 차라리 하지 않는 것이 나을 것이다. 그러므로 항상 즐거운 마음으로 봉사하기에 힘써 달라고 부탁한다.

칼빈은, 바울은 전자의 경우(구제하는 자)에는 단순성을 강조함으로써 그들에게 기만이나 사람 차별없이 자기들에게 맡겨진 임무를 충실하게 수행할 것을 권하고 있다. 후자의 경우(긍휼히 여기는 자)에는 그들이 기꺼운 마음으로 일한다는 점을 보여주기를 바라고 있다고 했다.[115]

유진 피터슨은 로마서 12장 6-8절을 이렇게 번역했다.

"설교하는 일이라면, 하나님의 메시지만 전하고,
그와 상관없는 내용을 전하지 마십시오.
돕는 일이라면, 도와주기만 하지 월권하지 마십시오.
가르치는 일을 한다면, 으스대지 않도록 조심하십시오.
책임자 위치에 있다면, 멋대로 권력을 휘두르지 마십시오.
곤란에 빠진 사람들을 원조하는 일에 부름받았다면,
늘 눈을 크게 뜨고 잘 살펴 신속하게 움직이도록 하십시오.
불우한 사람들과 더불어 일하는 사람이라면,
그들 때문에 화를 내거나 우울해지지 않도록 하십시오.

---

115) 칼빈, 전게서, 391.

늘 얼굴에 미소를 띠고 일하십시오."

(유진 피터슨, 《메시지》)

로마 교회에 있던 일곱 가지 사역을 분류하면 크게 두 가지로 나눌 수 있다. 첫째는, 가르치는 일이다. 둘째는, 섬김이다. 가르치는 사역에 속한 은사는 예언, 가르치는 일 혹은 위로하는 일이다. 섬기는 일에 속한 은사는 섬기는 일, 구제하는 일, 긍휼을 베푸는 일이다. 다스리는 자도 섬기는 일에 속한 것으로 보인다. 그러나 이 은사는 목회적 차원에 서 있다고 생각하면 다스리는 자는 가르치는 일과 섬기는 일 사이를 총괄하는 직책으로도 보인다.

여하튼 로마 교회는 교회를 섬기기 위하여 얼마나 철저하고 섬세하게 조직하고, 깊이 있게 봉사했는지를 보여준다. 섬기는 일과 구제하는 일과 긍휼을 베푸는 분야를 나누어서 봉사한 것을 보면, 교회의 일꾼들이 구제와 병든 자, 소외된 자들을 구체적으로 열심히 돌봐주었음을 짐작하고 남음이 있다.

몸의 건강은 각 지체들이 충분한 기능을 발휘하는 데 의존됨과 동시에 전체에 어떻게 적절하게 복종하느냐에 달려 있듯이, 건강하고 활력있는 교회도 개인의 기능이 발휘되고, 동시에 연합하여 한 몸을 섬길 때 만들어진다는 사실을 더욱 절실하게 깨닫게 된다.

지금까지 살펴본 내용을 볼 때, 각자의 은사를 잘 활용하며 교회를 섬겼던 로마 교회가, 유대 크리스천과 이방 기독교인들 간에 약간의 충돌은 있었지만, 모든 교인들이 각각 받은 은사대로 충성함으로 건강한 교회로 성장해 갔음을 짐작할 수 있다.

그리스도인의 봉사 자세 (롬 12:9-13)

"사랑에는 거짓이 없나니 악을 미워하고 선에 속하라 형제를 사랑하여 서로 우애하고 존경하기를 서로 먼저 하며 부지런하여 게으르지 말고 열심을 품고 주를 섬기라 소망 중에 즐거워하며 환난 중에 참으며 기도에 항상 힘쓰며 성도들의 쓸 것을 공급하며 손 대접하기를 힘쓰라."

본문은 산발적인 교훈을 모아놓은 교훈집이라는 생각이 든다. 내용에 질서와 원리가 없어 보이기 때문이다. 그러나 자세히 읽으면, 이 본문 안에는 그리스도인들이 삶에서 만나는 상황에 부여하는 절제된 내용들이 들어 있다. 바울은 예수 안에 있는 자들이 다양한 상황에서 다양한 문제들을 직면하지만, 그 중심은 사랑이라고 선언한다. 특별히 위에서 언급한 봉사자들에게 다시 사역의 근본 정신을 강조하면서, 사랑에 근거한 봉사 자세 아홉 가지를 제시한다.[116)]

첫째, 사랑에는 거짓이 없나니 악을 미워하고 선에 속하라(9절a).

"사랑에는 거짓이 없나니"(9절)에서 사용된 '거짓이 없다'는 단어는 '아뉘포크리토스'(ἀνυπόκριτος)이다. 이 단어는 '위선자'라는 뜻의 '휘포크리테스' (ὑποκριτής) 앞에 부정사 ἀ를 붙여 '위선이 없다'는 의미의 '진정한', '성실한'이라는 뜻을 지닌다. 고데(Godet)는 이 단어를 '가면을 쓰지 않고'로 해석하고 있는데, 가면을 쓴 위선적 사랑은 사랑

116) 로마서 12장 9-13절은 12장 3-8절에 연결해서 읽어야 하는가? 또는 12장 14장과 연결해야 하는가? 개역개정 성경은 12장 8절에 이어 이해하도록 하였고, 새번역 성경은 14절에 연결해 놓았다. 여기서는 전자에 이어 읽어야 해석에 무리가 없다고 생각해서 전자를 선택하였다. 즉 앞 구절 12장 3-8절에 이어서 예수 안에 있는 자들이 어떻게 봉사해야 하는가를 가르쳐 주는 지침서라 하겠다.

의 적일 뿐이다. 위선은 선한 것과 악한 것의 구별을 하지 못하는 것이다.

사랑의 속성은 선(善)이다. 사랑은 악을 미워하고 선에 속하는 것이다. 사랑이 그처럼 소중하기 때문에 위선적 사랑도 많다. 그래서 바울 사도는 사랑엔 거짓이 없다고 선언한다. 예수님께서도 "너희가 너희를 사랑하는 자를 사랑하면 무슨 상이 있겠느냐"라고 책망하셨다(마 5:46). 그런 사랑은 세상 사람들이 하는 사랑이지 그리스도인의 것은 아니다.

사랑에 위선이 판을 치는 이유는, 사랑을 평가하는 기준이 잘못되었기 때문이다. 예수께서는 사마리아인의 비유에서 이 점을 냉철하게 지적하셨다. "네 생각에는 이 세 사람 중에 누가 강도 만난 자의 이웃이 되겠느냐?"(눅 10:36)라는 말씀에서 핵심은 사랑의 기준을 어디에 두어야 하는가를 물으신 것이다. 예수님은, 사랑을 판단할 사람은 강도 만난 사람이라고 하신다. 그래서 강도 만난 사람이 볼 때, 누구를 자기 이웃으로 인정하겠느냐고 물으신 것이다. "자비를 베푼 자니이다"라는 바리새인들의 대답에 예수께서는 "가서 너도 이와 같이 하라"고 하셨다. 사랑을 평가하는 기준은 강도 만난 자, 즉 사랑을 받는 사람이 평가해야 하는데,[117] 사랑을 제공한다는 사람이 자기 자신의 사랑을 평가하기 때문에 자기는 사랑을 베풀었다고 생각한다. 이것이 사랑의 위선이다.

사랑의 방향성이 진실된 사랑을 구분짓게 하는 키(key)이다. 사랑

117) 바리새인들은 자기들은 사랑이 많은 자들이라고 자처하며 살았다. 그러나 예수께서는 사랑받는 자들이 그 사랑을 평가해야 한다고 하심으로 사랑의 평가 기준을 바꿔놓으셨다. 과연 그 당시 바리새인들이 사랑이 많은 사람이라고 평가하는 백성이 누가 있었을까? 오늘날도 사랑의 평가 기준이 달라져야 한다.

이 타락하여 자기 중심적으로 흐르면 그건 탐욕이요 불경건한 음행이 된다. 반대로 사랑이 성령의 인도를 따라 이뤄진다면 그것은 성령의 열매가 된다. 성령의 열매와 육체의 열매로 갈라지는 분기점이 사랑의 방향이다(갈 5:19-24). 우리는 선과 악이 혼돈된 세상에 살고 있다. 나에게 유익이면 선(善)이고, 나에게 손해면 무조건 악(惡)이 된다. 내 편이면 선이고, 내 편이 아니면 무조건 악이 되는 세상에 우리가 살고 있다.

둘째, 형제를 사랑하여 서로 우애하고 존경하기를 서로 먼저 하라(10절).

새번역 성경은 "형제의 사랑으로 서로 다정하게 대하며, 존경하기를 서루 먼저 하십시오"라고 번역했다. 이웃과의 모든 관계에서 반드시 전제되어야 하는 것은 사랑인데, 그중에서도 '형제의 사랑으로'(τῆ φιλαδελφία) 해야 한다는 말이다.

율법의 기본도 하나님을 사랑하는 것, 그리고 이웃을 사랑하는 것이다. 물론 하나님 사랑이 먼저요, 이웃 사랑이 다음이지만, 하나님 사랑 없는 이웃 사랑은 거짓이고, 이웃 사랑 없는 하나님 사랑은 허구이다. 이런 의미에서 사랑하는 자는 율법을 다 이룬 것이다.

셋째, 부지런하여 게으르지 말고 열심을 품고 주를 섬기라(11절).

부지런함 위에 게으르지 말라고 했고 더 열심을 품으라고 한다. '게으르다'는 '망설임, 불만 등으로 인하여 행동이 느린 사람'을 가리킨다. 마태복음 25장 26절에서는 게으른 종은 세상에서 사는 동안 자기가 받은 은사를 충분히 활용하지 못한 사람들을 가리킨다.

'열심을 품고'를 원문대로 번역하면 '영으로 뜨겁게 하라'가 된다.

'뜨겁게 하라'는 헬라어는 '끓이다', '삶다'라는 뜻을 가진 '제오'(ζέω)의 현재 분사이며 명령의 의미로 쓰였다. 현재 시제이므로 '계속해서 뜨겁게 하라'는 뜻이다.[118] 계속해서 비등점을 유지하라는 말이다. '영으로 뜨겁게 하라'는 말에서 '영'을 성령으로 해석하려는 사람들이 있다. 그러면 성령으로 성령을 뜨겁게 하라는 뜻이 되므로 모순이 된다. 이 문장에서는 주어가 생략되어 있기 때문에 '성령으로 당신의 영을 뜨겁게 하라'고 번역하는 것이 옳을 것이다. 존 머리는 "우리의 영은 성령에 고무될 때에만 열정을 지니게 된다"라고 한다.

크리스소스톰은 이렇게 말한다.

> "잔등에 불더미를 지고 돌진하는 황소들의 이야기를 아십니까?(한니발이 구사한 전술을 말한다) 누가 감히 이런 황소들을 가로막겠습니까? 만일 여러분이 이러한 불더미를 가지신다면 악마도 어쩔 도리가 없을 것입니다. 이렇게 주를 섬기십시오."[119]

성령에 고무되는 것, 성령 안에서 비등점을 유지하게 해주는 것은 또한 말씀이다. 그러므로 초대교회는 예언을 소중하게 여기는 동시에 가르치는 자와 권면하는 자를 소중하게 여겼다. 오늘날 설교자는 많은데, 말씀을 차분히, 그리고 깊이 있게 가르치는 사람들이 점점 적어지는 것을 염려하는 분들이 많다. 물이 화분에 푹 젖어야 꽃들이 살아나듯이 성도들의 영혼 속에 말씀이 푹 젖도록 해야 한다. 그 말씀을 통하여 성령이 역사할 때 영은 뜨거워질 것이다.

---

118) 옥스퍼드, 전게서, 331.
119) 크리스소스톰, 전게서, 435.

넷째, 소망 중에 즐거워하며 환난 중에 참으라(12절a).

이 구절은 로마서 5장 3절에서 이미 설명해 놓았다. 은사를 가진 자들은 환난을 참아야 한다. '참다'는 헬라어 '휘포모네'(ὑπομονή)는 문자적으로 '…아래 머문다'(to remain under)는 뜻으로, 이 단어가 지닌 의미는, 어려운 일을 당할 때 하나님을 경외하는 자세로 시험을 견디는 것, 즉 시련을 피하려고 하기보다는 시련을 통하여 주어진 교훈을 열심히 배우면서 견디는 것을 의미한다.[120] 그래서 이 단어에는 대망(待望) 또는 기대라는 의미가 있다.

환난은 '압박을 받는 것', 핍박, 불행이나 고통, 그리고 재난 등을 의미한다. 환난이라는 단어가 기독교에 대한 로마의 핍박을 의미한다고 해석하는 학자들도 있으나 이 편지를 쓸 당시에는 그런 핍박은 아직 일어나기 전이다. 얼마 가지 않아서 환난 중에 참음은 그리스도인의 자랑스런 미덕(美德)이 되었다.

다섯째, 기도에 항상 힘쓰라(12절).

'항상 힘쓰라'(프로스카르테룬테스-προσκαρτεροῦντες)는 '꾸준히 계속하다', '어떤 일에 계속하여 주의를 기울이다', '헌신하다'는 뜻을 가진 현재 분사로서 명령을 나타낸다.[121] 특히 '프로스카르테룬테스'(προσκαρτεροῦντες)는 '전념하다', '꾸준히 하다'라는 뜻이 있는 '카르테레오'(καρτερέω)에 강조를 나타내는 접두어 '프로스'(πρός)가 결합되어 '카르테레오'보다 시간의 지속이라는 면에서 보다 강조점을 둔다.[122]

---

120) Wuest, Wordstudies in the Freek N. T., 215.

121) 상게서, 215.

122) 옥스퍼드, 전게서, 333.

바울은 예수님과 동행하면서 기도를 배운 사람이다. 그가 처음 예수님을 만나고, 다메섹 유다 집에 있을 때였다. 주께서 아나니아에게 하신 말씀은 "그가 기도하는 중이니라"였다. 그리고 그는 사람들과 의논하지 않았고, 사도들을 만나러 예루살렘으로 가지도 않고 아라비아 광야로 가서 3년을 지낸 사람이다. 바울은 철저히 예수님의 기도생활을 배웠던 사람이다.

예수님의 기도생활을 마가복음 1장 35-39절에서 전하고 있다. "새벽 아직도 밝기 전에…한적한 곳으로 가사 거기서 기도하시더니"(막 1:35)에서 '새벽(πρωΐ) 아직도 밝기 전에'는 새벽 5시 이전이 될 것이다. 그때부터 제자들이 늦게 일어나 자신을 찾아왔을 때까지 기도하셨다.[123] 그렇다면 예수님은 새벽에 일어나셔서 얼마 동안 기도하신 것인가? 그리고 주님의 대표적인 기도는 겟세마네 기도이다.

기도의 사람들은 기도를 통하여 하나님과 교제하며, 하나님의 뜻을 깨달으며 하나님의 말씀을 따라 살 수 있는 힘을 얻는다. 기도는 하나님을 만나는 영혼의 심연이며, 하나님의 사람으로 살 수 있도록 불더미를 태우는 연료이다. 본문 바로 앞에서 언급한 '환난 중에 참으라'는 구절과 기도를 연결시키면 기도는 환난을 이기게 하는 최고의 무기다. 기도는 모든 것에서 일어나는 슬픔과 고통을 이기게 한다. 기도에서 만나는 하나님만큼 우리에게 소망을 주고, 사랑의 마음에 용기를 주는 것은 존재하지 않는다.

여섯째, 성도들의 쓸 것을 공급하며, 손 대접하기를 힘쓰라(13절).

---

123) 이연길, 《마가복음》, 68.

초대 교회에는 섬김이 필요했다. 로마 교회도 하층구조의 사람들이 많았기 때문에 섬김이 필요한 것은 말할 필요도 없다. 손님 대접하기를 힘쓰는 일은 베두인들의 생활 습관이다. 그러나 초대 기독교에서는 그 이상의 특별한 의미를 지닌다(히 13:2). 고린도 서신에서 우리는 많은 순회 전도자들을 만난다. 바울은 고린도에 머물면서 많은 순회 전도자들을 만났다(고전 9:1-19; 고후 11:12-15, 12:13-16). 에베소에서 만났던 아볼로도 그런 사람 중에 하나였을 것이다. 바울은 고린도에서 거짓 예언자나 전도자들 때문에 많은 고통을 당하고 명예에 손상을 입었다. 그럼에도 불구하고 바울은 어렵고 힘든 성도들, 또는 순회 전도자들을 만났을 때 대접하기를 힘쓰라고 권고한다. 이런 사랑의 봉사가 기독교를 빠르게 성장시키는 데 큰 역할을 했을 것이다.

당시 기독교인들 사이에 얼마나 많은 여행자가 있었는지는 디다케가 말해준다.

> "여러분에게 오는 모든 사도는 마치 주님처럼 영접받을 일입니다. 그러나 그는 하루만 머물러야 합니다. 그렇지만 필요하다면, 이틀을 머물러도 됩니다. 만일 사흘을 머물면 그는 거짓 예언자입니다"(디다케 11:6).
> "주의 이름으로 여러분에게로 오는 모든 이를 받아들이시오. 그러고서 여러분도 판단 능력이 있으니 그를 시험하여 그가 옳은지 그른지 알아보시오. 오는 이가 여행자이면 여러분이 할 수 있는 대로 그를 도우시오. 그는 혹 필요가 있더라도 여러분에게 이틀이나 사흘 이상은 머물지 말아야 합니다"(디다케 12:2-3).

그러나 단순히 '주라'(13절)고 하지 않는다. 성도들의 쓸 것을 '공급하라'고 한다. 원문대로 번역하면 "성도들이 필요로 하는 것들이 있으면 계속해서 관심을 가져라(같이 겪어라)"고 할 수 있다. '공급하라'는 '교제 안으로 들어가라', '너 자신이 파트너가 되라'는 뜻을 지닌 '코이노네오'(κοινωνέω)의 현재 분사로 명령형이다. 초대교회는 도움이 필요한 형제자매들을 돕는 데 최선을 다했다. 지금도 돕고 있다. 앞으로도 도와야 한다. 단순히 대접하라고 하지 않고, '힘쓰라'고 한다. 겐그레아 교회의 집사는 손님을 잘 대접한 모범으로 추천되고 있다(롬 16:1).

박해자들과 함께 살기 (롬 12:14-21)

"너희를 박해하는 자를 축복하라 축복하고 저주하지 말라 즐거워하는 자들과 함께 즐거워하고 우는 자들과 함께 울라 서로 마음을 같이하며 높은 데 마음을 두지 말고 도리어 낮은 데 처하며 스스로 지혜 있는 체하지 말라 아무에게도 악을 악으로 갚지 말고 모든 사람 앞에서 선한 일을 도모하라 할 수 있거든 너희로서는 모든 사람과 더불어 화목하라 내 사랑하는 자들아 너희가 친히 원수를 갚지 말고 하나님의 진노하심에 맡기라 기록되었으되 원수 갚는 것이 내게 있으니 내가 갚으리라고 주께서 말씀하시니라 네 원수가 주리거든 먹이고 목마르거든 마시게 하라 그리함으로 네가 숯불을 그 머리에 쌓아 놓으리라 악에게 지지 말고 선으로 악을 이기라"

당시 그리스도인들은 황제를 주(The Lord)로 고백하는 백성들 사이에 둘러싸인 섬 같은 존재였다. 그 와중에 예수 그리스도만이 '오직 주'(The Lord)라고 고백하며 사는 사람들이었다. 동시에 지배 계층이 범하는 사회적 정의를 상실한 땅에서 하나님의 양심을 지켜 살려고 하는 사람들이다. 이 양자 사이에 충돌은 불가피할 수밖에 없었다(행 17:7-9). 당시 그리스도인들은 해방된 노예와 종들, 그리고 가난한 서민들로 무례와 멸시와 고난과 박해를 당하며 살아가는 소수자이다. 이 내용에 대해서는 로마서 16장 1-16절에서 더 자세하게 다루게 될 것이다. 이들에게 주는 위로와 권면이 필요했다.

• 박해자를 위한 교훈: A. 박해자들을 축복하라(14절)
B. 함께 기뻐하고, 함께 울라(15절)
C. 서로 한마음이 되고, 스스로 높이지 말라(16절)
D. 악을 악으로 갚지 말라, 선한 일을 도모하라(17절)
모든 자와 화목하라(18절)
D′. 원수를 갚지 말라. 내가 갚으리라(19절)
B′. 원수가 주리거든 먹이라(20절)
• 박해자에 대하여: A′. 악에게 지지 말고 악을 이기라(21절)

위의 고리 구조(ring compostion)는 첫째로, 박해자를 어떻게 대해야 하는가에 대한 내용이 A와 A′로 대칭을 이루고, 둘째는, 피박해자들에게 주는 교훈이 B, C, D와 D′, B′로 대칭을 이룬다. 그리고 B, C, D는 박해나 고난을 당할 때 성도들 간에 어떻게 위로하고 협력해서 악한 자들을 이기고 견뎌낼 것인가를 다루었다면, D′, B′는 좀더 적극적으로 '원수를 갚지 마라, 내가 갚을 것이다.' '도리어 원수가 주리거든 먹이라'는 적극적이고 긍정적인 대응방법을 제시한다. 그리고 중심에는 '모든 사람과 화목하라'(에이레뉴온테스-εἰρηνεύοντες)가 놓여 있다. 예수님은 "화평(에리레노포이오이-εἰρηνοποιοὶ)하게 하는 자는 복이 있나니, 그들이 하나님의 아들이라 일컬음을 받을 것임이요"(마 5:9)라고 하셨다. 화목과 화평은 같은 어근에서 나온 단어들이다.

또 17절에서 19절의 내용은 예수님의 가르침의 반영(reflection)으로 나타난다(마 5:38-39, 44-45; 눅 6:29, 35).

예수님의 말씀	**바울의 글**
악한 자를 대적하지 말라(마 5:39)	아무에게도 악을 악으로 갚지 말라(17절)
원하는 대로 주어라(마 5:40-42)	선한 일을 도모하라(17절)
화평케 하는 자의 축복(마 5:9)	모든 자와 화목하라(18절)
원수를 사랑하라(마 5:44)	원수를 갚지 말라. 내가 갚으리라(19절)
바라지 말고 꾸어주라(눅 6:35)	원수가 주리거든 먹이라(20절)
주라 그러면 너희에게 주리라(눅 6:38)	악에게 지지 말고 악을 이기라(21절)
원수를 사랑하고 선대하라(눅 6:35)	원수를 사랑하라(마 5:44)

"박해하는 자를 축복하라 축복하고 저주하지 말라"(14절)는 문장은 "축복하라…축복하고"로 되어 있다. '축복하라'는 헬라어는 현재 시제 명령형으로 "율로게오'(εὐλογέω)를 사용하였다. 지금 축복하고, 계속해서 축복하라는 말이니까, 지금 박해를 당하고 있다는 사실이 전제되고 있다. '축복하라'를 두 번 반복하고, '저주하지 말라'를 한 번 언급한다. '축복하다'의 의미는 '좋게 이야기하다', '칭찬하다', 축복하다'는 의미다. 박해자들이 아무리 고통을 주고 아프게 할지라도, 고통을 당하는 성도들은 되갚지 말고, 축복하고 칭찬하라고 한다.

이러한 크리스천의 자세에 대해서는 그 원리를 이미 주기도에서 가르쳐 주셨다.

> "우리가 우리에게 죄 지은 자를 사하여 준 것같이 우리 죄를 사하여 주시옵고"(마 6:12).

그리고 산상설교에서 계속해서 강조하셨다.

"악한 자를 대적하지 말라…네게 구하는 자에게 주며 네게 꾸고자 하는 자에게 거절하지 말라"(마 5:39-42).
"너희 원수를 사랑하며 너희를 박해하는 자를 위하여 기도하라 이같이 한즉 하늘에 계신 너희 아버지의 아들이 되리니"(마 5:44-45).
"누구든지 네 오른편 뺨을 치거든 왼편도 돌려 대며 또 너를 고발하여 속옷을 가지고자 하는 자에게 겉옷까지도 가지게 하며 또 누구든지 너로 억지로 오 리를 가게 하거든 그 사람과 십 리를 동행하고 네게 구하는 자에게 주며 네게 꾸고자 하는 자에게 거절하지 말라"(마 5:39-42).

로마서 12장 15-16절은 현재 핍박당하고 있는 성도들에게, 고난의 날에 서로가 어떻게 해야 할 것인가를 가르쳐 주는 권면이다. "즐거워하는 자들과 함께 즐거워하고, 우는 자들과 함께 울라"(15절)는 말씀에서 강조점은 '우는 자들과 함께 울라'는 말에 있다. 고통은 함께 지면 그 아픔이 반감(半減)한다. 아픔을 함께 나누는 것은 그리스도의 영광도 함께 나누는 것이 된다(롬 8:17). 그리고 우는 자들과 함께 우는 자들은 즐거워하는 자들과 함께 즐거워할 수 있다. 그리스도의 십자가로 맺어진 형제자매요 골육이라는 사실을 절감하게 한다.

"높은 데 마음을 두지 말고 도리어 낮은 데 처하며"(16절).

어려우면 원망과 불평이 난무하게 된다. 그리고 이런 원망과 불평은 원수들에게 도리어 이익을 줄 수 있다. 어려운 날에는 성도들끼리 일체감과 동질감을 유지하는 것이 중요하다. 그렇게 하기 위해서는 '높은 것들을 생각하지 말고, 낮은 것들과 동행하라'고 한다. '지혜 있는 체 하지 말라'는 말은 '스스로 자만하여 지혜 있다고 하는 습관을 갖지 말라'는 의미다.[124)]

> "아무에게도 악을 악으로 갚지 말고 모든 사람 앞에서 선한 일을 도모하라 할 수 있거든 너희로서는 모든 사람과 더불어 화목하라"(17–18절).

억울한 일을 당하고, 착취를 당했는데도 악을 악으로 갚지 말라고 한다. 원문에서 강조되는 말은 '아무에게도', '모든 사람'이다. 모든 사람이라면 어떤 장소, 어떤 상황에서라도 '…해서는 안 된다' 또는 '…해야 된다'는 말이다. 현대인에게는 말도 안 되는 소리다. 그리고 도리어 모든 사람 앞에서 선한 일을 도모하라고 한다.

'도모하라'(프로노우메노이-προνοούμενοι)는 현재 분사 중간태로, '준비하라'(Latin Bible), '행하도록 유의하라'(NIV, Be careful to do)는 뜻이다. 지금 그렇게 해야 한다. 그 이유는 나를 위해서이다. 헬라어 중간태는 '자신을 위해서 그렇게 하라'는 권면이 된다.[125)]

그리스도를 통하여 하나님과 평화를 누리는 사람이라면, 반드시 모든 사람과 더불어 평화하도록 힘써야 한다. 더불어 누리는 평화가 하나님의 뜻이다. 복수가 아니라 사랑이다(롬 12:20). 그 이유는 원수 갚을 일이 있다면 주께서 해주실 것라는 말씀에 근거한다. 원수보다 더 높이 있는 권위를 기억하게 한다. 진정으로 원수 갚는 방법은, 원수가 주릴 때 먹이고, 목말라 할 때 마시게 하는 것이다(12:20a). 이것

124) 《원어 연구 해설》, 전게서, 144.
125) 옥스퍼드, 전게서, 349.

은 그 사람 머리 위에 숯불을 쌓는 일이다.[126] 사랑의 감동을 느끼게 하여 바른 자세로 돌아오게 하는 하나님의 방법이다. 악에게 지지 않고, 선으로 악을 이기는 길이다. 다윗이 터득한 방법이기도 하다(시 23:5).

원수가 주리거든 먹이라(20절).

> "여러분을 향해 칼을 던지려는 순간이라 하더라도, 그리고 여러분의 목을 향해 그가 손을 댄다 하더라도 그의 오른손에 입을 맞추십시오. 그리스도는 자신의 죽음을 가져오는 사람에게 입을 맞추었습니다."[127]

또한 악에게 지지 말고 선으로 악을 이기라고 한다(21절). 이는 그리스도 안에 사는 사람들이 명심해야 할 행동 규범이다. 니코(νικῶ)는 '니카오'(νικάω)의 현재 수동태 부정 명령형이다. 악에게 지지 말고 '더 이상 악(사물이나 사람)에 의해 정복당하지 말라. 선으로 악을 이겨라. 계속하여 선에 머물면서 악을 정복하라'는 이미다. 세네카는 "견고한 선은 악을 정복한다"라고 했다.[128]

로마서 12장 17-21절에서 로마서 13장 1-7절로 넘어가는 것은 문장의 자연스러운 흐름이다. 로마서 12장 14-21절에서 박해자들이나 핍박하는 자들을 만났을 때, 어떻게 처신해야 하고, 어떻게 대처해야

---

126) 이 말의 뿌리는 잠언 25:21-22이다. "네 원수가 배고파하거든 음식을 먹이고 목말라하거든 물을 마시게 하라 그리 하는 것은 핀 숯을 그의 머리에 놓는 것과 일반이요 여호와께서 네게 갚아 주시리라."

127) 크리소스톰, 전게서, 438.

128) 《원어 연구 해설》, 146.

하는가를 말했으면, 이제는 기독교와 정부의 관계를 정리해야 할 것이다.

그러므로 로마서 12장 17-21절과 로마서 13장 1-7절은 병치(竝置)시켜 읽어야 한다. 그렇다면 권세자들을 중심으로 얽혀진 악의 조직에 대하여 크리스천들은 어떻게 처신해야 할까?

그리스도인과 권세자들 (롬 13:1–7)

> "각 사람은 위에 있는 권세들에게 복종하라 권세는 하나님으로부터 나지 않음이 없나니 모든 권세는 다 하나님께서 정하신 바라 그러므로 권세를 거스르는 자는 하나님의 명을 거스름이니 거스르는 자들은 심판을 자취하리라 다스리는 자들은 선한 일에 대하여 두려움이 되지 않고 악한 일에 대하여 되나니 네가 권세를 두려워하지 아니하려느냐 선을 행하라 그리하면 그에게 칭찬을 받으리라 그는 하나님의 사역자가 되어 네게 선을 베푸는 자니라 그러나 네가 악을 행하거든 두려워하라 그가 공연히 칼을 가지지 아니하였으니 곧 하나님의 사역자가 되어 악을 행하는 자에게 진노하심을 따라 보응하는 자니라 그러므로 복종하지 아니할 수 없으니 진노 때문에 할 것이 아니라 양심을 따라 할 것이라 너희가 조세를 바치는 것도 이로 말미암음이라 그들이 하나님의 일꾼이 되어 바로 이 일에 항상 힘쓰느니라 모든 자에게 줄 것을 주되 조세를 받을 자에게 조세를 바치고 관세를 받을 자에게 관세를 바치고 두려워할 자를 두려워하며 존경할 자를 존경하라."

모든 국민은 국가라는 조직에 의하여 삶의 질(質)이 결정된다. 또 국가의 조직은 권력의 실세들에 의해 좌우된다. 이들은 국민의 행복과 불행을 결정짓는 근본적인 요인들이다. 그러나 권력의 실세들에 대하여 언급하는 데는 더 절실한 이유가 있었다.

로마서를 기록한 시기를 주후 56-57년 사이로 볼 때, 이 시기는 주후 49년에 글라우디우스의 유대인 추방명령을 내렸던 시기와 네로의 기독교 박해 중간에 위치한다. 이 시기는 네로(Nero)의 기독교 박해가 이뤄지기 전이기는 하지만, 글라우디우스의 기독교인 추방과 귀환이 이뤄지는 과정에서 기독교에 대한 심각한 위협이 표면화되기 시작하던 때였던 점을 고려해야 한다. 더욱이 기독교가 로마 당국자들에게나 일반 시민들에게 많은 오해를 받고 있는 상황이었고, 또 박해의 위협이 다가오던 시기였다. 이러한 시기에 바울 사도는 국가와의 관계를 정립하고 오해를 풀어야 할 필요를 느꼈을 것이다.

로마 당국자들에게 기독교란 황제숭배를 반대하고 예수를 '주'(The Lord)로 섬기는 자들이고(행 17:7 참고), 로마 사회를 혼란스럽게 하는 자들이라는 선입견으로 가득 차 있었다. 로마제국이 가장 두려워한 것은 사회질서의 혼란이었다. 글라우디우스 황제 통치 시기로부터 기독교는 사회에 혼란을 일으키는 집단으로 여겨지게 되었다. 더욱이 기독교인들은 비밀종교로 자기들만 은밀히 모여서 사람의 피를 마시는 종교라는 오해까지 받게 되었다. 기독교가 전하는 십자가는 그들 눈에 어리석은 것이었다(고전 1:18).[129] 이런 시기에 바울은 안정적으로 그들에게 복음을 전하기 위해서는 로마 권력자들의 오해를 풀고 좋은 관계를 맺어나가는 길을 모색하는 일이 절박했을 것이다.

그렇다고 본문은 국가와 교회의 관계를 신학적으로 정립하려고

129) 당시 사도들과 믿는 자들이 소요를 선동하고 혁명을 도모한다는 잘못된 소문이 돌아 복음이 왜곡되는 사례가 많았다. 이는 주후 49년 유대인 추방을 예로 들 수 있다. 브리스가와 아굴라가 바로 그런 인물이다. 주의 뜻을 행함으로 기독교가 혁명주의자라고 비방하는 잘못된 입들을 빨리 봉해야 한다.

시도한 내용이 아니다. 또한 특정한 통치자를 겨냥해서 어떻게 대응해야 하는지를 지시하려고 한 것도 아니다. 사도 바울은 알았다. 이런 상황에서 기독교를 변론하고 변명함으로 오해를 풀고 분위기를 역전시킬 방법은 오직 하나, 삶으로 보여주는 것뿐이라는 사실을….

존 머리는 이렇게 말한다. "로마 당국자들은 기독교가 유대교와 연루되어 있어서 기독교인들도 유대인의 반동적인 기질을 갖고 있다고 생각했다. 그렇기 때문에 기독교인들은 정부 관원들이 행하는 정당한 권한 행사에 순종하는 것과 더불어 일체의 혁명적인 야망이나 행위들도 피해야 할 상황이었다."[130] 또한 "더욱이 그리스도인들이 이 당국의 손에 고통을 받았기에, 그리스도께 충성하기 때문에 당국에 불복종해야 할 경우(행 4:19-20, 5:29)와 복종해야 할 경우 사이에 선을 그을 필요성도 있었다."[131]

> "각 사람은 위에 있는 권세들에게 복종하라"(롬 13:1).

이는 박해자들을 축복하고 저주하지 말라고 한 것(롬 12:14)과 연결되는 정신이다. 그러나 고난당하는 사람들에게는 쉽게 수긍하기 어려운 말이다. 하지만 바울 사도는 그렇게 해야 할 분명한 이유를 밝힌다. 모든 권세는 하나님으로부터 나왔고, 하나님께서 정하신 바이기 때문이다(13:1b). 그리고 그들은 기본적으로 하나님의 사역자들이기 때문이다(13:4).

이 말에 많은 독자들은 반기를 들 것이다. 그렇다면 악한 통치자

---

130) 존 머리, 전게서, 645. 머리는 "롬 13:1-7은 롬 12:17-21과 병치시켜 읽어야 한다고 주장한다."

131) 상게서, 645.

들을 묵인하고 받아들이라는 것인가? 그러나 위에서 언급한 대로 아직 바울은 원리를 이야기하고 있고, 때문에 좀 더 차분하게 들어 볼 필요가 있다. 바울은 '모든 사람'이란 단어를 '모든 혼'(soul-ψυχὴ)이라고 했다. '모든 혼'(soul)이란 표현은 사도행전 2장 43절에서, '모든 사람에게 두려운 마음이 생겼다'고 할 때도 사용한 용어다. '혼'(soul)이란 용어는 '몸'(body)과 구별되는 영혼을 말하는 것이 아니다. 성경에서 '혼'(soul)이란 전인과 동의어로, 때로는 인칭대명사와 동일하게 사용한다.[132]

'모든 사람'이라는 표현이 말해 주듯이 이 본문은 특별히 그리스도인에게 국한해서 하는 말이 아니라, 모든 사람들에게 주는 일반적인 권고로 받아들일 수도 있다. 그러나 '복종하라'는 말을 1절과 5절에 반복적으로 강조함으로 기독교인들에게 특별히 주는 교훈이라고 하겠다.

'위에 있는 권세'(에크수시아이스 휘페레쿠사이스-ἐξουσίαις ὑπερεχούσαις)도 어떤 특정한 정치인을 말하지 않는다. 일반적인 무든 통치자를 의미한나. 그늘의 모든 권세는 하나님이 세워주신 것이기에 복종해야 한다고 한다.[133] 위에 있는 권세에 복종하는 것은 기본 원리이다. '위에 있는 권세'(에크수시아이스 휘페레쿠사이스-ἐξουσίαις ὑπερεχούσαις)도 어떤 특정한 정치인을 말하지 않는다. 일반적인 모든 통치자를 의미한다.

132) 상게서, 646.

133) '정하신 바라'(13:1b): '테타그메나이'(τεταγμέναι)는 완료 수동태 직설법으로 '하나님에 의하여 제정된 바라'는 뜻이다. 바울은 왕이나 어떤 특별한 형태의 지배기관의 신적인 권리를 주장하고 있는 것이 아니라 지배의 질서를 주장하고 있는 것이다. 또한 그는 정부가 바뀌는 개혁을 반대하는 것이 아니라 모든 불법과 무질서를 반대하는 것이다.' 《원어 연구 해설》, 로마서, 147.

2절에서부터 통치자와 백성들 간에 지켜야 할 구체적인 내용을 열거한다.

"각 사람은 위에 있는 권세들에게 복종하라"(1절a).

이유: "모든 권세는 다 하나님께서 정하신 것"이기 때문이다(1절b).

"권세를 거스르지 말라"(2절).

이유: '하나님의 명을 거스르는 것이기' 때문이다.

결과: 권세를 거스르는 자는 심판을 받게 될 것이다(2절).

"선을 행하라"(3절b).

결과: 그에게 칭찬을 받으리라'(4절).

'선을 행하라'는 말도 정부의 권위를 인정하는 면에서 선을 말한다. 그러므로 선을 행하라는 말은 정부와 통치자를 인정하려고 하지 않는 사람들에게 그들을 인정하라는 뜻이다. 여기까지 읽으면 땅의 집권자들에게 절대 복종하라는 명령으로 들린다. 그러나 이 내용에는 양면성(coincidence)이 있다. 땅의 백성들에게 주는 권고이면서, 동시에 정권 실세들에게 내리는 명령이기도 하다. 우선 땅의 권세자들은 자기의 권위를 마음대로 휘두르지 말고, 당신들 위에 당신들을 감시하고 있는 하늘의 권세가 있음을 기억하라는 것이다. 그 이유는 하나님은 땅 위에 권세자들을 세우신 분이기 때문이다.

그러므로 보이는 통치자는 무조건 백성들을 억압하고 강압하지 말고, 보이지 않는 통치자를 바라보라고 한다. 그래서 "다스리는 자들은 선한 일에 대하여 두려움이 되지 않아야 한다"(3절)고 경고한다. 이 말은 선하고 바르게 사는 사람들을 억압하는 독재자가 되지 말라는 말이다. 도리어 정의로운 통치자가 되라는 권고이다. 만약 하나님의 명을 거스른다면, 그들이 자기를 거스르는 백성을 징벌하듯이 하나님께서는 그들을 심판하신다고 한다.

이처럼 바울은 분명히 두 가지 권위를 대조해서 말하고 있다. 보이는 권세(visible authority)와 보이지 않는 권세(invisible authority)다.

보이는 권세(Visible authority)	**보이지 않는 권세**(Invisible authority)
1) 권세들에게 복종하라(1절a)	권세들은 하나님께 복종하라(1절b)
2) 권세를 거스르는 자에게 심판	하나님을 거스르는 자에게 심판(2절)
3) 다스리는 자는 악한 일에 두려움	하나님 앞에 선을 행하라(3절).
4) 땅의 권세는 하나님이 세우신다	하나님의 사역자(집사)들임(4절)
5) 악을 행하거든 권세를 두려워하라.	악한 통치자는 하나님을 두려워하라(4절b)

글 내용의 양면성, 내러티브의 절묘한 조화다. 한 가지 내용으로 두 개의 교훈을 전하는 것은 내러티브가 갖는 특권이다. 그러므로 본문을 보이는 권세에 복종하라는 권고로 일방적으로 읽는다면 진정한 보화(寶貨)를 놓치는 것이다. 바울은 박해 시대에 살고 있는 그리스도인들에게 평화의 길을 가르쳐 준다. 그렇다고 일방적으로 그리스도인들에게만 굴종하도록 교훈하지는 않는다. 그는 하나님의 사도로서 악한 통치자들에게 해야 할 말을 당당하게 전하는 지도자이다.

언뜻 읽으면 땅에 보이는 권세에게만 복종하라고 한 것처럼 보인다. 그러나 그 위에 보이지 않는 하나님의 권세를 언급함으로, 땅위에 통치자들에게 당신들 위에 하나님이 계신다는 사실을 기억하라고 강조한다. 따라서 당신들을 세우신 하나님 앞에서 백성을 존중하고 하나님의 법에 따라 다스려야 한다고 강조하고 있다. 모든 종속적인 복종들은 항상 하나님에 대한 우리의 절대적인 복종에 대한 관계에서 판단되지 않으면 안 되기 때문이다.

"그(권세자들)는 하나님의 사역자다"(4절). 하나님의 사역자로 번역된 '일꾼'이란(4절) 단어도 헬라어로는 교회에서 사용하는 '집사'(디아코노스-διάκονός)라는 의미다. 빌립보서 1장 1절에서, 장로와 집사를 일컬을 때 사용한 바로 그 '디아코노스'(διάκονος)다. 집사란 말을 우리말 성경에서는 완곡하게 사역자나 일꾼으로 번역했지만, 직역을 하면 "그는 하나님의 집사"라고 해야 한다. 그렇다면 바울 사도는 통치자들을 향해 "너는 하나님의 집사(디아코노스-διάκονος)이다"라고 선언하는 셈이 된다. "당신은 하나님의 집사란 사실을 기억하라"고 외치고 있는 셈이다.[134)]

로마서 13장 6절에도 '일꾼'이라는 표현이 나온다. 그러나 여기 사용된 '일꾼'이라는 헬라어는 '디아코노스'(διάκονος)가 아닌 '레이투르고이'(λειτουργοί)다.[135)] '레이투르고이'라는 용어는 일반적으로 '종'이라는 의미로 사용하는 명사다. 그러나 이 명사는 종종 군대에서 사역에 종사하는 자나 왕의 신하, 그리고 성소에서 일하는 자(히 8:2)에 대하여 쓰인 단어이다. 본문의 '레이투르고이'는 남성형이다. 이는 남자 종이나 노복을 가리킨다.[136)] 그렇다면 '하나님의 일꾼'이라는 말을 직역하면 곧 '하나님의 종 또는 신하'라는 말이다. 그렇다면 3-4절은

134) 새번역 성경은, "권세를 행사하는 사람은 여러분 각 사람에게 유익을 주려고 일하는 하나님의 일꾼입니다"라고 번역했다(롬 13:4).

135) Nicnt는 "'레이투르고이'는 70인역에서 성전 일에 종사하는 자들을 가리켜 쓰였으며, 신약에서는 항상 주를 위해 '제사장 일을 하는 사람들'을 가리킨다. 또한 이 단어는 각양 공무원을 가리키는 데 헬라어로 널리 쓰이고 있었다"라고 한다. 전게서, 1077.

136) 전게서, 《원어 연구 해설》, 149., 옥스퍼드, 전게서, 374.

그리스도인에게 주는 교훈이지만 동시에 권세자들에게 주는 내용이다. 이렇게 번역할 수 있을 것이다.

"선을 행하라. 그리하면 그에게 칭찬을 받으리라"(3절b).

"네(그리스도인이나 권세자들)가 악을 행하거든 두려워하라…곧 하나님의 사역자(그리스도인이나 권세자들)가 되어 악을 행하는 자에게 진노하심을 따라 보응하는 자니라"(4절).

더글라스 무(Douglas Moo)는, 바울이 이 단어를 씀으로써, 세속의 관원들이 부지중에서라도 종교적인 기능을 수행하고 있다는 것을 가리키기 위해서일 수 있다고 했다.[137)]

그러므로 권세들이 처벌하는 '악'은 절대적인 의미에서의 악, 즉 하나님이 친히 악으로 정의하시는 행위들이다. 그렇다고 할 경우에만 우리는 바울이 어떻게 정부가 칼을 사용하는 것을 '하나님의 종'으로서의 역할을 나타내는 것으로 볼 수 있는지를 설명할 수 있다.'[138)]

"줄 것을 주라"(7절)는 말은 단순히 '주라'는 말이 아니다. '빚(debt)을 갚다'라는 뜻이다. 꼭 갚아야 할 것이 있다면 '갚아야 한다'는 뜻이다. "가이사의 것은 가이사에게, 하나님의 것은 하나님께 바치라"(마 22:21)고 하신 예수님의 말씀의 반영(reflection)처럼 보인다.

137) Nicnt, 전게서, 1077.
138) 상게서, 1076.

바울은 권세자들의 두 가지 기능을 말한다. 긍정적인 기능으로는 선행하는 자들을 칭찬하는 일이다. 그리고 부정적인 기능으로는 악을 벌하는 일이다. 이 두 기능에서 세속의 관원은 하나님의 목적을 이루어가는 하나님의 디아코노스(집사와 똑같은 단어)로서 사역을 수행하고 있다. 그들도 하나님의 집사들이라는 점을 명심해야 한다.

바울은 복종하되 자발적으로 하라고 한다(5절). 양심에 따라 자발적으로 하라고 권고한다. 특별히 세금 바치는 것에 대하여 강조한다. 권세자들의 임무 중에 하나는 세금을 거두는 일이다. 이들은 하나님의 일꾼(레이투르고이)이 되어 세금을 거두는 일에 힘쓰고 있다. 그래서 7절에 "조세를 받을 자에게 조세를 바치고, 관세를 받을 자에게 관세를 바치라"고 한다. 이 말은 예수님께서 "하나님의 것은 하나님께, 가이사의 것은 가이사에게"라고 하신 말씀을 생각나게 한다.

바울은 당국에 지는 네 종류의 '빚'을 밝힌다. 즉 '직접세, 간접세, 두려워할 것과 존경할 것'이다. 기독교인이 복종하는 근본적인 이유는 '양심을 인하여서'다. 여기서 양심은 하나님의 뜻과 목적들에 관해 신자가 알고 있는 지식을 가리킨다.

모든 권세 위에 하나님의 권세가 있다는 사실을 인정한다면, 우리는 다음과 같은 몇 가지 사항을 지적할 수 있다.

1. 기독교인은 하나님의 한 제도로서 정부에 감사해야 하고, 우리는 지도자들을 위해 정기적으로 기도를 드려야 한다(딤전 2:1-2). 그리고 우리는 정부의 명령에 따를 각오를 해야 한다. 그러나 우리는 정부에 대한 어떤 절대적인 권리를 부여하기를 거부해야 하며, 정부의

모든 요구를 복음에 비추어서 평가해야 한다.[139)]

2. 권세(authority)는 우선 공동체를 세우고 우리를 돕는 자라는 인식이 필요하다.

그들은 공적인 제도를 통하여 평화를 가져다주고, 하나님의 축복을 누릴 수 있도록 모든 혜택을 보장하는 자들이라는 인식이 필요하다. 부정은 모든 제도를 무너뜨리고, 그 결과는 우리들에게 돌아온다. 무서운 세력들이 그것들을 삼켜버릴 것이다. 이렇게 무너지는 교회들이 얼마나 많은가?

3. 세금도 잘 내야 하고 관원들을 위하여 기도하고, 그래야 모든 사람이 유익을 얻고 평안한 삶을 영위할 수 있다(딤전 2:2). 그리스도인들은 먼저 시민으로서 지켜야 할 의무를 지켜야 한다고 한다.

4. 순종이 아니다. 복종이다. 복종은 1절에서 지적했듯이 하나님이 세상을 관장하심에 있어 정부에 부여한 지위를 인정한다는 것을 뜻한다. 정부가 교인들에게 복종하라고 강요하듯이, 정부가 잘못할 때 기독교인들은 통치자들에게 하나님께 복종하라고 요구해야 한다. 인간의 모든 제도와 마찬가지로 정부도 하나님께 종속되어 있기 때문이다.[140)] '정부에 복종하라'에서 복종하라는 단어를 재귀형태로 번역하면 더 강한 의미를 갖는다. "각 사람으로 하여금 정부의 권위에 복종하게 하라"는 능동적으로 참여하는 것을 강조한다.

---

139) Moo, 전게서, 1084.
140) 상게서, 1083.

5. 선을 보상해 주고 악을 벌하는 정부는 기독교인의 순종을 받을 자격이 있다. 정부는 하나님이 정하신 뜻대로 따라야 하고, 기독교인은 이 사실을 인정하고 '복종'의 태도로 응해야 한다는 것은 분명하다. 그러나 그 반대로 나가기 시작하는 정부는 그 신적 통치권을 몰수당하여, 기독교인은 그 정부에 불순종할 자유가 있다.[141] 성경에 나오는 인물 중에 느부갓네살은 하나님의 권위를 무시하고 직권을 남용했기 때문에(단 4:13-17, 23-25, 5:20-21) 하나님의 심판을 받았다(단4:28-33).

바울은 몇 가지를 언급하지 않았다. 네로와 같은 악한 통치자에 대하여 어떻게 할지, 또 선한 사람을 억압하는 통치자에 대하여는 어떻게 처신해야 하는지, 불의하게 세금을 거두는 권력에 대하여는 어떻게 대해야 하는지 등등이다. 그러나 위에서 언급한 대로 바울은 권세자들도 하나님의 일꾼으로 하나님의 지배하에 있고, 하나님의 의도를 따라 통치해야 한다고 말했기 때문에, 암시적으로는 그들에게도 경고하였다고 읽는 것이 옳을 것이다.

또한 바울은 원리를 말하는 것이지, 구체적인 상황이나 인물에 대하여 말하지 않고 있다는 점도 기억해야 한다.

악한 통치자에 대하여 그리스도인들이 어떻게 해야 하는가? 바울은 이 점에 대해서는 분명한 입장을 밝히지 않았다. 그러나 이 점에서 크리스천들에게는 베드로의 예가 호소력이 갖는다. 베드로는 권세자들에게 물었다. "하나님 앞에서 너희의 말을 듣는 것이 하나님의 말씀을 듣는 것보다 옳은가 판단하라"(행 4:19). 이 판단은 악한 자

141) 상게서, 1083.

라도 잘 알고 있을 것이다. 인간의 요구와 하나님의 명령 사이에 갈등이 있을 때는 베드로와 같은 사도들이 취한 입장이 권위를 갖는다(행 4:19-20, 5:29). 요한계시록에서도 하나님의 명령을 금하는 정부의 압력에 대해서는, 위험을 무릅쓰고라도 하나님의 말씀을 지키는 것이 신자들에게 부과되는 핵심 명령이라는 점을 계속해서 강조하였다.

바울은 악한 권력의 실세들을 거역하고 그들에게 복종하지 말라고 외치지는 않았다. 그러나 크리스천들이 자기의 자의적인 판단을 하도록 여지는 남겨두었다. 분명한 것은 악한 권세자들에게는 하나님의 법에 따라 백성을 섬겨야 한다고 원칙을 제시한 것만은 분명하다. 그러므로 본문을 무조건 '권세자들에게 복종하라'는 식으로만 읽는 것은 크게 잘못되었다고 지적해 두고 싶다.

현대에는 시민 불복종(civil disobedience) 운동이 일반화되어 있다. 세상이 그만큼 악해졌기 때문일 것이다. 로마서 12장 14-21절에 의하면 시민 불복종 운동은 허용될 수 없다. 그러나 로마서 13장 1-7절에 의하면 시민이나 크리스천들은 권력의 실세들에게 "하나님의 권세에 순복하라" 그리고 "하나님의 뜻에 따라 권력을 사용하라"고 외칠 수는 있을 것이다.

참고로, 시민 불복종 운동을 펼친 헨리 소로(Henry D. Thoreau)의 수필에 나타난 핵심을 요약해 본다.

민주주의 약점은 대다수의 의견으로 결정되는 의견이 반드시 한 개인의 의견보다 나을 수 없다는 점에 있다. 정부는 공장에 돌아가는 큰 기계와 같은 것이니 시민은 그 기계가 잘못 돌아갈 때 정지할 수 있도록 브레이크를 걸어야 한다. 이것이 시민의 의무이며 권리이다.

시민은 더 좋은 정부를 요구할 수 있으며 또 그래야만 한다. 역사는 절대적인 군주 시대에서 제한적 군주 시대로 발전했다. 거기서 다시 민주주의 제도로 발전하게 되었다. 우리의 민주주의도 그와 같이 정부가 개인을 진정으로 존경할 수 있을 때까지 발전할 수 있어야 한다. 진정한 민주주의란 정부가 시민을 존중하며, 그들 개인의 인권이 정부 위에 있으며, 정부가 행사하는 힘은 그들로부터 부여받은 사실을 진정으로 깨닫게 될 때에 정부는 밝은 민주주의 정부를 이룩하게 된다.

세상에는 두 가지 법이 있다. 하나는 인간이 만든 정부의 법이고, 또 하나는 차원이 높은 하나님과 인류의 양심 안에 있다. 만약에 인간의 법이 불공평한 법이라면 인간은 그 법을 거부할 절대적 권리가 있다고 믿는다. 이것이 그가 주장하는 시민 불복종의 근본 철학이다.[142]

그리스도인의 삶의 핵심 원리 (롬 13:8–10)

"피차 사랑의 빚 외에는 아무에게든지 아무 빚도 지지 말라 남을 사랑하는 자는 율법을 다 이루었느니라 간음하지 말라, 살인하지 말라, 도둑질하지 말라, 탐내지 말라 한 것과 그 외에 다른 계명이 있으지라도 네 이웃을 네 자신과 같이 사랑하라 하신 그 말씀 가운데 다 들었느니라 사랑은 이웃에게 악을 행하지 아니하나니 그러므로 사랑은 율법의 완성이니라."

---

142) 미국 Laguna Woods Village 안에서 발표한 Youn B. Lee 박사의 글을 요약한 내용이다. 헨리 소로(Henry D. Thoreau)는 하버드 출신으로 그 당시 노예문제와 멕시코 전쟁이라는 뜨거운 이슈로 세상은 떠들썩했다. 1848년 매사추세츠 주 콩코드 시 문화회관에서 "정부에 대한 개인의 권리와 의무"라는 제목으로 연설했고, 이 글이 "시민 불복종"이라는 제목으로 알려지게 되었으며, 이 수필은 미국의 고전이 되었다.

“피차 사랑의 빚 외에는 아무에게든지 아무 빚도 지지 말라”(8절). 로마서 12장 1절부터 13장 7절까지의 교훈과 격려를 사랑이라는 주제 아래 다시 통합적으로 아우른다. 왜냐하면 율법의 완성은 사랑이기 때문이다. 여기서 바울은 수사적 방법을 사용하고 있다. 즉 누군가가 지금까지 기술해 온 내용들을 언급하면서 “다 좋습니다. 그러나 이런 교훈들이 율법 없이도 이룰 수 있다고 생각하십니까?”라고 물었다고 가정하고, 거기에 대한 답변을 제시하려고 한다.

결국 모든 권고나 교훈을 사랑이라는 하나의 띠로 묶고, 이 사랑을 십계명과 연계시킴으로써 바울은 자기의 교훈과 율법이 어떤 관계를 가지는가를 보여주려고 한다.

로마서 12장 1절로부터 시작한 ‘예수 그리스도 안에 있는 자’들의 모든 삶에 대한 지침은 다시 사랑으로 돌아간다. 몸으로 드리는 거룩한 삶의 중심도 사랑이다. 받은 은사를 가지고 협력하여 교회를 세워가고, 또한 하나님의 나라를 이루어 가는 중심도 사랑이다. 사랑 없는 예배는 형식이 되고, 사랑 없는 사역은 위선이 된다. 원수와 박해자들을 이기고 승리하는 비결도 사랑이다. 바른 나라를 세워나가는 것도 그 뿌리는 사랑이다. 그러므로 사랑이 없으면 삶의 중심은 어떤 경우에도 자기 자아(自我)가 되고, 자기 유익이 된다. 그러므로 사랑을 모르는 사람은 아직 그리스도의 사람이 아니라는 말이다. 사랑은 그리스도 중심의 사람으로 변화된 증거이기 때문이다.

사도 바울이 고린도 교인들에게 준 사역의 원리도 바로 사랑이다. 고린도전서 13장에서 바울은 말한다. 사랑이 없으면, 천사의 말을 한다 해도, 예언의 능력이 있고, 모든 비밀을 알고 산을 옮길 만

한 믿음이 있을지라도 '아무것도 아니다'(nothing).[143)]

바울은 예수님의 가르침의 핵심을 정확하게 이해한 사람이다. 그래서 예수님의 말씀에 자기의 정확한 이해를 덧붙인다. 한 율법사가 "선생님, 율법 중에서 어느 계명이 크니이까?"라고 물었을 때, 예수께서는 "네 마음을 다하고 목숨을 다하고 뜻을 다하여 주 너의 하나님을 사랑하라"고 하셨다. 이어서 "네 이웃을 네 자신같이 사랑하라"고 하셨다. 예수님은 첫째 되는 계명과 둘째 되는 계명이 온 율법과 선지자의 강령이라고 말씀하셨다(마 22:35-40).

사도 바울은 로마서 12장 1절부터 13장 7절까지 둘째 되는 계명에 속한 것에 대해 정의한다. 그렇기에 둘째 되는 계명들, 그 밖에 또 다른 계명이 있을지라도 "네 이웃을 네 자신과 같이 사랑하라" 하신 모든 말씀을 사랑으로 요약한다. 그리고 "사랑은 율법의 완성"(10절)이라고 선언함으로, 로마서 12장 1절부터 13장 7절까지의 교훈을 끝맺는다.

사랑의 문제는 그 사람의 정체성의 문제다. 하나님의 본질은 사랑이시기 때문이다. 자연히 성령으로 맺어지는 열매도 사랑이다. 성령의 열매를 가까이서 보면 아홉 가지 열매다. 그러나 멀리서 보면 사랑으로 보인다. 예수님의 본질도 사랑이시다. 사랑은 하나님의 본질이고, 예수님의 사역의 근본 원리이고, 성령의 활동의 뿌리도 사랑

143) "내가 사람의 방언과 천사의 말을 할지라도 사랑이 없으면 소리 나는 구리와 울리는 꽹과리가 되고 내가 예언하는 능력이 있어 모든 비밀과 모든 지식을 알고 또 산을 옮길 만한 모든 믿음이 있을지라도 사랑이 없으면 아무것도 아니요"(고전 13:1-2). "그런즉 믿음, 소망, 사랑, 이 세 가지는 항상 있을 것인데 그중의 제일은 사랑이라"(고전 13:13). '제일'이라고 번역된 헬라어는 '더 큰 것'을 의미한다.

이다.

하나님과 더불어 사는 자가 가져야 할 본질은 사랑이다. 이것이 그의 정체성이다. 사랑하지 않고는 하나님과 더불어 살 수 없다. 하나님과 더불어 살지 않는 자는 진정으로 그분으로부터 나온 것들을 사랑할 수 없다. 사역에도 교회에도, 그리고 자기의 은사에도 충성할 수 없다. 그런 사람들은 진정으로 이웃을 사랑할 수 없고 협력할 수 없다. 하나님을 본 사람이 없으되 사랑하는 자는 그 사랑으로 하나님과 하나가 되고, 이웃들과 하나가 된다.

> "사랑하는 사람은 다 하나님에게서 났고, 하나님을 압니다. 사랑하지 않는 사람은 하나님을 알지 못합니다. 하나님은 사랑이시기 때문입니다"(요일 4:7, 새번역).
>
> "사랑하는 자들아 하나님이 이같이 우리를 사랑하셨은즉 우리도 서로 사랑하는 것이 마땅하도다 어느 때나 하나님을 본 사람이 없으되 만일 우리가 서로 사랑하면 하나님이 우리 안에 거하시고 그의 사랑이 우리 안에 온전히 이루어지느니라"(요일 4:11-12).

사랑은 이 땅의 모든 것을 하나님 중심으로 이루어 가는 근간이다. 그리스도인이라 해도 사랑을 버리면 그 중심은 자기 이기심에 귀착되고, 자기 중심적 믿음이 될 뿐이다. 하나님을 사랑하고 이웃을 사랑할 때 그 중심은 예수 그리스도가 된다.

로마 교회로부터 콘스탄틴 황제에 이르기까지 기독교의 자료는 온통 박해 관련 기록이다.[144)] 그러나 로마 황제 갈레리우스에 이르

144) Adrian Goldsworthy, *The Fall of the West, The Death of the Roman superpower* (로마 멸망사), 하연희 역, 루비박스, 2012, 236.

러, 그는 "그리스도교의 뿌리를 뽑으려던 시도가 실패로 끝났다"고 칙령을 공포하고 말았다.[145] 2세기에 나온, 디오그네투스에게 보낸 편지(Epistle to Diognetus)에는 그리스도인들이 결국 승리한 이유를 진실한 시민 자세라고 묘사하고 있다.

> "그리스도인들은 기존의 법을 잘 지키는 순종적인 사람들이며, 그들의 개인적인 삶은 심지어 법을 초월합니다. 그들은 모든 사람을 사랑하며 모든 사람에게 핍박을 받습니다."

그래서 사도 바울은 말한다. "서로 사랑하는 것 외에는 아무에게도 빚을 지지 마십시오"(새번역). 이 문장을 다음과 같이 바꾸어 말할 수 있다. "모든 빚을 갚으시오. 그리고 아무 빚도 지고 살지 마시오. 대신 결코 갚을 수 없는 오직 하나의 빚만 지고 사십시오. 사랑의 빚만!"[146] 모든 빚을 갚을 수 있는 비결은 사랑하는 것이다. 그리고 이 사랑은 아무리 갚아도 절대로 다 갚을 수 없다. 결국 세상 끝날까지 사랑할 수밖에 없다는 말이다.[147]

"사랑은 이웃에게 악을 행하지 아니하나니"(10절a)라는 문장은 불쑥 낯설게 던져졌다. 14장 1절로부터 전개할 로마 교회의 아픈 갈등이 갑자기 생각난 것일까? 14장부터 전개할 내용을 미리 던져놓은 것일까?

"남을 사랑하는 자는 율법을 다 이루었느니라"(8절b)로 시작한 구

145) 상게서, 236.

146) John Knox, *The Epistle to the Romans*, Interpreter's Bible, 605.

147) '사랑의 빚'은 정관사가 붙은 분사이므로, '그 빚'이다. '이 빚은 절대로 완전히 갚을 수 없는 것이므로 그 이자를 갚는 데 힘써야 한다'. 《원어 연구 해설》, 로마서, 150.

절은 '사랑은 율법의 완성이다'로 끝맺는다.

이 시기를 알라 (롬 13:11–14)

> "또한 너희가 이 시기를 알거니와 자다가 깰 때가 벌써 되었으니 이는 이제 우리의 구원이 처음 믿을 때보다 가까웠음이라 밤이 깊고 낮이 가까웠으니 그러므로 우리가 어둠의 일을 벗고 빛의 갑옷을 입자 낮에와 같이 단정히 행하고 방탕하거나 술 취하지 말며 음란하거나 호색하지 말며 다투거나 시기하지 말고 오직 주 예수 그리스도로 옷 입고 정욕을 위하여 육신의 일을 도모하지 말라."

'시기'(카이로스-καιρός):

시기(기회) 문제를 주제로 던진다. '이 시기'(톤 카이론-τόν καιρόν)이다. 뭔가 바울의 마음속에 긴박하게 느끼는 그 시간일 것이다. 기회(카이로스-καιρός)는 긍정일 때는 '기회'가 되지만, 부정적일 경우에는 '위험'을 나타낸다.

이 시기(καιρός)는 위기이면서 기회이다. '이 시간'은 잠에서 깨어나야 할 시간이다. 원어대로 하면, 깨어나야 할 시간이 벌써 지났는데도 잠을 자고 있는 상태를 말한다. 신약에서 밤은 '이 악한 세대'를 암시하는 말이며(갈 1:4 참조), 잠은 악한 세대에 취해 있음을 의미한다(요 1:5)

그렇다면 급히 깨어나야 할 이유는 무엇인가? '이 시간'(καιρός)의 기준은 무엇인가? 우리의 구원이 처음 믿을 때보다 가까워졌기 때문이다. 여기서 사용한 구원이란 단어는 어떤 의미로 사용했을까? 처음 믿을 때보다 가까워진 구원이면, 처음 믿을 때 구원을 받았는데 또 다른 구원이 가까이 왔다는 말인가? 아니면 믿었지만 구원은 후에 받는다는 말인가? 로마서에서 바울이 사용한 구원이란 용어는 종말에 이뤄질 구원으로 이해하기보다는 믿는 즉시 받는 것으로 더 많이 사용되었다. 특히 로마서 10장과 11장에서는 현재적 의미로 사용하였다.

> "누구든지 주의 이름을 부르는 자는 구원을 얻으리라"(롬 10:13).
> "그럴 수 없느니라 그들이 넘어짐으로 구원이 이방인에게 이르러 이스라엘로 시기나게 함이니라"(롬 11:11).
> "이는 곧 내 골육을 아무쪼록 시기하게 하여 그들 중에서 얼마를 구원하려 함이라"(롬 11:14).

로마서에서 구원에 대하여 가장 확실하게 그 과정을 밝힌 구절은 로마서 5장 1절이다.

> "그러므로 우리가 믿음으로 의롭다 하심을 받았으니 우리 주 예수 그리스도로 말미암아 하나님과 화평을 누리자"(롬 5:1).

이 구절에 구원이라는 말은 직접 나타나 있지 않지만, 바울의 사상에서 '의롭다 함'을 받는 것은 하나님께서 받아주심을 의미하기 때문에 '의'는 구원받은 상태를 말한다. '하나님과 화평을 누리자'고 한 것은 구원받은 상태를 더 정확하게 나타내는 표현이다. 그렇다면 후에 오는 구원은 무엇을 의미하는가?

여기서 말하는 구원은 개인의 구원을 말하는 것이 아니다. 전체의 구원을 말하기 때문에 주님의 재림이 이루어지고 하나님의 나라가 온전히 이루어지는 그때를 의미한다. Moo는 "구원은 그리스도가 돌아오실 때 하나님이 교회를 위해서 하시는 사역을 완성하는 것이지 않으면 안 된다"라고 했다.[148)]

'깊은 밤의 이미지'는 이 시대의 어두움, 즉 죄악으로 가득 찬 상태를 나타낸다. 그렇다면 깊은 밤은 예수님의 재림을 알리는 어두움인가? 로마에 살고 있던 크리스천들에게 구름처럼 몰려오는 어둠인가? 바울은 로마제국에 의한 박해가 교회 위에 드리우고 있음을 예언자적 통찰력으로 내다보고 있는 것은 아닐까? 글라우디우스 황제가 유대인(사실은 기독교인)을 추방한 사실은 앞으로 올 기독교 박해의 전조(前兆)로 이해하였고, 그래서 지금 깊은 잠에 빠져 있는 그리스도인들을 깨우려고 하는 건 아닌가? 이런 상상도 간단하게 거부할 수 있는 것은 아닐 것이다.

"밤이 깊고 낮이 가까웠으니"(12절)에서 '깊고'(프로콥토-προκόπτω)는 부정 과거로서, '이미 깊은 상태에 들어갔다'는 것을 의미한다. 그리고 그 너머 여명(黎明)이 움터오고 있음을 암시한다. 직역하면, '밤이 깊은 상태에 이미 들어갔고, 낮이 이미 가까이 와 있다'는 뜻이나. 여하튼 바울은 어둠에서 새벽을 보고 있는 것이 아니라, 새벽에서 어둠을 보고 있다. 그리스도 안에 사는 자들은 모두가 새벽에서 어둠을 보고 살아가는 사람들이다. 이런 사람들을 종말론적(終末論的) 인생이라고 한다.

어거스틴이 자신을 얽어맨 사슬을 끊지 못하고 신앙의 결단 앞에서 망설이고 있었을 때, 이웃 집에서 들려온 소년인지 소녀인지 알 수 없으나 "집어 읽어라! 집어 읽어라!"(Take and read! Take and read!)

---

148) 더글라스 J. 무, 전게서, 1100.

하는 아이의 노래를 듣고 성경을 폈을 때 첫눈에 들어온 곳-로마서 13장 13-14절-을 읽으며 그의 눈이 번쩍 떠졌다. 그는 새벽을 보았다. 그리고 자기가 어둠 속에 빠져 있다는 사실을 알았다. 그리하여 그는 예수 그리스도 앞에 무릎을 꿇었다.

> "그 순간, 내 심령 속에 확신이 밝은 빛처럼 비쳐와 모든 의심의 구름이 다 사라져 버렸음이니이다."[149]

"우리가 어둠의 일을 벗고 빛의 갑옷을 입자"(12절). 로마서 2장을 주석하면서 이방 크리스천들이 아직도 이전의 세속 문화에 젖어 사는 자들이 있었다는 것을 지적한 바 있다.[150] 여기서 이 문제를 끄집어 내서 언급한다.

오늘 본문이 그리스도인과 세상 권세를 다룬 로마서 13장 1-7절과 로마 교회가 당면하고 있는 실제 문제를 다루는 중간에 끼어 있음에 주의를 기울여야 한다. 어둠의 일을 벗는 것이 세속의 먼지를 떨어내는 것이라면, 빛의 갑옷을 입어야 하는 이유는 악한 세상 권세를 이길 수 있는 힘은 그리스도인의 거룩한 삶에 있고, 동시에 당면한 교회 문제도 원리적인 면에서 해결하려고 한 것으로 보인다. 먼저 어둠의 일과 빛의 갑옷을 비교해 보자.

---

149) 어거스틴, 《고백록》, 234.
150) 이연길, 《로마서 주석 1》, 93.

어둠의 일	빛의 갑옷
방탕, 술 취함, 음란, 호색, 다투거나 시기	낮에와 같이 단정하고, 주 예수 그리스도로 옷 입고 정욕을 위하여 육신의 일을 도모하지 말라.

낮에 합당한 옷을 입기 위해서는 먼저 밤에 입었던 옷을 벗어야 한다. 밤에 입는 잠옷은 무장 해제를 의미한다. 그리고 낮에 옷은 재무장을 말한다. 기독교인들은 밤에 취해서 살아갈 수 없는 존재다. 항상 세상의 권세자들과 이 땅의 지배자들인 악과 싸워야 하기 때문이다. 그래서 에베소서에서는 빛의 자녀는 하나님의 전신갑주를 입으라고 명령했다(엡 6:1-18). 본문에서는 어둠의 행위를 집어치우라고 한다. 아침이면 잠옷을 훌훌 벗어던지듯이 지금까지 입고 살았던 옷들을 벗어던지라고 한다. 지금까지 입고 살아온 옷들은 '술 취하고, 음란하고, 호색하고, 다투고, 시기하며' 산 옷들이다.

지금까지 입고 살았던 옷들, 벗어던져 버려야 할 옷들을 열거한다.

> "방탕하거나 술 취하지 말며 음란하거나 호색하지 말며 다투거나 시기하지 말고"(13절).

여기 나열된 여섯 가지 죄악들은 마치 로마인들의 생활을 보는 듯하다.[151] 여섯 가지는 모두 연결된 것이지, 독립된 죄악들이 아니다. 문장으로 보아도 동사는 없고, 부정사인 '메'(μὴ)가 세 번이나 연

151) 박창환, 《성서 헬라어 사전》, 대한기독교서회, 253.

속해서 나온다.[152] 헬라어에서 동사 없이 사용되는 부정사 메(μὴ)는 단호한 의지를 나타낸다. 그리고 방탕과 술 취함, 음란과 호색, 다툼과 시기가 짝을 이룬다. 그 말은 그런 악한 곳에서 빨리 나오라는 명령이다.

방탕(코모이스-κώμοις')과 술 취함(메다이스-μήθαις):

'코모이스 카이 메다이스'(κώμοις καὶ μήθαις)는 흥청대며 먹고 마시는 것(갈 5:21; 벧전 4:3)과 술 취하여 비틀거리는 것을 가리킨다.[153] 두 동사 모두 복수형으로 쓰여졌다.

'코모스'(κῶμος)는 술의 신인 바카스를 숭배하는 자들로, 음주당을 가리키는데(롬 13:13; 벧전 4:3), 과도한 연락이나 술을 마시고 떠들어 대는 것을 일컫는 용어다. 코모스는 본래 경기에 우승한 친구를 둘러싸고 노래하며 그 집으로 인도하는 축하행렬을 가리켰다고 한다. 후에는 밤거리로 돌아다니며 시끄럽게 야단치는 잡류들을 가리켰다.

방탕에서는 술 취하는 것이 빠질 수 없다. 술 취함은 '지나친 폭음'을 의미한다. 술을 금한 것이 아니고, 폭주를 하지 말라고 한다. 그러나 여기에는 술로 비롯되는 세속적인 모든 생각까지를 포함하는 말이다. 술로 인하여 발생하는 방종을 금한다. 그렇다고 무조건 술을 허용하는 것은 아니다. 로마서 14장 21절에는 "고기도 먹지 아니하고 포도주도 마시지 아니하고 무엇이든지 네 형제로 거리끼게 하는 일을 아니함이 아름다우니라"고 했다. 엄숙하고 경건한 말을

152) "μὴ κώμοις καὶ μέθαις, μὴ κοίταις καὶ ἀσελγείαις, μὴ ἔριδι καὶ ζήλῳ".
방탕과 술 취함, 음란과 호색, 다투거나 시기와 같이 둘씩 짝을 이루고 있다.

153) 슈라이너, 전게서, 822.

하더라도 배가 터지도록 먹는 것은 방종이다. 술취함이 음란을 부르며, 음란이 호색을 가져오고, 호색이 살인이나 그보다 더 악한 것을 몰고 온다.[154] 바울은 "음란하거나 호색하지 말며" 그 다음에 필연적으로 싸움이 일어날 것을 알고 "다투거나 시기하지 말라"고 한다.

음란(코이타이스-κοίταις)과 호색(아셀게이아-ἀσέλγεια):

음란은 음행(포르네이아-πορνεία)이나 매음이나 매춘을 가리킨다. '포르노'란 말이 여기서 나왔다. 음란과 호색(아셀게이아-ἀσέλγεια)은 모두가 관능적인 죄악들이다. 음란이 호색을 낳는다. 호색은 수치를 모르는 파렴치한 죄를 말한다. 남이 어떻게 생각하는 것에 상관없이 음탕에 빠져 솟아나오지 못하는 화상이다.

요한계시록이 지적하는 로마의 대표적 죄도 음행이다(계 2:21, 9:21, 14:8, 17:2, 4, 18:3, 9, 19:2). 이 모든 종류의 성적인 악은 당시 이방인의 종교에 만연되어 있던 것이다. 이 말은 이런 악한 생활은 로마 사회에 만연되었던 것들이라는 말이다. 원래 음란이란 단어 '코이테'는 '자리', '침대'라는 뜻이다. 금지된 침실에 들고 싶은 정욕을 말한다. 음행과 호색은 로마인들의 대표적 죄다. 음란은 정당한 성관계를 금한 것이 아니라, 음란한 생활을 금한 것이다.

크리소스톰은 "욕망은 욕망을 부른다. 계속 갈증을 느끼는 사람은 천 개의 우물이 있다고 하더라도 하등의 소용이 없다"[155]라고 설파했다.

다툼(에리스-ἔρις)과 시기(젤로스-ζῆλος):

---

154) 크리소스톰, 전게서, 475.
155) 상게서, 476.

다툼은 불결한 경쟁심에서 나오는 것으로 둘째 자리에 만족할 수 없는 질투심을 말한다. 아가페의 정반대 태도다. 하나님의 사랑을 버리면 자기를 사랑하게 되고(딤후 3:1-7), 자기 사랑에서 다툼과 시기가 나온다. 다툼은 무서운 것이기에 아예 없애라고 한다. 시기(젤로스)는 사실 나쁜 말이 아니다. 위인을 보고 그를 닮으려는 경쟁심이다. 그러나 누구를 닮으려고 사모하거나 부러움이 잘못하면 시기로 변한다.

위의 여섯 가지 악한 모습은 로마 시민들이 술을 마시며 벌인 향연에서 어김없이 따르는 결과이다.

로마인들의 죄악을 이미 로마서 1장 24-32절에 자세히 다루고 있다. 이런 죄악들의 옷을 벗지 않고는 결코 예수 그리스도의 옷을 입을 수 없다. 바울은 디모데후서 3장 14-17절에서 이런 것들을 벗어버리고 이길 수 있는 길은 성경에 있다고 말한 바 있다.

> "모든 성경은 하나님의 감동으로 된 것으로 교훈과 책망과 바르게 함과 의로 교육하기에 유익하니 이는 하나님의 사람으로 온전하게 하며 모든 선한 일을 행할 능력을 갖추게 하려 함이라."

'온전하게 하다'는 '완전한', '능력 있는', '유능한'이라는 의미다. 말씀은 하나님의 사람들을 온전하고 능력 있게 만들어 주어서 모든 선한 일을 행할 수 있게 갖추어 준다는 말이다.

낮에 속한 사람의 옷은 '단정함'(유스케모노스-εὐσχημόνως)이다. 이 단어는 '좋은'을 의미하는 접두어 '유'(εὖ)와 '행실', '태도'를 의미하는

'스케마'(σχῆμα, 롬 12:2 참조)의 합성어이다.[156] 바울은 이 단어를 그의 서신들에서 33번이나 사용하였다. 이 말의 의미는 '적당한', '보기 좋은', '고상한'이라는 뜻으로, 외적 몸에서 풍기는 미학적인 멋에서부터 내적 성숙미까지를 의미하는 매우 긍정적인 뜻을 지닌 단어이다. 그래서 '내놓을 만한', '두드러진', 그리고 '존경할 만한'이라는 의미로도 사용된다(예, 막 15:43). '스케마'는 항상 변한다. 그러므로 이전에 스케마를 벗어버리고, 이제는 빛의 자녀다운 스케마를 지녀야 한다. 이것이 바로 '단정함'이다.

그리스도의 사람들이 단장해야 할 '스케마'는 '오직 예수 그리스도'이시다. 과거의 옛 '스케마'였던 정욕으로 더러워진 육신을 벗어버려야 한다. 그리고 오직 한 가지, 그리스도만 선택해야 한다. 예수 그리스도로 옷입는다는 말은 그리스도와 함께 산다는 이미지다. '스케마'는 시대와 장소에 따라 달라진다. 그러나 그리스도의 옷은 언제나 한결같다.

여기서 사용된 비유적 표현에는 두 가지 특징이 있다.

(1) 그것은 강하게 시간적이다 - '시기'(time), '(깰) 때'(hour), '가까운'(near), '깊고'(far advanced), '(낮이) 가까운'(at hand)(11-12절).

(2) 그것은 강하게 대조적이다 - '자다가/깨다', '밤/낮', '벗다/입다', '어두움/빛', '단정히/방탕, 술취함' 등등. '그리스도로 옷입다/육신의 일을 도모하지 않는다.'[157] 점점 시간(카이로스)이 가까워지면서 긴박성을 나타낸다. 그리고 양자택일을 촉구한다. 적극적인 권고는 세

156) 옥스퍼드, 전게서, 401. 세상 사람들은 우리의 '스케마'를 통해서 교회를 평가하고 예수 그리스도를 이해한다.

157) Dann, 《로마서》, 461.

가지로 집약된다. "빛의 갑옷을 입고"(12절), "단정히 행하고"(13절), "주 예수 그리스도로 옷입으라"(14절)고 한다.

요한계시록에서는 이런 자들에게서 나오라고 외친다.

> "내 백성아, 그 도시에서 떠나거라. 너희는 그 도시의 죄에 가담하지 말고, 그 도시가 당하는 재난을 당하지 않도록 하여라. 그 도시의 죄는 하늘에까지 닿았고, 하나님은 그 도시의 불의한 행위를 기억하신다. 너희는 그 도시가 준 만큼 그 도시에 돌려주고, 그 도시의 행실대로 갑절로 갚아주어라. 너희는 그 도시가 섞은 잔에 갑절로 섞어 주어라"(계 18:4-6, 새번역).

그리고 이런 사람들은 하나님 나라에 들어오지 못한다고 단언한다.

> "두려워하는 자들과 믿지 아니하는 자들과 흉악한 자들과 살인자들과 음행하는 자들과 점술가들과 우상 숭배자들과 거짓말하는 모든 자들은 불과 유황으로 타는 못에 던져지리니 이것이 둘째 사망이라"(계 21:8).

사도 바울은 왜 이런 중요한 결단을 요구하는 문장을 로마서 13장 1-10절과 14장 1절 사이에 끼워 넣었을까? 타락한 로마제국과 악으로 가득 찬 권력의 실세들을 이기고 로마를 복음으로 정복할 수 있는 유일한 길은 '단정함'으로 보았기 때문일 것이다. 악으로 악을 이길 수는 없다. 몰트만은 "동질(同質)은 동질을 변화시킬 수 없다"라는 의학의 상식으로 복음을 설명했다. 죄로 붉게 물든 로마제국의 모습을 지닌 그리스도인들은 로마를 이길 수 없다. 달라져야만 로마를 복음으로 이길 수 있다는 사실을 바울 사도는 간파한 것이다.

그리고 로마서 2장 1-11절의 내용으로 보아, 당시 로마 교인들 중에(특히 이방 그리스도인) 아직도 어둠 속에서 살고 있던 사람들이 있기에(2:3), 그들에게 결단을 촉구하고 완전히 그리스도 안에 서도록 명령하는 것도 부정할 수 없다.

또 한 가지는, 14장에서 로마 교회가 당면하고 있는 실제적인 문제를 봉합하고 해결하기 위해서는, 가장 먼저 예수 그리스도로 무장할 필요를 느꼈을 것이다. 그래서 정욕(과도한 집착과 욕망)을 채우려고 육신의 일을 도모하지 말라고 부탁하고 14장으로 넘어간다.

업신여기지 말고, 비판하지 말라 (롬 14:1–12)

"믿음이 연약한 자를 너희가 받되 그의 의견을 비판하지 말라 어떤 사람은 모든 것을 먹을 만한 믿음이 있고 믿음이 연약한 자는 채소만 먹느니라 먹는 자는 먹지 않는 자를 업신여기지 말고 먹지 않는 자는 먹는 자를 비판하지 말라 이는 하나님이 그를 받으셨음이라 남의 하인을 비판하는 너는 누구냐 그가 서 있는 것이나 넘어지는 것이 자기 주인에게 있으매 그가 세움을 받으리니 이는 그를 세우시는 권능이 주께 있음이라 어떤 사람은 이날을 저 날보다 낫게 여기고 어떤 사람은 모든 날을 같게 여기나니 각각 자기 마음으로 확정할지니라 날을 중히 여기는 자도 주를 위하여 중히 여기고 먹는 자도 주를 위하여 먹으니 이는 하나님께 감사함이요 먹지 않는 자도 주를 위하여 먹지 아니하며 하나님께 감사하느니라 우리 중에 누구든지 자기를 위하여 사는 자가 없고 자기를 위하여 죽는 자도 없도다 우리가 살아도 주를 위하여 살고 죽어도 주를 위하여 죽나니 그러므로 사나 죽으나 우리가 주의 것이로다 이를 위하여 그리스도께서 죽었다가 다시 살아나셨으니 곧 죽은 자와 산 자의 주가 되려 하심이라 네가 어찌하여 네 형제를 비판하느냐 어찌하여 네 형제를 업신여기느냐 우리가 다 하나님의 심판대 앞에 서리라 기록되었으되 주께서 이르시되 내가 살았노니 모든 무릎이 내게 꿇을 것이요 모든 혀가 하나님께 자백하리라 하였느니라 이러므로 우리 각 사람이 자기 일을 하나님께 직고하리라."

다시 로마 교회가 직면한 문제로 돌아온다. 로마 교회의 문제는 강한 자와 연약한 자의 대립으로 일어난 갈등이다. 이 문제는 사소한 문제로 취급될 수 있다. 그러나 바울은 이 문제를 매우 심각하게 취급하고 있다. 로마서 14장 1절에서 15장 13절에 이르기까지 길게 다루고 있는 것만 보아도 알 수 있다. 바울은 이 문제를 왜 그처럼 심각하게 생각하였을까? 에베소서 2장 20-22절에 나타난 바울의 우주적 교회(universal church)의 모습을 보면 이해가 될 것이다.

사도 바울은 예수 그리스도가 십자가로 유대인과 이방인의 담을 허시고 그리스도 안에서 하나가 되어 화평(평화)을 이루시려는 것이 하나님의 궁극적 소원이라고 확신하고 있다(엡 2:14-22). 요한일서에서 사귐이라는 끈으로 하나님과 이 땅에 사는 모든 사람들을 하나 되게 하려고 꿈꾸는 것과 같다 하겠다(요일 1:1-4). 하나님과 평화, 그리고 하나님의 사귐 안에서 모든 인류가 하나 되는 꿈은 곧 에덴동산의 회복이다. 이 일을 위하여 하나님께서 자기를 이방의 사도로 부르셨다고 그는 확신하고 있다. 그런데 유대와 이방 크리스천이 갈라지는 것은 이 꿈을 산산조각 내는 일과 같을 것이다.

또 바울이 이 문제를 심각하게 취급하는 데는 세계 선교적 입장 때문이다. 그는 로마 교회를 중심으로 온 세계에 복음이 전파되어 가는 환상을 보고 있다(롬 15:18-19). 그렇다면 로마 교회가 그리스도 안에서 하나가 되어야 한다. 이런 점에서 로마 교회의 화목(화평)은 전 세계 선교가 걸린 문제라고 해도 과언이 아닐 것이다.

이 갈등을 치료하기 위해 바울은 세 단계 과정을 밟는다. 첫째 단계는 14장 1-12절로, 문제를 노출시키고 해결의 원리를 제시한다. 두 번째 단계는 14장 13-23절로, 문제 해결을 위한 적극적인 처방을 내린다. 그리고 세 번째는 15장 1-13절로, 수술한 자리를 봉합한다.

"믿음이 연약한 자를 너희가 받되 그의 의견을 비판하지 말라"(1절).

이 짧은 한 구절로 바울은 로마 교회 안에서 어떤 일이 일어나고 있으며, 그로 인하여 교회가 얼마나 큰 어려움을 겪고 있는가를 명확하게 보여준다. 교회 안에 일어나고 있는 문제는 크게 두 가지였다. 첫째는 음식 먹는 문제였고(롬 14:2-3), 둘째는 특정한 날을 중요하게 여기고 지키는 것이었다(5절). 그러나 이 문제들은 모두 믿음이 연약한 사람들로부터 일어나는 것으로, 결국은 하나의 이슈로 집약될 수 있다.

바울은 모든 것을 다 먹을 수 있다고 주장하는 자들을 '믿음이 강한 자'라 부르고(롬 14:2, 15:1), 채소만 고집하는 사람들을 '믿음이 약한 자'라 고 부른다(롬 14:2). 그렇다면 로마 교회 안에서 강한 자는 누구이고, 약한 자는 어떤 사람들인가? 로마 교회는 크게 두 회중으로 갈린다. 유대 크리스천과 이방 크리스천이다.

유대 크리스천들 중에는 기독교로 개종하여 그리스도의 사람이 된 후에도 먹는 것과 마시는 것에 대해 유대적 관습을 지켜가려는 사람들이 많았다. 즉 복음을 받아들인 후에도 율법에 관한 관습에 젖어서 음식에 대한 율법의 규정을 계속 준수하려고 했다. 이들은 돼지고기 정도만을 먹지 않아도 율법을 지킨 것이 될 터인데도, 모든 고기를 금하기까지 하여 채소만을 고집하였다. 더 나아가서 고기 먹는 일을 철저히 금했을 뿐 아니라, 고기를 먹는 사람들까지도 꾸짖고 비난함으로 문제를 야기시킨 것이다.[158] 문제를 일으킨 사람들은 고기를 금하고 채소만 먹는 사람이다. 그러나 바울은 강한 자들을 먼저 책망한다.

"믿음이 연약한 자를 너희가 받되"(14:1).

믿음이 연약한 '(그) 사람'이라고 한다. 그렇다면 '그 사람'은 누구인가? 특정한 한 개인인가? 아니면 어떤 집단의 사람들을 의미하는가? 본문의 문맥으로 볼 때, '그 사람'은 단수로 읽기보다는 한 집단으로 보는 것이 타당할 것이다.[159] '연약하다'는 뜻의 헬라어 '아스데눈타'(ἀσθενοῦντα)[160]는 '아스데네오'(ἀσθενέω)의 관사를 가진 현재 분사로, '약하다' 또는 '힘이 없다'는 뜻이다. 계속 믿음이 연약한 상태에 머물러 있는 상태를 의미한다. 연약한 믿음이란 하나님을 온전히, 제한 없이 신뢰하지 못하는 것을 말한다.

믿음이 없다는 것과 믿음이 작다는 것은 엄격한 차이가 있다. 예수님은 믿음이 작다고 책망하신 적이 없으시다. 단 믿음이 적다고는 책망하셨다(마 6:30, 8:26). 믿음이 작다는 말은 믿음의 크고 작은 것을 뜻하는 것이 아니고, 하나님을 온전히 신뢰하지 못하고 적게 신뢰하는 것을 의미한다. 예수님은 믿음이 작고 크다는 개념을 사용하지 않으셨다. 믿음은 크고 작은 것이 없기 때문이다.

---

158) 크리소스톰, 전게서, 477.

159) 단수로 사용된 '그 사람'은 한 무리를 포함하는 의미와는 모순을 일으키지 않는다(참고 Wilckens, 3:110).

160) '연약한 자'란 '아스데눈타'(ἀσθενοῦντα) 앞에 '톤'(τόν)이라는 정관사를 붙여 연약하게 보이는 특정한 사람들을 가리키면서도, 그들이 누구인가는 겉으로 표출시키지 않는다. 그러나 로마 교인들은 연약한 자가 누구인지 다 알고 있다. 그들은 아직 믿음이 연약한 자들이지만, 구원을 얻은 사람들임에 틀림이 없다(롬 14:3).

믿음이 적다는 헬라어 '오리고피스토이'(ὀλιγόπιστοι)는 적은 소수를 나타내는 '올리고스'(ὀλίγος)와 '신실함'을 나타내는 '피스토스'(πισ-τός)가 결합되어 이뤄진 단어이다. 그러므로 '오리고피스토이'(ὀλιγ-όπιστοι)는 믿음이 작다는 표현보다는 신뢰심이 약하다고 번역해야 옳을 것이다.[161] 이렇게 읽으면 '믿음이 연약하다'는 말도 하나님을 신뢰함이 약하다는 뜻이 된다.

"너희가 받으라…비판하지 말라"(1절)는 말 속에는 교회 안에 믿음이 연약한 자들을 받아들이지 않으려고 하는 움직임이 있음과 동시에 그들을 비판하는 데 열을 올리는 사람들이 있다는 것을 암시한다. 현재 상황은 강한 자들에 의해서 약한 자들이 수세(守勢)에 몰리고 있다. 이렇게 보면, 연약하다는 말 속에는 숫적으로도 작고 힘이 없는 자들일 수 있다. 그렇기 때문에 사도 바울은 강한 자들에게 연약한 자들을 받아들이고, 약한 자들에게는 강한 자들을 비판하지 말라고 명령한다. 사도 바울은 언제나 '갑'이라고 생각되는 사람들에게 권고한다(참고, 롬 2:1-2).

'받아들이다'(προσλαμβάνεσθε)는 '프로슬람바노'(προσλαμβάνω)의 현재 명령법 중간태로서 단순한 권고가 아닌 강력한 명령이다. '받아들이라'는 말은, 강한 자들에게 연약한 자들을 교인으로 받아들이기를 거부하지 말고 받아들이라는 강경한 어조가 담겨 있다.

본문의 내용을 언뜻 보면, 강자들만 책망하는 듯하다. 믿음이 연약한 자들을 "받아들여라"(1절a), "비판하지 말라"(1절b, 3절), "업신여기지 말라"(3절a) 등 강경한 용어들로 가득하다. 이렇게 보면, 교회 안

---

161) '피스티스'(πίστις)는 믿음이라고 번역하지만, '피스토스'(πιστός)는 '믿을 만한' 또는 '신뢰할 만한'을 나타내는 용어이다.

의 문제는 강자(强者)들로부터 일어난 듯이 보인다. 그것이 또한 겉으로 나타난 현실이었을 것이다.

그러나 바울은 연약하다는 자들도 책망하고 있음이 분명하다. 먼저는 그들을 '믿음이 연약한 자'라고 부른다. 이것은 다소 멸시적인 표현이다. 그러나 이런 표현은 바울이 그들을 멸시한다는 의미는 아니고, 다른 사람들이 그들을 그렇게 생각하거나 부른다는 의미이다.[162] 여하튼 그들에게도 문제가 있는 것은 확실하다.

그리고 3절에 업신여기지 말라고 한 것을 보면, 그들이 타인들로부터 멸시받게 되는 원인을 제공한 것 같다. 다시 말하면 이들은 다른 형제자매들 앞에 장애물이나 걸림돌을 놓았을 뿐 아니라(롬 14:13), 다른 형제자매들 앞에서 자기들만이 거룩하다고 자만했을 것이다. 크리소스톰은 먹지 않는 자를 업신여기지 말라고 한 것은 '은근히 그들이 업신여김을 받을 만한 일을 하고 있다'고 지적한다.[163]

바울 사도는 양자 모두를 책망하면서 문제를 풀어가고 있다. 문제는 한편의 문제가 아니라 양편 모두에게 있었다. 그래서 '비판하지 말라'고 한 명령도 양쪽 모두를 꾸짖은 것으로 해석할 수도 있다. '비판하지 말라'는 것도 1절에서는 '강한 자들'에게, 3절에서는 '연약하다는 자들'(음식을 먹지 않는 자들)에게 주는 명령이다.[164] 사도 바울은 어느 한편 쪽에 기울지 않고, 모두를 수용하는 자세를 취한다. 문제를 해결해 가는 바울 사도의 지혜를 엿볼 수 있다. 양쪽 모두를

162) Dann, 《로마서 주석》, 469.

163) 크리소스톰, 《로마서 강해》, 479.

164) 헬라어 문장에서는 서로가 비판하지 말고 받아들여야 하는 이유를 '가르'(왜냐하면-γὰρ)라는 접촉사를 통하여 설명하기 시작한다. 우리말 성경에는 '가르'(왜냐하면-γὰρ)가 번역되지 않았다.

향한 권고는 2절로부터 출발한다.

> "먹는 자는 먹지 않는 자를 업신여기지 말고 먹지 않는 자는 먹는 자를 비판하지 말라"(3절).

서로를 비판하지 말고 강한 자나 약한 자들을 그대로 받아들여야 하는 이유를 제시한다. 하나님께서 그들 모두(유대인이나 이방 신자)를 다 받으셨기 때문이라고 한다. 즉 이들 모두 그리스도 안에 있는 자들이라는 뜻이다(3절b). '받으셨다'는 단어는 부정과거형으로 '그들은 하나님께서 이미 받으신 상태에 들어가 있는 사람들'이라는 뜻이다. 이 말은 '고기를 먹고 먹지 않는 것'으로 구원이 좌우되지 않는다는 것을 암시한다.

"하나님께서는 그 사람도 받아들이셨습니다"(새번역)라는 선언은 1절에서 '믿음이 연약한 자'를 받으라고 한 명령의 절대 조건이 된다. 3절에 '받으셨다'는 동사는 1절에 '받아들여라'와 동일한 단어로, 부정과거형을 사용하여 하나님께서 이미 받으셔서 주님 안에 거하고 있는 상태를 말한다. 먹는 자도 먹지 않는 자도 하나님이 이미 받아 주셔서 자녀로 삼아주셨는데, 누가 그들을 판단하겠느냐고 한다.

형제를 비판하지 말아야 하는 또 다른 이유를 언급한다. 그리스도 안에 있는 자들은 모두 하나님의 하인이라는 것이다. "남의 하인을 비판하는 너는 누구냐?"라고 강하게 반문한다. 그가 서 있는 것이나 넘어지는 것은 주인이 상관할 일이지 남이 간섭할 일이 아니라고 한다(4절a). '하인'이라는 단어 '오이케테스'(οἰκέτης)는 주인 가까이 머물며 가사를 돌보는 측근 사환을 가리킨다.[165] 그렇다면 여기서 말하는 하인은 누구를 가리키는가? 먹는 자들인가? 먹지 않는 자들인가? 양편(양편) 모두인가? 크리소스톰은 먹지 않는 자들로 보았다. 이런 의미에서 바울이 먹지 않는 자들을 은근히 공격한다고 한다.[166]

그러나 이어서 '넘어지는 것'이라고 하지 않고, '서 있는 것이나 넘어지는 것'이라고 함으로써, 전자나 후자가 다 주인에게 속한 자들이라고 함으로써, 양편 모두를 지칭한다고 보는 것이 자연스럽다. 이런 문제는 주인에게 속한 일이지 타인이 간섭할 일이 아니라고 한다. 고대에 종은 오직 그 자신의 주인에게만 책임이 있었다. 그리고 다른 사람의 종에 관한 문제에 상관하는 일은 있을 수도 없었다.[167]

비유는 주인에게서 하나님에게로 옮겨간다. 하인의 주인은 곧 하나님이시다. 그렇다면 비판받고 있는 그들이 하나님께 속한 자들인데, 어떻게 하나님을 비판할 수 있느냐고 반문한다. 그들을 비판하는 것은 곧 주인이신 하나님을 무시하는 일이 되기 때문이다. "그가 세움을 받으리니 이는 그를 세우시는 권능이 주께 있음이라"(4절b)는 구절은 고기를 금하지 않고 먹는 자들을 향해 날카로운 비판을 앞세우는 먹지 않는 자들에게 주는 암묵적인 교훈이다. 동시에 그들은 믿음에서 굳건히 서 있지 못하고 넘어져 있다는 사실을 지적하는 것이다.

교우들끼리 비판하지 말아야 할 이유로 세 번째는, 먹고 마시는 문제는 각자가 좋아하는 대로 결정할 사항이기 때문이다(14:5, 14). 그

165) 옥스퍼드, 전게서, 419.
166) 크리소스톰, 전게서, 480.
167) Dunn, 《로마서 주석》, 477.

러면서 먹는 문제에 절기를 지키는 일을 결부시킨다. 이 두 가지 문제의 뿌리가 하나이기 때문이다. 어떤 날을 특별하다고 하든지, 모든 날이 다 같다고 주장하든지 각자의 마음에 확정하라고 한다. '확정하라'는 의미는 '절기 준수 문제나 먹는 문제는 그리스도인 각자의 가치관에 따라, 혹은 신앙의 깊이에 따라 그 문제를 숙고해 보고 확고한 결정을 내리라'는 의미이다.

신앙생활에서 절대로 지켜야 할 신앙의 법이 있는가 하면 이래도 좋고 저래도 좋은(either or) 경우도 있다. 후자의 경우에는 자신의 신앙과 가치관에 따라 어느 것을 결정하든지 상관 없을 것이다. 그러나 '확정하라' 또는 '확신을 가져야 합니다'(새번역)라는 말에 담긴 뉘앙스는 자신들이 행동하고 있는 바를 다시 한번 점검해 보고 바른 결론을 내리고 그에 따라 살아가라는 의미이다.

이 말은 양자에게 주는 교훈이면서 동시에 음식을 먹지 않음으로 형제자매에게 걸림돌을 놓는 사람들에게 다시 바르게 판단하고 확정하라는 뜻일 것이다. 그렇다고 바울 사도가 이런 신중한 문제를 아무렇게나 신자들에게 맡기는 사람이라고 오해해서는 안 된다. 사도 바울은 이미 로마서 12장 1-2절에서, 자기의 입장을 분명하게 밝혔다. 주님을 예배하기 위하여 특정한 장소나 시간이 중요하지만, 그 너머 모든 삶의 시간과 장소가 예배가 되어야 한다는 말 속에 14장 4절에 대한 해답을 이미 제시해 놓았다. 그리고 먹는 것과 절기 문제는 다음에 전개되는 14장 13-23절에 자세하게 다루어 놓았기 때문에 그곳과 연결해서 읽어야 할 것이다.

6절부터는 사도 바울은 문제 해결의 정점으로 올라간다. 문제를 풀어갈 수 있는 핵심 키워드는 '주를 위하여'(6절)이다. 6절 한 절 안에 '주를 위하여'를 세 번이나 반복한다. 무엇이든지 주를 위하여 하

지 않는 것은 잘못된 것이며, 주를 위하여 한 일은 하나님께서 받으신다고 한다(6절).[168]

"그러므로 사나 죽으나 우리가 주의 것이로다"(8절).

7절과 8절은 '그리스도 안에 있는 자'라는 말을 구체적으로 설명해 주는 내용이다. '그리스도 안에 있는 자'는 이미 그리스도와 함께 죽고, 부활과 함께 살아난 자들이다(롬 6:1-6). 그러므로 자기 중심으로 살 수도 없고, 자기를 위해서 사는 자도 아니다. 이들은 이제 '살든지 죽든지 다 주의 것'이다. 사도 바울이 이를 대변해 준다.

"내가 그리스도와 함께 십자가에 못 박혔나니 그런즉 이제는 내가 사는 것이 아니요 오직 내 안에 그리스도께서 사시는 것이라 이제 내가 육체 가운데 사는 것은 나를 사랑하사 나를 위하여 자기 자신을 버리신 하나님의 아들을 믿는 믿음 안에서 사는 것이라"(갈 2:20).

우리는 예수 그리스도를 주(The Lord)로 고백한 사람들이다. 그러므로 우리는 그리스도의 노예요(롬 1:1), 하인들이다(롬 14:4). 주님만이 우리의 주인이시다(14:9). 로마 교회 분쟁의 핵심에 있는 자들은 자기들이 하는 행동이 과연 '주를 위하여' 하는 일인지 반성해야 한다. 그리고 모든 것이 자기를 위한 행동이었다면 돌아서야 한다. 결국 노예나 하인들은 주인에게 속한 자들이라서, 그들에게 엄격히 금지된 서로 비판하는 행동을 해서는 안 된다. 종들을 다스리는 분도 주

168) 고린도 교회에 음식문제에 답하면서도 바울은 "먹든지 마시든지 무엇을 하든지 다 하나님의 영광을 위하여 하라"(고전 10:31)고 권면하고 있다.

인이고, 넘어진 자를 세우시는 분도 주인이기 때문이다(4절). 서로 비판하는 것은 자기가 하나님의 자리에 올라가는 것이고, 하나님의 권한을 침범하는 일이다(10절). 그러므로 바울은 엄히 명령한다.

> "네가 어찌하여 네 형제를 비판하느냐? 어찌하여 네 형제를 업신여기느냐? 우리가 다 하나님의 심판대 앞에 서리라"(10절).

성 프랜시스가 제자들과 40일 금식한 일이 있었다. 그중 제자 한 사람이 39일째 되는 날 배고픔을 견디지 못하여 음식을 먹게 되었다고 한다. 다른 제자들의 책망이 오죽했겠는가? 그때 프랜시스는 음식을 들고 먹기 시작하면서 다음과 같이 말했다고 한다. "금식하다가 음식을 먹는 일은 죄가 되지 않으나, 형제를 미워하는 일은 죄이다."

마침내 문제 해결의 결론으로 나간다. 형제를 비판하지도 말고, 업신여기지 말라고 한다. 그 이유는 '우리가 모두 하나님의 심판대 앞에 서야' 하기 때문이다. 예수님도 산상설교에서 "비판을 받지 아니하려거든 비판하지 말라 너희가 비판하는 그 비판으로 너희가 비판을 받을 것이요 너희가 헤아리는 그 헤아림으로 너희가 헤아림을 받을 것이니라"(마 7:1-2)고 하셨다.

드디어 11절로 양편의 주장을 잠재운다. 11절은 이사야 45장 23절(70인역)이다.

> "내가 살았노니 모든 무릎이 내게 꿇을 것이요 모든 혀가 하나님께 자백하리라."

업신여기는 자도, 남을 비판하는 자도 살아 계신 하나님 앞에 모두 무릎을 꿇어라! 우리가 주 앞에서 해야 하는 일은 하나님을 경배하고 찬양하는 일이라고 선포한다. 그리고 여기에 "우리 각 사람이 자기 일을 하나님께 직고하리라"(12절)고 첨부한다.

"일을…직고하리라"(롬 14:12).

누가복음 16장 2절에 나오는 것처럼 '일'(계산, 부기)을 나타내는 '로고스'의 통상적인 용법을 사용함으로, 하나님 앞에서 내 계산서를 내놓고 결산해야 하는 날이 올 것을 말한다.

바울은 교회 안의 문제를 해결해 나가면서 문제를 일으킨 사람들이 누구인지, 그 문제가 어떻게 발생하고 진행되어 가고 있는지 궁금한 내용은 일체 언급하지 않는다. 이것은 바울이나 당시 성경 저자들이 편지에 자주 사용하는 방식이다. 이는 문제의 깊은 내면은 결코 표출시키지 않고 복음 안에서 녹아지게 하는 방법이다. 예를 들면, 에베소 교회에서 일어난 유대인과 이방인과의 갈등도 심각한 것이었음에도 불구하고 그 문제의 주제가 무엇인지를 결코 표면화시키지 않았다(엡 2:2:1-22). 그리고 후에 에베소서 6장 12절에 가서야, 교회 안의 싸움은 같은 교인들끼리의 다툼이었다는 사실을 암시한다.

그래서 바울은 왜 아군을 적대자로 삼아 전쟁을 하느냐고 물으면서, 우리의 싸움은 악한 영들이라는 점으로 승화시키며 해결점을 찾는다.[169] 요한일서에서 일어난 문제 중 하나는 영지주의와의 논쟁이었지만, 영지주의 문제를 결코 표면에 노출시키지 않는다.

로마 교회의 문제를 다룸에 있어서도 사도 바울은 논쟁의 주제

169) "우리의 씨름은 혈과 육을 상대하는 것이 아니요 통치자들과 권세들과 이 어둠의 세상 주관자들과 하늘에 있는 악의 영들을 상대함이라"(엡 6:12). 이 구절의 숨은 의미는, 같은 교인들을 싸움의 표적으로 삼지 말고 악한 영들을 상대하도록 함으로 교인들 간에 다툼을 해소시키려 하고 한다.

를 드러내 놓지 않고 "믿음이 연약한 자를 너희가 받되…비판하지 말라"(롬 14:1)고만 권고한다.

이런 발상은 바울이 문제 해결을 위하여 자주 사용하는 방법으로, 우리가 배워야 할 지혜이다. 우리는 문제를 파헤침으로 사건의 해결을 더 어렵게 만든다. 문제는 다 까발리는 방법으로는 해결할 수 없다. 그보다 더 큰 은혜와 사랑으로 그 문제를 녹여낼 때만이 해결될 수 있다. 사도행전 6장 1-7절의 내용이 그 진실을 잘 보여주고 있다.[170]

로마 교회에서 일어난 분쟁의 진실은 무엇인가?

초대교회에서는 먹는 것과 마시는 것, 그리고 특정한 절기를 지키는 문제가 계속해서 논쟁거리가 되곤 했다. 바울이 편지를 쓰고 있던 고린도 교회의 사정도 이와 별반 다르지 않았다(고전 8-10장). 그러나 고린도 교회에서 일어난 먹는 문제는 그 핵심이 분명하였다. 즉 이방신들에게 바친 제물을 먹어야 하는가 하는 문제였다.

이렇게 보면 약한 자들은 바로 유대 크리스천이고, 강한 자들이 이방 크리스천이다. 아마도 유대인 추방 칙령이 해제되고, 그들이 한꺼번에 다 돌아온 것이 아니라 그들 형편대로 돌아왔기 때문에 교회 상황은 전혀 다른 형태로 변해 있었다. 이방인들이 다수(majority)가 되고, 유대인 크리스천들이 소수자(minority)가 된 것이다. 거기에다 이들은 음식을 가려 먹었고, 절기를 지켜야 한다고 고집하였다.

---

170) 이연길, 《사도행전》, 6:1-7 주석을 참고할 것.

이것은 강한 자들의 비난의 대상이 될 수밖에 없었다. 절기는 아마도 안식일 문제였던 것으로 생각된다.

여기서 말하는 음식 문제는 이방인으로 유대교에 귀의했다가 다시 교회로 돌아온 사람들에게서 일어난 일이었을 것이다. 그들은 이방 제사나 음식에 대하여 자세히 알고 있었기 때문에 이를 먹지 말아야 한다고 주장했을 것이고, 이방 크리스천들에게는 이런 음식을 먹는 것은 당연하다고 생각했을 것이다.

마침내 갈등의 주체가 되는 양편을 하나님의 심판대 앞에 세운다.

"이러므로 우리 각 사람이 자기 일을 하나님께 직고하리라"(12절).

바울은 엄숙히 선언한다. "우리는 각 사람이다. 집단도 아니고, 어느 쪽도 면제되지 않고, 나 개인이 각자 자기 일을 직고하리라. 공개적으로 하나님 앞에 아뢸 것이다." 던(Dunn)은 "믿음조차도 하나님께서 판단하시는 마지막 계수로부터 신자를 면제하지 못한다는 것은 바울에게서 매우 중요하다"(2:6-16; 고전 3:12-15; 고후 5:10)라고 한다.[171]

믿음으로 하지 않는 것은 죄다 (롬 14:13–23)

"그런즉 우리가 다시는 서로 비판하지 말고 도리어 부딪칠 것이나 거칠 것을 형제 앞에 두지 아니하도록 주의하라 내가 주 예수 안에서 알고 확신하노니 무엇이든지 스스로 속된 것이 없으되 다만 속되게 여기는 그 사람에게는 속되니라 만일 음식으로 말미암아 네 형제가 근심하게 되면 이는

171) Dunn, 전게서, 487.

네가 사랑으로 행하지 아니함이라 그리스도께서 대신하여 죽으신 형제를 네 음식으로 망하게 하지 말라 그러므로 너희의 선한 것이 비방을 받지 않게 하라 하나님의 나라는 먹는 것과 마시는 것이 아니요 오직 성령 안에 있는 의와 평강과 희락이라 이로써 그리스도를 섬기는 자는 하나님을 기쁘시게 하며 사람에게도 칭찬을 받느니라 그러므로 우리가 화평의 일과 서로 덕을 세우는 일을 힘쓰나니 음식으로 말미암아 하나님의 사업을 무너지게 하지 말라 만물이 다 깨끗하되 거리낌으로 먹는 사람에게는 악한 것이라 고기도 먹지 아니하고 포도주도 마시지 아니하고 무엇이든지 네 형제로 거리끼게 하는 일을 아니함이 아름다우니라 네게 있는 믿음을 하나님 앞에서 스스로 가지고 있으라 자기가 옳다 하는 바로 자기를 정죄하지 아니하는 자는 복이 있도다 의심하고 먹는 자는 정죄되었나니 이는 믿음을 따라 하지 아니하였기 때문이라 믿음을 따라 하지 아니하는 것은 다 죄니라."

'더 이상(No longer-μηκέτι)…하지 말라'는 말로 시작한다(13절). 이 논쟁을 더 이상 계속하지 말라고 선을 긋는다. 그리고 이어서 "도리어…형제 앞에 두지 아니하도록 주의하라"고 한다. '더 이상 비판하지 말라'는 말은, 바로 앞에서 어떤 결론에 이르렀다는 것을 전제하고 있다. 바울은 앞에서(롬 14:10-12) 형제자매끼리 비판하거나 업신여기지 말아야 하는 이유를 전개하고, 이제는 "모든 무릎이 내게 꿇을 것이요 모든 혀가 하나님께 자백하리라"(롬 14:11)고 결론을 맺었다.

따라서 옛날로 다시 돌아가지 말 것이며, 주님 앞에 무릎을 꿇고 그분의 명령에 따라 살겠다고 결심하도록 했다. 그래서 13절에서는 '다시는' 그리고 '서로' 비판하지 말라고 권고한다. 그리고 부딪칠 것이나 거칠 것을 형제 앞에 두지 아니하도록 주의하라고 한다. '서로'라는 말로 보아 이제는 강한 자도 없고 약한 자도 없는 평등과 균형 잡힌 삶으로 서로가 조심해서 화평과 덕을 이뤄가라는 권고이다.

그렇게 살기 위해서 첫째로 부딪칠 것(장애물)이나 거칠 것(걸림돌)을 형제 앞에 두지 말라고 한다(13절). 갈등 문제의 세부적인 면으로 접근을 시도한다. '부딪칠 것'(프로스콤마-πρόσκομμα)은 발에 부딪히는 것으로 '사람으로 하여금 비틀거리며 넘어지게 하는 장애물'을 뜻한다. 비유적으로는 영혼을 범죄하게 만드는 것을 의미한다(고전 8:9).[172] '거칠 것'(스칸달론-σκάνδαλον)은 짐승을 잡는 덫이나 올가미를 뜻한다. 범죄케 하는 시험거리를 의미한다(마 18:7).

지금까지는 먹는 것과 절기 지키는 일로 인하여 교인들에게 장애물과 걸림돌을 놓았고, 이로 인하여 교회는 큰 상처를 입게 되었다. 그래서 14절에서 바울은 음식문제에 대한 자기의 견해를 피력한다. 음식은 무엇이든지 스스로 속된 것이 없다. 그것을 속되게 여기는 사람에게는 속될 뿐이다. 그러므로 음식문제로 형제자매의 마음을 상하게 하면, 이것은 음식문제로 형제를 망하게 하는 것이며, 사랑을 따라 행하지 않은 것이라고 한다.

바울은 이런 음식에 대한 견해를 어디서 배웠을까? "내가 주 예수 안에서 알고 확신하노니"(14절)라는 구절은 '오이다'(내가 안다-οἶδα)로 시작된다. 이 사실은 예수님을 통하여 알았다는 말이다. 예수님은 정결법에 대하여 공격하는 바리새인들을 향하여, "입으로 들어가는 것이 사람을 더럽게 하는 것이 아니라 입에서 나오는 그것이 사람을 더럽게 하는 것이니라"(마 15:11)고 하셨다. 음식은 죄가 아니다. 정결하거나 불결한 음식은 없다고 선언하신 것이다.[173]

---

172) 옥스퍼드, 전게서, 441.

173) 사도 바울은 아마도 베드로가 욥바에서 경험한 사건을 통하여 모든 음식은 정결하다는 사실을 특별히 느꼈을 것이다. "베드로가 이르되 주여…속되고 깨끗하지 아니한 것을 내가 결코 먹지 아니하였나이다 한대 또 두 번째 소리가 있으되 하나

예수님을 통하여 알았다는 사실을 강조하는 이유는, 지금부터 내가 하는 말은 나의 말이 아니라 예수님께로부터 배운 것이라고 함으로써, 누구도 거부하거나 훼손시킬 수 없는 권위를 부여하기 위함이다. 14절에서 바울의 말은 예수님의 교훈의 반영 그 자체라고 볼 수 있다.

> "(음식은) 무엇이든지 그 자체로 부정한 것은 없고, 다만 부정하다고 여기는 그 사람에게는 부정한 것입니다"(14절, 새번역).

음식은 죄가 아니다. 그러므로 음식문제로 형제를 근심하게 해서는 안 된다. 이것은 사랑의 배반이고, 음식으로 형제를 망하게 하는 것이다. 그 생명이 얼마나 귀한가는 14장 3절에서 이미 언급했고, 여기서 다시 '그리스도께서 그 사람을 위하여 죽으셨다'(15절)고 말한다. 그리스도께서 그를 위하여 죽으실 만큼 고귀한 생명이다. 그리스도가 그러한 자를 사랑하기 때문에 죽었는데, 어떤 음식을 먹고 안 먹는 정도의 일쯤 희생하지 못하겠는가? 이것이 바울이 그 깊은 속으로부터 하고 싶은 말이었을 것이다.

그럼에도 불구하고, "무엇이든지 스스로 속된 것이 없으되, 다만 속되게 여기는 그 사람에게는 속되니라"는 말 속에는 두 가지 의미를 담고 있다.

먼저 바울은 정결한 것과 부정한 것 간의 구분은 그리스도 안에서 폐지되었다는 점을 재차 확인해 주는 것이고, 두 번째는, 아직

님께서 깨끗하게 하신 것을 네가 속되다 하지 말라 하더라"(행 10:13-15).

도 많은 그리스도인들이 그렇게 생각하지 않고 있을 뿐 아니라, 그들은 거룩한 성경과 민족적인 전통의 방대하게 조합된 세력과 맞설 수 있을 만큼 충분한 확신을 가지고 있지 않았다는 것을 지적한 것이다.[174)]

하나님을 사랑하고 이웃을 사랑하라는 것이 십계명의 근간이고, 또한 그리스도인들이 지켜야 할 큰 계명이다(마 22:36-40). 그리스도의 사람이라면 하나님과의 관계는 물론 반드시 이웃과의 균형잡힌 삶을 살아야 한다. 만약 어떤 크리스천이 그리스도 안에서 자유라고 주장하면서, 사람들과 옳은 관계를 유지하지 못하고 평화를 지켜나가지 못한다면, 그는 진정한 그리스도의 사람이라고 할 수 없다.

"그러므로 너희의 선한 것이 비방을 받지 않게 하라"(16절).

'선한 것'이란 그들이 그리스도 안에서 누리는 자유, 또는 그들이 그리스도 안에서 살아온 옳은 행실을 의미한다. 즉 그리스도 안에서 누리는 자유나 바르게 살려고 노력해온 고귀한 삶이 시시한 음식 때문에 비방거리가 되지 않게 하라는 것이다. 전통에 구애받지 않는 자라고 해서 자기 신념에 충실하려고 하는 자유로운 행동으로 형제의 감정을 상하게 하는 일을 할 수 있는 것이 아니라고 한다.

교회 안에서 자유를 얻었다는 사람들이 가장 오용하는 성경 구절이 "진리를 알지니 진리가 너희를 자유롭게 하리라"(요 8:32), "아들이 너희를 자유롭게 하면 너희가 참으로 자유로우리라"(요 8:36)이다. 주께서 주신 자유는 하나님 안에 자유이지 방종이 아니다. 예수 그

---

174) 더글라스 J. 무, 전게서, 516.

리스도께서 십자가에 죽으심으로 주신 자유는 그렇게 방종하며 살도록 주신 자유는 아니기 때문이다.

그리스도 안의 자유가 어떻게 쓰여져야 하는가를 17절부터 전개한다.

> "하나님의 나라는…성령 안에서 누리는 의와 평화(평강)와 기쁨(희락)입니다"(롬 14:17, 새번역).

하나님의 나라는 먹는 일과 마시는 일이 아니라고 선언한다. 먹고 마시는 것 같은 사소한 일이나 육체에 만족을 주는 것 같은 시시한 일을 하나님 나라로 끌어들이지 말라고 한다. 예수님이 하신 말씀처럼, 먹는 것이 더러운 것이 아니라 입으로 나오는 것이 우리를 더럽히기 때문이다. 이런 음식에 대한 바울의 이해는, 베드로의 옥상(屋上) 경험도 직접적인 영향을 미쳤으리라고 생각된다(행 10:9-16).

로마서에서 사용된 '의'는 하나님과의 관계를 나타내는 특별한 용어이다. 즉 '의'란 의로우신 하나님께서 믿는 자들을 의롭다고 받아주신 것을 의미한다(롬 5:1-2). 의에 참여자가 된 사람은 더없이 탁월하고 측량할 수 없는 축복, 곧 양심의 고요한 기쁨을 누리기 마련이다.

의는 '화평'(평화)으로 인도된다. 죄를 용서받고 하나님께 받아들여진 결과 자신 안에 평화가 찾아오는 것은 당연하다. 신약의 평화는 번뇌나 고난이 없는 것만이 아니라, 적극적 의미를 가진 것으로 사람의 최선을 이루는 모든 것을 가리킨다. 하나님과 누리는 화평은 다른 이웃과, 그리고 세상과의 화평으로 확대해 나갈 수밖에 없다. 하나님과의 평화를 누리는 사람이 더 이상 무엇을 바라겠는가?

화평은 '희락'(기쁨)을 선물로 제공한다. 바울은 로마서 5장 1-2절에서, "우리 주 예수 그리스도로 말미암아 하나님과 화평을 누리자 또한 그로 말미암아 우리가 믿음으로 서 있는 이 은혜에 들어감을 얻었으며 하나님의 영광을 바라고 즐거워하느니라"고 했다.[175] 즐거워하는 이유를 로마서 5장 1-2절에서 이미 자세히 설명해 놓았다. 믿음으로 예수 그리스도를 통하여 하나님의 은혜 안으로 들어왔고, 영광 안에서 하나님의 소망을 바라보고 있는데 즐거워하지 않을 수 있겠는가?[176]

기독교의 희락(기쁨)은 자기 본위가 아니다. 자기를 즐겁게 하기보다는 남을 즐겁게 하는 것이다. 남을 즐겁게 하므로 모두가 즐겁게 되는 것이다. 남을 불행하게 하고 자기를 기쁘게 함은 기독교의 희락이 아니다.

크리스천의 삶이 하나님과 사람과의 관계로 성립된다면, 이는 하나님의 사람들은 하나님과 이웃과의 균형잡힌 삶을 살아야 할 의무를 지닌다는 말이다. 만약 어떤 크리스천이 그리스도 안에서 자유라고 주장하면서 사람들과 올바른 관계를 유지하지 못하고 평화의 관계를 지켜나가지 못한다면, 그는 진정한 그리스도의 사람이라 할 수 없을 것이다. 크리스천이 의와 화평, 그리고 희락(기쁨)을 누리고 산다면 이것이 거룩한 산 제사이고(롬 12:1-2), 이런 삶은 반드시 하나님을 기쁘시게 할 것이다. 동시에 다른 사람들에게 인정을 받고 칭송을 받게 될 것이다(18절). 그러므로 화평을 도모하는 일과 서로 덕을

---

175) '즐거워하느니라'를 새번역은 '자랑합니다'로 번역했다. 두 가지 해석이 가능하나, 필자는 본문의 맥락으로 보아 전자를 선택했다. 이연길, 《로마서 주석》, 182-183 참고할 것.

176) 상게서, 182.

세우는 일은 동시적이다. 그리스도인이라면 이 모두를 힘써야 함은 두말할 필요가 없다(19절). 이것은 기독교의 본질에 속하는 요소다. 칼빈은 "의, 평화, 그리고 영적 기쁨이 있는 곳이면 어디나 하나님의 나라가 그 모든 면에 있어서 완벽하게 이뤄지기 마련이다"라고 했다.[177)]

그러므로 크리스천들은 자유를 행사하기 전에 이 일이 주를 위한 것인지(롬 14:7), 또 그 결과가 다른 이웃에게 어떻게 미칠 것인지를 반드시 생각해야 한다. 특히 내가 하는 일과 행동이 교인들의 화평과 교회 안의 덕을 세우는 일이 되는지도 반드시 생각해야 한다. 오늘날도 교회 안에서 신자들이, 신앙의 본질이 아닌 부차적인 문제들에 몰두하여 자유를 남용함으로 화평과 덕을 파괴하는 경우가 너무 많이 일어나 세상 사람들로부터 지탄의 대상이 되고 있다. 신자의 자유란 자기 뜻을 행하는 것이 아니라 주의 뜻을 따르는 것이다. 그리고 교회 안에 덕을 세우는 일은 예수의 몸인 교회를 세워나가는 길이다(엡 4:16).

하나님의 나라는 먹는 것과 마시는 것이 아니다(17절a).[178)] 그리스도인의 자유는 예수 그리스도만큼 제한을 받아야 하고, 내 이웃만큼 제한을 받아야 한다. 그래야 시시한 음식으로 하나님의 사업을 무너지게 하지 않을 것이다(20절).[179)] 그래야 자기가 가진 믿음으로

177) 칼빈, 《로마서 주석》, 429.

178) 교회 안에서 일어나는 분쟁들을 취급한다. 예를 들면 먹고 마시는 일이다(17a). 21절에는 고기를 먹는 것이나 술을 마시는 일이다. 이런 사소한 분쟁들이 하나님의 일을 망치기도 하고, 교회 성장을 방해하기도 한다. '먹고 마시는 일'은 제사 제도와 관계가 있거나 부패한 로마 사회와 관계가 있다. 고린도 교회에서도 큰 문제로 대두되었던 일들이다.

179) '사업'을 '작품'(포이에마-ποίημα)으로 이해하기도 한다. 지금은 비록 연약하기는

자기가 정죄를 받는 일은 없을 것이다(22절). 아무리 자유라고 하지만, 고기를 먹는 것으로, 포도주를 마시는 것으로 형제를 거리끼도록 하는 일을 하지 말라고 한다(21절). 형제를 거리끼게 함으로 도리어 자신이 정죄를 받게 된다.

칼빈은 다음과 같이 말한다.

> "우리는 살기 위해서 먹지 않으면 안 되지만, 주님을 섬기기 위해서 살지 않으면 안 된다. 친절하고 정중하게 자신의 이웃에게 덕을 베푸는 자만이 주님을 섬기는 사람이다. 화목과 덕을 세우는 일(harmony and edification), 이 둘이야말로 사랑의 모든 임무라 해도 과언이 아니다."[180]

"하나님의 나라"(17절)는 종말론적 미래의 왕국이 아니라, 이 땅에 세워지는 현재의 왕국을 말한다. 그러므로 바울이 말하는 하나님과의 평화는 오늘 이 땅에서 현실적으로 누리는 것이지 – 미래에 완성되는 것이 확실하지만 – 미래에 이뤄질 것을 의미하지 않는다. 기독교의 미래는 현재(now), 여기서(here) 결정된다. 그렇기 때문에 하나님의 나라는 먹고 마시는 것과 같은 외적인 것으로 결정되는 것이 아니다. 하나님의 은혜 안에서 '마음을 새롭게 함으로 변화를 받아'(롬 12:2) 현재 이곳에서 계속해서 이루어 나가는 것이다.

그리스도인이 힘써야 할 일은 "화평의 일과 서로 덕을 세우는 일"(19절)이다. 때로는 비본질적인 것에 교회의 에너지를 다 소비하고,

---

하지만, 그래도 하나님께서 이뤄 놓으신 작품인데 음식 때문에 망치지 말라는 내용으로 해석한다.

180) 칼빈, 《로마서 주석》, 430.

본질적인 내용에는 접근조차 하지 못하게 될 때가 많다. 음식도 마찬가지로, 이런 것에 목숨을 걸고 하나님의 사업을 무너지게 하지 말라고 한다(20절). 화평은 그리스도를 통하여 성령이 이뤄놓으신 일이다(엡 4:3). 덕을 세우는 일(오이코도메스)도 집짓는 일로서, 공동체를 세워나가는 일을 말한다. 이런 일들은 그리스도인들이 하나님의 은혜 안으로 들어갈 때만이 이뤄지는 것이지 먹고 마시는 일로 이뤄지는 것이 아니다. 사소한 시비로 이런 일들을 헐어서는 안 된다.

고기를 먹는 것은 자유다. 술을 마실 수도 있다. 만물이 다 깨끗하다. 그러나 어떤 사람에게는 악이 될 수 있다(20절). 그것 때문에 형제가 걸려 넘어진다면 먹는 것이나 마시는 것을 하지 말아야 한다(21절). 고린도 교회의 문제는 좀 다른 이슈였다. 즉 우상 제물을 먹는 것 때문에 일어난 문제다. 그러나 어떤 사람에게는 문제가 되지 않았지만, 어떤 사람에게는 걸려 넘어지는 장애물이 되었다. 바울은 약한 자들을 위하여 강자들이 자유를 희생해 달라고 부탁한다.

> "그런즉 너희의 자유가 믿음이 약한 자들에게 걸려 넘어지게 하는 것이 되지 않도록 조심하라"(고전 8:9).
> "그러므로 만일 음식이 내 형제를 실족하게 한다면 나는 영원히 고기를 먹지 아니하여 내 형제를 실족하지 않게 하리라"(고전 8:13).
> "모든 것이 가하나 모든 것이 유익한 것은 아니요 모든 것이 가하나 모든 것이 덕을 세우는 것은 아니니 누구든지 자기의 유익을 구하지 말고 남의 유익을 구하라"(고전 10:23-24).

바울은 음식과 절기는 신자들이 자유롭게 행할 수 있는 문제임을 알고 있는 사람들과 의견을 같이 하고 있었지만, 분명히 이런 자유는 다른 신자들을 배려하여 제한할 필요가 있다고 생각하였다. 그리스도께서 우리를 위해 자신을 버리셨듯이, 우리도 자기 만족이 아니라 다른 사람의 필요에 관심을 가져야 한다.

드디어 결론에 이른다. 22절은 자유를 주장하면서 무엇이든지 먹을 수 있다고 하는 사람들에게 주는 교훈이고, 23절은 절제를 주장하는 사람들에게 주는 교훈이다. 22절과 23절을 해석하기 위해서 먼저 여기서 사용된 믿음에 대한 정의를 내려야 한다. '네게 있는 믿음을 하나님 앞에서 가지고 살라.'

"네게 있는 믿음을 하나님 앞에서 스스로 가지고 있으라"(22절).

여기서 말하는 믿음은 무엇을 말하는가? 22-23절에는 '너의 믿음'(σù πίστιν) 또는 '믿음을 좇아'(에크 피스테오스-ἐκ πίστεως)라는 표현이 세 번이나 반복되어 나온다. '너의 믿음'이라고 하면, 믿는 자들의 믿음이 각각 다르다는 뉘앙스를 풍긴다.

그렇다면 어떻게 각각의 믿음이 다를 수 있단 말인가? 로마서 1장 17절에서 언급하였지만, 여기에 사용된 '믿음'(피스티스-πίστις)은 히브리어 '에무나'(אמונה)를 번역한 것으로 본래는 하나님에 대한 신실을 의미한다.[181]

더글라스 무(Moo)는 "여기 사용된 믿음(πίστις)은 '어떤 이의 믿음이 특이한 것을 하게 하다'라는 특별한 확신의 감정으로 이해해서는 안 된다"라고 하면서, 믿음은 신자들 속에서 각자가 다른, 오직 하나님에 대한 무조건적인 신뢰를 의미한다고 했다.[182] 그러므로 '네게

---

181) 이연길, 《로마서》, 65.
182) 던, 전게서, 512.

있는 믿음'은 당신이 가지고 있는 확신(as own your conviction)으로 해석해야 한다. 이 확신은 하나님 앞에서 가지는 확신인데, 하나님의 말씀에 비춰 보고, 그 진리와 자기 양심이 인정해 주는 확신이어야 한다. 자기 양심과 대치되어서는 안 된다는 말이다.

"믿음으로 좇아 하지 아니하는 모든 것이 죄니라"23절). 여기서 '믿음'은 말할 것도 없이 위에서 언급한 대로 하나님을 온전히 믿고 의지하는 신뢰를 뜻한다. 양심을 거역하며 다른 사람의 강요에 부응했다든지, 아니면 다른 사람의 강요에 의해서 확신도 없이 따라했다면 믿음으로 좇아 하지 아니한 것이다.

그러므로 자기의 확신대로 살아가라고 권한다. '믿음의 다양성'이다. 그러면서 통일성도 유지해 나가야 한다.

> "자기가 옳다 하는 바로 자기를 정죄하지 아니하는 자는 복이 있도다"(22절).

자기 자신이 먹는 것을 옳다고 여김으로 약한 자를 넘어지게 함으로써 자기 자신을 비난하는 것을 의미한다. 의심하고 먹는 자는 약한 자들이다. 무조건 하나님을 신뢰함으로 먹는 것이 아니라, 먹지 않음으로 하나님의 백성에서 제외된다는 억압 때문에 먹는 것을 의미한다. 아직 먹는 문제에 대하여 자기 확신이 서지 않은 채 먹는다는 뜻도 된다. 유대인들에게는 할례를 제외하고도 안식일법이나 정결법이 유대인의 정체성을 결정 짓는 크리테리아(criteria)이다.

예수님도 안식일법을 어겼다고 바리새인들이 헤롯 당원들과 결탁하여 죽이려고 했다(막 3:6). 그러므로 유대인들은 예수를 믿고 의롭다 함을 받았다고 해도 유대의 규범을 버리기를 주저했을 것이다. 이런 사람들을 향해 바울은 단호하게 결단을 촉구한다. "의심을 하면서 먹는 사람은 이미 단죄를 받은 것이다." 그리스도 안에 있으면서도 아직도 확신이 없다. 그래서 망설이며 마지못해 음식을 먹는 사람을 향해 하는 말이다.

> "믿음에 근거하지 않는 것은 다 죄입니다"(14:23. 새번역).

이 말을 긍정으로 바꿔 읽으면 "믿음(확신)에 근거하여 먹으라"는 말이 된다. 오직 하나님만 의지하고 신뢰하는 확신이 그리스도인에게는 필요하다.

적극적인 권고 (롬 15:1–6)

> "믿음이 강한 우리는 마땅히 믿음이 약한 자의 약점을 담당하고 자기를 기쁘게 하지 아니할 것이라 우리 각 사람이 이웃을 기쁘게 하되 선을 이루고 덕을 세우도록 할지니라 그리스도께서도 자기를 기쁘게 하지 아니하셨나니 기록된바 주를 비방하는 자들의 비방이 내게 미쳤나이다 함과 같으니라 무엇이든지 전에 기록된바는 우리의 교훈을 위하여 기록된 것이니 우리로 하여금 인내로 또는 성경의 위로로 소망을 가지게 함이니라 이제 인내와 위로의 하나님이 너희로 그리스도 예수를 본받아 서로 뜻이 같게 하여 주사 한마음과 한 입으로 하나님 곧 우리 주 예수 그리스도의 아버지께 영광을 돌리게 하려 하노라."

이 세상은 강자의 논리에 의하여 움직인다. 국가나 교회 공동체에서 평화가 무너지는 이유는 강자들이 자기들의 힘의 논리로 횡포를 부리기 때문이다. 우리 몸이 무너지는 이유도 몸의 균형이 깨졌기 때문이다. 몸의 균형이 깨지는 것은 몸의 악한 부분에 의해서 일어나는 것이 아니라, 강한 장기(臟氣) 때문에 약한 장기가 더 약해지면서 일어나는 현상이라고 한다. 하늘나라는 세상 논리와는 반대로 균형과 화평의 원리에 의해서 움직인다(롬 14:17). 누가복음 1장에 나오는 마리아의 찬가가 이를 잘 설명해 준다.

> "그의 팔로 힘을 보이사 마음의 생각이 교만한 자를 흩으셨고 권세 있는 자를 그 위에서 내리치셨으며 비천한 자를 높이셨고 주리는 자를 좋은 것으로 배불리셨으며 부자는 빈 손으로 보내셨도다"(눅 1:51-53).

로마서 15장은 로마 교회들의 문제를 해결하기 위하여 내린 마지막 처방이다. 즉 믿음이 강한 자가 믿음이 약한 자의 약점을 담당하라는 것이다(15:1). 1절은 강한 우리는 '마땅히…을 해야 한다(ought to)'로 시작한다. 반드시 해야 하는 일은, 강자가 약자의 짐을 나누어 지는 일이다.[183)]

본문에는 본래 '믿음'이란 단어가 없다. 단순히 '강한 자와 약한 자'라고만 되어 있다. 아마도 로마서 14장 13-23절에서 이미 믿음이 약한 자들의 문제를 다루었으므로 그 맥락에서 해석했기 때문에 '믿음이 강한 자와 약한 자'로 번역했을 것이다. 특별한 점은 바울

---

183) '약점'으로 번역된 '아스데네마타'(ἀσθενήματα)는 '그들의 약점', '약한', 즉 '결함이 있어서 부서지기 쉬운 것'이라는 의미도 있다.

자신이 강자의 대열(隊列)에 서서 강한 자들에게 경고하고 있다는 점이다.

"믿음이 강한 우리는 마땅히 믿음이 약한 자의 약점을 담당하고"(15:1).

'담당하다'(바스타제인-βαστάζειν)은 어떤 짐스러운 것을 담당하다는 뜻이다. '바스타제인'(βαστάζειν)이 '바스타조'의 현재 부정사이므로, 약한 자들은 현실적으로 어떤 무거운 짐에 눌려 있음을 시사한다. "약점을 담당하고"에서 '약점'(타 아스데네마타-τὰ ἀσθενήματα)에 '타'(τὰ)란 관사가 붙어 있어 '그 약점'이라고 한 점을 보아도 분명히 그들만이 안고 있는 어떤 무거운 짐에 눌려 있는 것이 분명하다. 이 문제는 강한 자들이 해결해 주어야 할 짐이다. 그래서 강한 자들이 약한 자들의 그 짐을 담당해 주어야 한다고 강조한다.

그리스도 안에서 자유를 누리며 사는 자들은 정녕 강한 자들이다. 그러나 그리스도 안에서 강함은 자기를 높이는 데 있는 것이 아니라, 도리어 약한 자들의 짐을 짊어지는 데 있다. 강한 자는 포기할 줄 알고, 희생할 줄 알며, 뒤로 물러설 줄도 알고 섬기는 자이다. 예수 그리스도의 삶이 그랬듯이 말이다.

약한 자들이 짊어지고 있는 그 짐이 무엇일까? 로마서 14장 1-12절에서는, 약한 자들이 고기를 먹지 않고 채소만 먹음으로, 강한 자들에 의해 비판을 받고 업신여김을 받고 있었음을 지적했다. 그리고 그 해결점으로 다른 입장에 서 있는 자들이 서로 배격하지 말고 받아들이고 인정하라고 권하였다.

14장 13-23절에서는, 강한 자들이 고기를 먹고 술을 마시는 문제로 형제자매 앞에 장애물을 놓음으로 교회의 화평이 깨지고 있는 문제를 다루면서, 상대방을 비판(심판)하지 말고 서로에게 장애물이나 거침돌을 놓지 않도록 주의하라고 권고했다. 그리고 15장에 와서는 자기의 신념이나 자유만을 고집함으로 같은 교인들에게 상처를 주고 무거운 짐을 지게 해서는 안 되며, 자기를 기쁘게 하지 말고 약한 자들의 약점을 돌보아주라고 한다.

지금까지 살펴본 대로, 로마 교회 안에는 전통과 관습이 다른 두 그룹이 함께 공존하고 있었다. 그들은 먹는 것과 마시는 것 그리고 종교적인 절기를 지키는 일에서 관점이 전혀 다른 사람들이다. 특히 유대인들은 전통적으로 지켜왔던 레위기의 정결법을 그대로 고집하고 있었는데, 정결법 규례 중에 핵심적인 것은 안식일법과 부정한 음식을 먹지 말라고 금지한 조항이다. 바울 당시에 돼지고기를 먹는 것이나 다른 음식을 먹는 문제가 심각했던 이유는, 이런 음식들은 모두 이방 신전에 먼저 바쳐진 다음에야 시장에 나올 수 있었기 때문이다. 그러니까 시장에 나온 음식을 먹는 것은 곧 우상숭배와 직결된 문제였다(고전 8:1-13, 10:1-33).

사도행전 10장 14절에, 베드로는 경건한 유대인으로서 속되거나 부정한 것을 먹는다는 생각에 치를 떠는 반응을 보였다.

> "주여 그럴 수 없나이다 속되고 깨끗하지 아니한 것을 내가 결코 먹지 아니하였나이다"(행 10:14).

이것은 당대 유대교에서 정결법을 유지하는 일에 얼마나 깊은 관심을 가지고 있었는가를 잘 보여주는 증거이다.[184] 정결법에 관한 문

184) 제임스 던, 전게서

제를 로마서 14장 1절부터 15장 13절까지 36절에 걸쳐 길게 다루었다. 이는 이런 갈등이 로마 교회 안에서 얼마나 심각한 문제였는가를 보여주는 단면일 것이다. 정결의식은 유대 공동체를 규정하고, 다른 이방인들과 구분 짓는 가장 분명한 수단 중 하나였기 때문이다. 그러므로 바울은 유대인과 이방인 간에 경계를 짓는 정결의식을 제거하려고 그처럼 노력한 것이다.

바울은 해결점을 제시하였다. 그런데 의외로 유대인들을 책망한 것이 아니라 이방인들에게 유대인들을 그대로 받아들이라고 권한다. 강한 자들 – 먹는 것이 자유로웠던 이방인들 – 이 약한 자들(정결법에 매여 사는 유대인)을 그대로 받아들이라는 것이었다. 그 이유는 절기를 지키는 문제나 먹는 문제가 기독교의 본질적인 문제는 아니기 때문이다(롬 14:5-8). 그리고 또 다른 이유는, 그리스도인은 자기를 기쁘게 하려고 사는 자들이 아니기 때문이다. 새번역은 "우리는 자기에게 좋을 대로만 해서는 안 됩니다"라고 번역했다.[185]

이방 크리스천들은 이전에는 자기를 위하여 산 사람들이다. 그러나 이제는 '예수 그리스도 안에 사는 자들'이 되어 그 중심이 예수 그리스도로 바뀐 자들이다. 이 점에 대해서는 지금까지 계속해서 강조해 왔었는데(롬 14:6-9, 18-19), 오늘 본문에서 또다시 그리스도인들의 행동 원리를 강조하며, 강한 자들을 압박한다. 그리스도인들의 행동 규범은 '자기를 기쁘게 하지 않는 것'이다. 그 길은 약자를 배려하고, 그의 약점을 담당하는 것이다. 약점을 담당하는 방법은 '우리 각 사

185) '기쁘게 하다'로 번역된 '아레스케인'은 '아레스코'(ἀρέσκω)의 현재 부정사다. '기쁘게 하려고 노력하다', 또는 '편의를 도모하려고 애쓰다'는 의미로, '아레스케인' 앞에 '메'(μὴ)라는 부정사를 사용해서 그렇게 하지 말라고 한 것은 현재 믿음이 강한 자들이 자기들에게 좋은 대로 행동하고 있기 때문임을 암시한다.

람이 이웃을 기쁘게 하되 선을 이루고 덕을 세우도록 하는 일'이다(2절). 교회 안에 화평은 반드시 '선을 이루고 덕을 세워야 하는' 면에서 화평이지, 악을 이루는 화평이나 평안은 있을 수 없다(롬 12:9).

사도 바울은 교회의 균형을 위하여 강한 자들을 누르고, 약한 자들의 짐을 나누어 지라고 강조한다. 자기가 좋은 대로만 하지 말고, 이웃을 기쁘게 하도록 힘쓰라고 한다.[186] 그 모범으로 예수 그리스도를 제시한다.

> "그리스도께서도 자기를 기쁘게 하지 아니하셨나니"(3절a).

약한 자들의 짐을 대신 짊어짐의 모범은 그리스도의 십자가이다(롬 15:5). 자기 자만에 빠져 살았던 바울은 예수 그리스도의 겸손이 마음에 큰 울림이 되었던 것 같다. 그래서 이렇게 고백했다.

> "그는 근본 하나님의 본체시나 하나님과 동등됨을 취할 것으로 여기지 아니하시고…종의 형체를 가지사…사람의 모양으로 나타나사 자기를 낮추시고 죽기까지 복종하셨으니 곧 십자가에 죽으심이라"(빌 2:5-8).

또 그리스도께서 자신을 기쁘게 하지 않으신 예로 시편 69편 6절을 인용한다.

시편 69편 6절과 로마서 15장 3절을 비교해 보자.

---

186) '화평'(에이레네-εἰρήνη)은 구약의 '샬롬'(שלום)이 그 기반을 이루고 있다. 베드로후서 3장 14절에서 "'에이레네'(εἰρήνη)는 내적인 평화나 은총을 의미하지 않고 하나님의 형상을 다시 회복한 완전한 인성의 안녕을 의미한다…따라서 평화는 인간 전체의 구원을 포함하고 있는데, 이 평화는 하나님의 권능으로서 이미 그리스도 안에 존재해 있다. 신약성서신학사전, 전게서, 219.

"(주 만군의 여호와여) 주를 바라는 자들이 나를 인하여 수치를 당하게 하지 마옵소서."
"주를 비방하는 자들의 비방이 내게 미쳤나이다"(3절).[187]

이 시편 69편은 여호와의 길을 이해하지 못하는 자기 백성과 싸운 경건한 자의 탄식 기도이다. 그런데 바울은 '나'(내게)를 예수님으로 바꾸고, 예수님 자신이 주 만군의 여호와께 기도하는 내용으로 대치했다. 제임스 던은 이 구절은 다음과 같이 번역해야 한다고 주장한다. "우리가 하나님을 멸시한 그 멸시를 그리스도께서 대신 감당하셨다." 그렇다면 바울이 시편 69편 6절을 인용한 이유는, 예수 그리스도가 자신을 기쁘게 하지 않고, 대신 악한 자들이 던지는 그 멸시를 담당했기 때문에 하나님께 영광이 되었다(롬 15:6)는 사실을 강조하고 싶었던 것이다.

다시 말해서, 바울은 이 기도문을 통하여 믿음이 강한 자들에게, "예수 그리스도가 하나님의 영광을 위해 기꺼이 멸시를 당했다면, '믿음이 강한 자' 당신들도 특정 음식에 대한 자신들의 갈망 정도를 버리는 것쯤은 해야 하지 않겠느냐"라고 반문하고 있는 것이다.

그리고 바울은 갑자기 성경의 교훈을 끄집어낸다(4절).

"무엇이든지 전에 기록된바는 우리의 교훈을 위하여 기록된 것이니 우

187) "주 만군의 여호와여, 주를 바라는 자들이 나를 인하여 수치를 당하게 하지 마옵소서"(시 69:6). 본래의 의미는 '불경건한 자의 하나님 모독을 경건한 자가 진다'는 뜻이다. 그러므로 로마서 15장 3절을 "다른 사람들의 멸시와 고통을 예수 그리스도가 대신 담당하셨다"라고 해석해서는 안 되고, 우리가 하나님을 멸시한 그 멸시를 그리스도께서 대신 감당하셨다고 해석해야 한다. John Knox, Romans(Interpreter's), 634.

리로 하여금 인내로 또는 성경의 위로로 소망을 가지게 함이니라."

이전에 기록된 성경은 우리에게 교훈을 주기 위한 것인데, 인내(휘포모네-ὑπομονή)를 가르쳐 주고 위로(파라클레세오스-παρακλήσεως)를 주므로, 이를 통하여 소망을 지니고 살게 하려 함이라는 뜻이다. 3절과 4절의 연결에 무리가 있음을 느낀다. 왜 '자기를 기쁘게 하지 않는 일'을 말하다가, 갑자기 '인내와 위로'를 강조하는 것인가? 인내와 위로가 어떻게 자신을 기쁘게 하지 않는 것과 연결되는가? 3절과 4절 사이에 큰 논리의 비약이 있다. 그렇다면 3절과 4절을 연결해주는 것은 무엇인가? 3절과 4절을 이어주는 단어는 "소망을 가지게 함이라"(4절)에서 찾아야 한다. 그렇다면 바울이 말하고자 하는 소망이란 무엇인가?

로마서 5장 1절로 돌아가보자. 로마서 5장 1절에서 믿음으로 시작된 여정의 최종 목적지는 '하나님과 화평'이라고 했다. '하나님과의 화평'은 공동체적 의미를 띤 사회적 용어다. 즉 그리스도 안에 들어간 자들이 하나님과 화평을 누리게 된다면, 그것은 또한 하나님 안에 들어간 사람들끼리의 화평을 의미한다. 하나님과의 화평(화목), 그리고 그리스도인들끼리 하나님 안에서 화평을 이루는 일이 우리를 향하신 하나님의 뜻이다.

로마서 12장 17-21절에서도 그 중심은 그리스도인들끼리의 화목(화평)이란 사실을 우리는 보았다. 그래서 예수님께서는 "화평하게 하는 자는 복이 있나니 그들이 하나님의 아들이라 일컬음을 받을 것임이요"(마 5:9)라고 하셨다. 이것은 십계명의 근본 정신이면서 동시에 십자가의 근본 정신이다. 그래서 바울은 에베소 교인들을 향하여 "평안의 매는 줄로 성령이 하나 되게 하신 것을 힘써 지키라"(엡 4:3)고 부탁했다. 이렇게 보면, 로마서의 총 주제는 결국 '화평'(εἰρήνη)이란 말로 집약된다.

'하나님과의 화평'은 '사귐'(κοινωνία-코이노니아)의 관계로 설명할 수 있다.

> "우리가 보고 들은 바를 너희에게도 전함은 너희로 우리와 사귐이 있게 하려 함이니 우리의 사귐은 아버지와 그의 아들 예수 그리스도와 더불어 누림이라"(요일 1:3).

'코이노니아'는 기본적으로 공동으로 무언가를 함께 나누는 행위나 상태를 뜻하는데, 바울이 이 용어를 기독교 어휘로 가져왔을 것이다. 바울에게 이 용어는 특히 공동 참여 내지는 무언가를 함께 나누는 것을 의미한다(고전 10:16-그리스도의 피와 몸; 고후 13:13-14와 빌 2:1-성령; 빌 1:5-복음; 빌 3:10-그리스도의 고난).[188]

여기서 말하는 '우리'는 이미 아버지와 예수 그리스도와 더불어 사귐을 누리고 사는 사람들이고, 이들이 복음을 전하는 이유는 사람들을 그 사귐 안에 들어오게 하려는 것이라고 한다. 그렇다면 하나님께서 그리고 있는 사귐이라는 큰 그림은, 하나님과 구원받은 자의 화평, 그리고 그리스도(하나님) 안에 있는 자들 간에 화평이다. 그런데 로마 교회 안에서는 이 화평(사귐)이 깨어지고 있다. 하나님이 소원하시는 큰 그림이 깨어지고 있다. 그렇기 때문에 바울은 인내와 위로를 제시한다. 즉 화평을 이루는 길은 예수 그리스도의 십자가

---

188) 제임스 던, 전게서, 587. 신약에서 열아홉 번 나오는데, 그중 열세 번이 바울 서신에 있으며, 나머지 여섯 번 가운데 네 번이 요한일서에 나온다.

의 인내만큼의 인내가 필요하고, 말씀을 통하여 주시는 하나님의 위로가 필요하다는 말이다. 이것은 오직 성경이 가르쳐 준다고 한다. 그래서 바울은 이렇게 선언하였다.

> "모든 성경은 하나님의 감동으로 된 것으로 교훈과 책망과 바르게 함과 의로 교육하기에 유익하니 이는 하나님의 사람으로 온전하게 하며 모든 선한 일을 행할 능력을 갖추게 하려 함이라"(딤후 3:16-17).

그 길은 하나님의 말씀이 주는 힘과 용기로 간다. 말씀이 우리를 온전케 만들어 줄 때, 그리스도인은 소망을 굳게 붙잡고 실행에 옮길 수 있다. '온전하게 하다'로 번역된 '아르티오스'(ἄρτιος)는 본래 '적합하다'라는 뜻을 지닌 '아로'(ἀρῶ)에서 파생한 형용사로서 '완전히 적합한'이란 의미를 함축하고 있다. 이것은 성경을 통한 네 가지 유익함이 하나님의 사람으로 하여금 그가 위임받은 사명에 완전히 '적합한 존재'가 되도록 만들어 주는 것을 시사한다."[189]

전도자 바울은 인내(휘포모네)가 얼마나 필요하며, 하나님의 말씀의 위로(파라클레토스)와 격려가 얼마나 필요한가를 복음 전파의 현장에서 날마다 경험하고 산 사람이다. 빌립보에서 매를 맞고 옥중에 갇혔던 때를 상상해 보자(행 16:16-26). 그는 그곳에서 하나님의 소원을 이루어 가려는 사람에게 인내가 얼마나 소중한가를 배웠고, 하나님이 주시는 위로가 어떤 것인가를 경험했다. 이런 경험을 통하여 바울이 배운 것은, 소망은 하나님께로부터 오고, 소망은 하나님의

189) 옥스퍼드, 전게서, 553.

능력으로 이뤄진다는 진리일 것이다. 그렇기에 하나님은 곧 인내와 위로의 하나님이라고 고백한다(5절).

로마서 15장 4절은 로마서 5장 3-5절의 요약이라고 할 수 있다.

“다만 이뿐 아니라 우리가 환난 중에도 즐거워하나니 이는 환난은 인내를, 인내는 연단을, 연단은 소망을 이루는 줄 앎이로다 소망이 우리를 부끄럽게 하지 아니함은 우리에게 주신 성령으로 말미암아 하나님의 사랑이 우리 마음에 부은 바 됨이니.”

로마서 5장 5절에, 소망이 우리를 부끄럽게 하지 아니한다고 했다. 로마서에서 말하는 소망은 무엇인가? 로마서 15장 5-6절에서 이미 그 해답을 제시하였다. 소망은 하나님께서 이루어 주시는 것이고, 이는 그리스도인들이 “그리스도 예수를 본받아 서로 뜻이 같게 하여 주사 한마음과 한 입으로 하나님 곧 우리 주 예수 그리스도의 아버지께 영광을 돌리게 하려는 것이다”라고 했다. 그리고 이런 일은 성령으로 말미암아 하나님의 사랑을 우리 마음에 부어주심으로 이뤄진다고 했다(롬 5:5b). 여기서 강조된 말은 ‘예수를 본받아’, ‘서로 뜻이 같게 하여 주사’, ‘한마음과 한 입으로’, 그리고 ‘예수 그리스도의 아버지께 영광을 돌리게 하다’이다.

하나님의 소원은 예수 그리스도의 정신과 그가 보여준 모범대로 신앙공동체가 단합될 때만, 로마의 기독교인들이 ‘한마음으로’ 행하고, ‘한 입으로’ 말할 수 있을 때만 이뤄진다. 그렇게 할 때만이 하나

님이 받으시기에 합당한 영광을 하나님께 돌릴 수 있게 된다.[190]

이런 환상을 가장 잘 보여주는 곳이 에베소서 2장 20-22절이다. 예수 그리스도가 모퉁잇돌이 되어, "그의 안에서 건물마다 서로 연결하여 주 안에서 성전이 되어 가고 너희도 성령 안에서 하나님이 거하실 처소가 되기 위하여 그리스도 예수 안에서 함께 지어져 가느니라"(엡 2:21-22)고 했다.

이런 바울의 꿈은 요한계시록에서 바라는 소망과 일치한다.

> "세상 나라가 우리 주와 그의 그리스도의 나라가 되어 그가 세세토록 왕 노릇하리로다"(계 11:15).

이런 소망 때문에 그리스도인들은 예수 그리스도가 자기를 기쁘시게 하지 않고 십자가를 지셨던 것처럼, 그리스도인들에게도 이런 소망이 있기 때문에 자기만을 기쁘게 하지 않을 것이며, 동시에 믿음이 강한 자들은 약한 자들의 짐을 마땅히 담당해야 한다.

그렇다면 바울은 유대인 편에만 서 있는 것이 아닌가 하고 반문할 수밖에 없다. 믿음이 강한 자(이방 크리스천)들에게 믿음이 약한 자를 무조건 받아들이라고 권고하고 있기 때문이다. 하지만 다음 구절에서 이 문제에 대한 해답이 주어진다.

190) 무(Moo), 전게서, 1166

소망의 하나님을 찬양하라 (롬 15:7-13)

> "그러므로 그리스도께서 우리를 받아 하나님께 영광을 돌리심과 같이 너희도 서로 받으라 내가 말하노니 그리스도께서 하나님의 진실하심을 위하여 할례의 추종자가 되셨으니 이는 조상들에게 주신 약속들을 견고하게 하시고 이방인들도 그 긍휼하심으로 말미암아 하나님께 영광을 돌리게 하려 하심이라 기록된바 그러므로 내가 열방 중에서 주께 감사하고 주의 이름을 찬송하리로다 함과 같으니라 또 이르되 열방들아 주의 백성과 함께 즐거워하라 하였으며 또 모든 열방들아 주를 찬양하며 모든 백성들아 그를 찬송하라 하였으며 또 이사야가 이르되 이새의 뿌리 곧 열방을 다스리기 위하여 일어나시는 이가 있으리니 열방이 그에게 소망을 두리라 하였느니라 소망의 하나님이 모든 기쁨과 평강을 믿음 안에서 너희에게 충만하게 하사 성령의 능력으로 소망이 넘치게 하시기를 원하노라."

바울의 권고는 한 차원 더 높이 올라가서 "서로 받으라"(롬 15:7)고 권면한다.

강한 자와 약한 자가 하나 되는 길은 강한 자가 약한 자의 약점을 담당하는 길뿐이라고 했다(롬 15:1-6). 그러나 이것은 이방인에게만 양보를 권하는 것이 아니라, 서로가 서로의 짐을 짊어져 주어야 한다는 말로써 피차간에 크리스천의 의무를 실천할 것을 권한다. 로마서 14장 1절에서도 서로 받으라고 이미 권고하였다. 그러나 15장 7절에서는 두 번이나 "서로 받으라"고 권고한다.

처음에 사용된 '프로세랍베토'(προσελάβετο)는 그리스도께서 우리를 받아주셨던 사실에 대한 언급이고, 두 번째 '받으라'(프로스람바네스데-προσλαμβάνεσθε)는 성도들끼리 서로 받아들이라는 의미로 교인들에게 썼다. 예수 그리스도께서 우리를 받아주셔서 하나님께 영광을 돌리셨던 것처럼, 너희도 서로 받아들여 하나님께 영광을 돌리라고 한다. 유대인과 이방 크리스천들이 서로 받아들이는 것이 예수 그리스도께서 우리를 받아들이신 것만큼 하나님께 영광이 된다는 말이다.

여기서도 받아들임의 모범으로 그리스도의 모델을 제시한다. 그리스도께서 우리를 받아들이신 것은 쉬운 일이 아니었다. 십자가의 고통을 당하시면서도, 온 인류가 하나님 안에서 하나 되는 그 소망 때문에 인내하심으로 끝까지 이루어 내신 것이다. 마찬가지로 우리도 서로 받아들이기 위해서 그리스도가 밟으셨던 과정을 밟아야 한다. 낮아지고, 고통 속에서 인내하고, 서로 섬기며 소망의 위로를 바라보아야 한다. 그곳에 성령을 통한 하나님의 도우심이 있어야 함은 물론이다.

"너희도 서로 받으라"(7절b).

십자가는 유대인과 이방인을 동시에 하나님의 자녀로 받으신 표다.

> "하나님은 신실하신 분이십니다. 하나님께서는 여러분을 부르셔서 그 아들 우리 주 예수 그리스도와 친교를 가지게 하여 주셨습니다"(고전 1:9, 새번역).

그런데도 로마에서는 십자가로 하나 된 교회가 유대와 이방인으로 갈라지고 있다. 이것은 십자가를 무력화시키는 것이고, 주께 죄를 짓는 것이다.

> "이같이 너희가 형제에게 죄를 지어 그 약한 양심을 상하게 하는 것이 곧 그리스도에게 죄를 짓는 것이니라"(고전 8:12).

누구도 십자가로 이뤄낸 하나 됨을 나눌 수 없다. 예수 그리스도를 나눌 수 없는 것처럼 말이다. 바울이 그처럼 유대인과 이방인을 하나로 묶어 하나님께 드리려 하는 이유도 바로 십자가 때문이다. 그는 에베소 교인들의 불화를 봉합하기 위해서도 다음과 같이 권고한다.

> "그는 우리의 화평이신지라 둘로 하나를 만드사 원수 된 것 곧 중간에 막힌 담을 자기 육체로 허시고 법조문으로 된 계명의 율법을 폐하셨으니 이는 이 둘로 자기 안에서 한 새 사람을 지어 화평하게 하시고 또 십자가로 이 둘을 한 몸으로 하나님과 화목하게 하려 하심이라"(엡 2:14-16a).

이젠 강자도 약자도 없다. 그리스도 안에서 한 형제자매만 있을 뿐이다.

> "유대인에게나 헬라인에게나 하나님의 교회에나 거치는 자가 되지 말고 나와 같이 모든 일에 모든 사람을 기쁘게 하여 자신의 유익을 구하지 아니하고 많은 사람의 유익을 구하여 그들로 구원을 받게 하라 내가 그리스도를 본받는 자가 된 것같이 너희는 나를 본받는 자가 되라"(고전 10:32-11:1).

'그리스도께서 할례의 추종자가 되셨다'(8절).

추종자(디아코노스-διάκονος)라는 단어는 집사(디아코노스-διάκονος)와 동일한 단어이다. 즉 봉사자를 의미한다. 그러므로 '할례의 추종자'는 '할례 받은 자의 추종자(봉사자)'라고 하면 이해가 쉬울 것이다.

여기서 바울은 예수께서 유대인을 섬기기 위하여 오심을 설명하기 위하여 '추종자'라는 다소 불편한 용어를 사용한다. 그러나 이 말은 주께서 할례의 추종자로 오셔서, 유대 조상들에게 주신 약속들을 견고하게[191] 세워주셨다는 말을 하고 싶었을 것이다. 로마서 9장 5절에서는 '그리스도가 그들에게서 나셨다'고 했다. 이는 예수 그리스도는 유대인뿐 아니라 이방인도 받아들이신 분이지만, 그분은 여전히 유대인의 메시아라는 사실을 강조함으로 '강한 자'에게 유대인을 그리스도 안에 형제자매로 받아들여야 한다고 강력하게 상기시켜 주려는 의도이다.[192]

'할례의 추종자'를 갈라디아 4장 4-5절에서는 '율법 아래 나서 율법 아래 있는 자를 구원하는 자'라고 했다. 할례의 추종자로 오신 예수 그리스도는 물론 유대인을 구원하시는 분이다. 그러나 여기서 강조하고 싶은 것은 그리스도는 양쪽 모두를 만족시켜 주시는 분이라는 점이다.

첫째는, 유대 조상들에게 주신 약속들이 성취될 것이라고 보증하셨고, 둘째로는, 그렇다고 해서 이방인들을 배제하는 것이 아니라 그들을 포함하는데, 이는 처음부터 조상들과의 언약은 '모든 족속'이 하나님의 복을 받을 것이라고 약속했기 때문이다.[193] 그리하여 유대인이나 이방인이 하나님의 한 자녀가 되어 하나님께 영광을 돌리게 하셨다(9절).

찬양은 이방인도 하나님께서 받으심에 대한 감사 찬양이다(9절b).

---

191) '견고하게 하다'(베바이오사이-βεβαιῶσαι)란 동사는 법률적 용어로서 약속이 성취될 것이라는 확실성을 가리킨다. 로마서 9-11장에서 유대인에 대한 약속의 성취가 다루어졌다. 슈라이너, 전게서, 884.

192) 던, 전게서, 549.

193) 슈라이너, 전게서, 886.

이방인은, 자기들은 하나님의 구원적 인애를 받을 만한 자격이 없었던 자들인데 그 은혜를 받은 사람들이기 때문에 하나님을 찬송한다. 그러나 10절에서는 이방인의 찬양이 '주의 백성과 함께' 하는 즐거움으로 확대된다. 11절에서는 이방인은 주를 찬양하며, 모든 백성들이 주를 찬송하라고 한다. 유대인과 이방인 모두는 그처럼 놀라운 방식으로 복을 받았기 때문에, 그들은 자기와 다른 공동체 안의 사람들을 받아들여야 할 만큼 '받아들임'이 확대되어야 한다는 사실을 찬양으로 나타낸다. 마침내 유대인과 이방인은 이새의 뿌리, 열방을 다스리기 위하여 오신 그분에게서 하나가 되었다. 그리고 그 분 안에 소망을 두어야 한다(12절).

소망의 하나님이시다(5, 13절). 소망의 원천이시다. 우리 안에 소망을 창조하시는 하나님이시다. 그리고 반드시 그 소망을 이루시는 하나님이시다. 동시에 이 칭호는 하나님이 소망의 대상임을 가리키기도 한다.[194] 유대인이나 이방인이 한 소망 안으로 부름을 받았고, 한 소망 안에서 이들은 하나이다(엡 4:4-6).

소망을 주시는 믿음 안에서 기쁨과 평강을 충만케 주시기(12절)를 기도한다. 기쁨과 평강은 소망의 하나님에게 기초를 두고 있다. 하나님을 더욱 신실하게 신뢰하고 의지할수록 기쁨과 평강은 더욱 충만해진다. 그러나 하나님을 신실하게 의지할 수 있는 것은 성령의 능력이시다. 그것은 소망의 풍성으로 이어진다. 소망이 '넘치다'(페릿슈에인-περισσεύειν)라는 단어는 '초과하다', '넘치다', '풍성하다'는 뜻을 나타내는 현재 부정사이다. 소망의 풍성함 아래 유대인과 이방인은 하나 된

194) 존 머리, 전게서, 722.

다. 그리하여 하나님께 영광을 돌리게 된다.

"성령의 능력으로 소망이 넘치게 하시기를 원하노라"(13절b).

바울의 사도적 근거(롬 15:14–21)

"내 형제들아 너희가 스스로 선함이 가득하고 모든 지식이 차서 능히 서로 권하는 자임을 나도 확신하노라 그러나 내가 너희로 다시 생각나게 하려고 하나님께서 내게 주신 은혜로 말미암아 더욱 담대히 대략 너희에게 썼노니 이 은혜는 곧 나로 이방인을 위하여 그리스도 예수의 일꾼이 되어 하나님의 복음의 제사장 직분을 하게 하사 이방인을 제물로 드리는 것이 성령 안에서 거룩하게 되어 받으실 만하게 하려 하심이라 그러므로 내가 그리스도 예수 안에서 하나님의 일에 대하여 자랑하는 것이 있거니와 그리스도께서 이방인들을 순종하게 하기 위하여 나를 통하여 역사하신 것 외에는 내가 감히 말하지 아니하노라 그 일은 말과 행위로 표적과 기사의 능력으로 성령의 능력으로 이루어졌으며 그리하여 내가 예루살렘으로부터 두루 행하여 일루리곤까지 그리스도의 복음을 편만하게 전하였노라 또 내가 그리스도의 이름을 부르는 곳에는 복음을 전하기 않기를 힘썼노니 이는 남의 터 위에 건축하지 아니하려 함이라 기록된바 주의 소식을 받지 못한 자들이 볼 것이요 듣지 못한 자들이 깨달으리라 함과 같으니라."

"나는 확신합니다"로 시작되는 문장이다. 그리고 "나의 형제들이여!" 하고 부른다. '확신하다'(페페이스마이-πέπεισμαι)는 완료 수동형이다. 이것은 이미 오래전부터 확신하였고, 그 확신이 지금까지 지속되고 있음을 나타낸다. 그리고 수동형은 이 판단이 주관적이 아니라 객관적으로 드러난 사실로 저절로 확신할 수밖에 없었다는

의미다.[195)]

'확신'이란 단어로 미루어 바울은 로마 형제들에 대하여 잘 알고 있었다는 사실을 알 수 있다. 그렇다면 확신의 내용은 무엇인지, 그리고 갑자기 지극히 다정한 어조로 로마 교회의 형제자매들을 부르는 이유는 무엇인지, 갑자기 어조가 변해서 교인들을 칭찬하기 시작한 것을 보면, 사도 바울은 지금까지(롬 14:1-15:13) 로마 교우들을 너무 심하게 몰아붙였다고 생각하는 것 같다. 사도 바울은 종종 자신의 주장을 조금은 강직하게 펴고 나서는 좀 더 부드럽게 말하기도 한다.[196)]

확신하고 있는 내용을 설명한다. 로마 교인들은 '선함이 가득하고'(full of goodness), '모든 지식이 찼고', '서로 권면하는 분들'이라고 한다.[197)] 선하다는 표현은 그리스도인에게 요구되는 합당한 성품을 의미한다. '선함'을 성령의 열매로 해석하기도 하나, 그처럼 지나치게 포장할 필요는 없을 것이다. '모든 지식'도 기독교 전반에 관한 모든 지식이라는 의미보다는, 그들이 가지고 있는 선함을 실천할 수 있는 지식을 말한다. 사실 바울이 지금까지 좀 심하게 그것도 장황하게 명령하기도 하고, 권고하면서 가르쳤는데, 사실대로 말하면 로마 교인들은 이 모든 문제를 스스로 해결해 나갈 수 있는 자정능력(自淨能力)이 있음을 바울은 알고 있다고 함으로 그들을 추켜세운다.

존 머리는, '선함'(아가도쉬네스-ἀγαθωσύνης)은 야비하고 악한 것과 반대되는 미덕으로서 정직, 친절, 덕스러운 마음과 생활을 포함한다

---

195) 옥스퍼드, 전게서, 510.

196) 크리소스톰, 전게서, 525.

197) 새번역 성경 번역이 더 분명하다. "나의 형제자매 여러분, 나는 여러분 마음에 선함이 가득하고, 온갖 지식이 넘쳐서, 서로 권면할 능력이 있음을 확신합니다"(롬 15:14).

고 해석한다.[198] 그리고 '지식'은 기독교 신앙에 대한 이해이며, 특별히 다음 구절에 나오는 서로 권면할 능력이 있다는 것과 관계가 있고, 특히 이 두 가지 사실이 언급된 것은 앞부분(14:1-15:13)에서 다루던 주제와 관계가 있다고 한다.[199] 선함은 강한 자가 연약한 자에게 상처를 줄 수 있는 일을 삼가하게 하는 자질이고, 지식은 연약한 믿음을 바로잡아 주는 재능이라고 한다.[200]

그렇다면 지금 바울은 이 글을 쓰면서 누구를 마음에 두고 있을까? 그들이 유대 기독교인인지, 이방 크리스천인지 밝히지는 않았지만, 바울의 마음속에 있는 칭찬의 대상은 주로 이방인 그리스천들을 향하고 있다. 왜냐하면 로마서 15장 1-6절까지 이방 크리스천들에게 유대 크리스천들을 그대로 받아들이라고 특별히 강조하였기 때문이다. 그렇다면 이방 크리스천들을 그처럼 칭찬하는 이유는 무엇인가? '좀 더 담대히'라는 표현에서 그 이유를 찾을 수 있다(15절).

15절의 문장은 '담대히'로 시작한다. '담대히'(톨메로테론-τολμηρότερον)는 비교급으로 '좀 더 용감하게', '좀 더 대담하게'란 뜻이다. 또한 '대강'으로 번역된 '아포 메루스'(ἀπὸ μέρους)는 '부분적으로', '어떤 면에서'(on some points)라는 뜻이다. 그러니까 어떤 부분에서는 좀더 대담하게 썼다는 것을 인정하는 셈이다(14:3, 4, 10, 15). 과감하게 써보내면서 그들의 감정을 상하지 않게 하려는 바울의 인간적인 면모를 보여주는 대목이다.

왜 그처럼 '담대하게' 편지를 쓰게 되었는지를 설명한다(15절). 그

198) 존 머리, 전게서, 725.
199) 상게서, 725.
200) 상게서, 725.

이유는 두 가지로 설명한다. 첫째는, 로마에 있는 교우들에게 다시 생각나게 하려고 강하게 썼다고 한다. 이 말은 로마서 앞부분에서 언급한 내용을 다시 기억나게 하려고 썼다는 말인지, 아니면 로마 교인들이 이미 알고 있는 바를 다시 기억하게 하려고 강하게 썼다는 말인지 분명하지 않다. 그러나 여기서는 로마 교회의 성도들로 하여금 이미 알고 있던 진리를 다시 생생하게 마음에 되새기게 하려 함이라고 해석하는 게 좋을 것이다.[201] "내가 너희로 다시 생각나게 하려고"(15절)라는 말은, 현재 로마에서 교회를 인도하며 가르치고 있는 사람들 – 브리스가와 아굴라 등 – 이 바르게 기독교의 진리를 가르치고 있다고 믿고 있다는 것을 암시한다.

좀 더 강하게 쓴 두 번째 이유는, 하나님께서 주신 은혜 때문이라고 한다. 그 은혜는 하나님께서 자신을 이방인의 사도로 세워주신 것이다. 이방인 사도로 세워주신 것을 감사해서 좀 더 강하게 썼다는 말이다. 다시 말하면, 자신은 이방인 사도로서 그들을 바르게 가르쳐서 하나님이 받으실 만한 사람들로 하나님 앞에 세우려고 좀 강하게 썼다는 말이다. 마치 제사장이 정결한 제물을 하나님께 드리려고 노력하는 것처럼, 이방인들을 하나님께서 기쁘게 받으실 제물로 만들어 하나님께 드리고 싶어서 그리했다는 말이다(16절b). 이것은 이방인들이 좀 더 거룩한 삶을 살도록 다시 강조하는 것이다.[202]

---

201) "다시 생각나게 하려고"로 번역된 '에파나밈네스콘'(ἐπαναμιμνῆσκων)은 '에파나밈네스코'(ἐπαναμιμνήσκω)의 현재 분사이다. 이 단어는 '위에'란 전치사 '에피'(ἐπί)와 '가운데 혹은 각각'이란 전치사 '아나'(ἀνά)와 '회상하다, 기억하다'라는 뜻이 있는 동사 '밈네스코'(μιμνήσκω)의 합성어로 하나하나를 세밀하게 기억에 떠올린다는 강조의 의미가 있다. 현재 분사형은 이러한 기억이 마음에서 떠나지 않는 상태를 지속시킨다는 뜻이다. 옥스퍼드, 전게서, 512.

202) 고린도후서 11장 2절에서는 자신을 중매쟁이로 소개한다. 로마서 15장 16절에서는

비슷한 의미로 고린도후서에서 바울은 자신을 중매쟁이로 비유하면서, 자기의 사명은 모든 사람을 정결한 신부로 한 남편인 그리스도 앞에 서게 하는 것이라고 했다(고후 11:2).

그렇다면 어떻게 해야 그들을 하나님이 받으시는 제물이 되게 할 수 있는가? 그것은 성령으로만 이뤄진다(16절). 성령이 아니고는 누구도 거룩하게 될 수 없다. 그런데 성령으로 거룩하게 되게 하려면, 복음을 받아들인 그들이 말씀에 기초하여 순결하게 살도록 해야 한다. 여기에 필수적으로 동반되어야 하는 것은 또한 순종이다(18절). 그래야 성령이 역사하고, 그 결과 하나님이 받으실 만한 제물이 된다. 이런 이유로 바울은 어떤 주제에 대해서는 좀 더 강조했다고 한다.

'제물'(16절)과 '산 제사'의 이미지를 학자들은 이사야 66장 20절에서 찾는다.

> "나 여호와가 말하노라 이스라엘 자손이 예물을 깨끗한 그릇에 담아 여호와의 집에 드림같이 그들이 너희 모든 형제를 뭇 나라에서 나의 성산 예루살렘으로 말과 수레와 교자와 노새와 낙타를 태워다가 여호와께 예물로 드릴 것이요."

그러나 '산 제물'의 이미지는 가까운 데서 찾아야 한다. 산 제물의 이미지는 로마서 12장 1-2절과 연결된 것으로 이해해야 한다. 12장 1-2절에서는 유대인이나 이방인이나 '몸으로 드리는 예배'로써 하나님께 드려지기를 바라는 것이 바울의 소원이라고 했다. 그러나 본문

이방인을 위한 제사장으로 소개한다. 두 이미지에서 강조하는 바는 '정결한 사람'으로 그들이 모두 하나님 앞에 살기를 바라는 마음의 표현이다.

에서는 이방인들을 지목하여, 이방인들을 '산 제물'로 하나님께 바치는 것이 자기의 소원이라고 한다. 그런데 자기의 이런 간절한 소원대로 성령께서 이루어 주셨다고 한다.

> "그러므로 내가 그리스도 예수 안에서 하나님의 일에 대하여 자랑하는 것이 있거니와 그리스도께서 이방인들을 순종하게 하기 위하여 나를 통하여 역사하신 것 외에는 내가 감히 말하지 아니하노라"(17–18절).

여기서 다시 '순종'을 강조한다. '믿음과 순종'이란 주제(formula)는 로마서 1장 5절에서 시작하여, 로마서 전체를 통하여 일관되게 전개되고 있다. 순종에는 올바른 지식이 요구된다. 그리고 적극적인 행동이 요구된다. 바울은 유대인들이 하나님의 의에 이르는 바른 지식 없이 잘못된 곳에 열정을 쏟음으로써 하나님으로부터 멀어진 것에 대하여 굉장한 자극을 받은 것으로 보인다(롬 10:2-3). 그리하여 특별히 이방인들에게 믿음과 순종을 강조한다.

18절에는 '가르'(γάρ)와 함께 'οὐ...οὐ' 용법이 사용되었다. '가르'는 바울 자신이 하나님의 일에 대하여 자랑하는 이유를 설명하는 접속사다. 'οὐ...οὐ'는 이중 부정이다. 이 일을 이룬 것은 자신이 아니라(οὐ)고 선언한다. 그리스도께서 바울 자신을 사용하셔서 이 일을 이루어 놓으셨을 뿐이다. 그래서 그는 그것 외에는 아무 말도 하지 않겠다(οὐ)고 선언한다.

지금까지 이방인 안에서 이뤄진 일들은 그리스도께서 이루어 주셨고, 자기는 통로가 되었을 뿐이므로 자기에게는 자랑할 것이 없다는 고백이다(18절). '역사하신 것'이라는 의미의 헬라어 '카테르가사토'는 '성취하다', '완수하다' 등을 뜻하는 '카테르가조마이'(κατεργάζομαι)의 부정 과거형이다.[203] 그리스도께서 자기를 통하여 지금까지 계속해서 성취해 오셨다는 의미다. 그리하여 자신은 이방인들을 산 제물처럼 하나님 앞에 드릴 수 있었고, 이방인 그리스도인들은 하나님께 바쳐진 제물처럼 거룩하게 살게 되었다는 것이다.

이방인들은 더럽고 추한 풍토에서 살았다. 소망이 없고 그리스도 밖에서 살았다. 그러나 바울 사도의 복음 전파로 인하여 그들이 이제는 하나님 안으로 옮겨져서 거룩한 백성으로 살게 되었다. 이것은 바울의 기도요 헌신이고, 땀의 결실이다. 그러나 이런 결실의 열매도 자기의 노력으로 된 것이 아니라, 성령께서 하셨다고 고백한다.

> "그 일은 말과 행위로 표적과 기사의 능력으로 성령의 능력으로 이루어졌으며"(18절b-19절a).

이것은 성령께서 어떻게 일하셨는가를 잘 보여주는 내용이다. 내용을 간단하게 요약하면, 먼저 바울이 전파한 말씀이 있었고, 그의 행동(로고 카이 엘고-λόγῳ καὶ ἔργῳ)이 있었다. 그리고 표적과 기사의 능력(엔 뒤나메이 세메이온 카이 테라톤-ἐν δυνάμει σημείων καὶ τεράτων)이 일어났다. 이 일은 성령의 능력으로(엔 뒤나메이 프뉘마토스-ἐν δυνάμει πνεύματος) 되었다. 그 결과 이방인들이 복음을 받아들이고, 거룩하게 살게 되었다(18b-19절a). '표적과 기사의 능력'은 히브리서 2장 4절과 고린도후서 12장 12절에도 나오는 표현으로, 여기서는 고린도에 오기 바로 전에 에베소에서 있었던 표적과 기사를 의미하는 것으로 보인다. 에베소에서 하나님께서 바울의 손으로 놀라운 능력을 행하셨는데, "심지어 사람들이 바울

---

203) 옥스퍼드, 전게서, 516.

의 몸에서 손수건이나 앞치마를 가져다가 병든 사람에게 얹으면 그 병이 떠나고 악귀도 나가는" 일들이 일어났다(행 19:11-12).

여기서 성령이 역사하시는 공식(formula)이 밝혀졌다. 표적과 기사가 일어난 근거는 바울이 전하는 말씀과 그의 행동이었다. 그리고 성령께서는 그 말씀과 행동에 근거해서 일하신다. 그곳에 표적과 기사가 일어난다.[204] 18절에 '나를 통하여 역사하신 것 외에'라는 표현이 이를 뒷받침해 준다. 하나님의 말씀이 바르게 전달될 때, 성령께서 그 말씀 위에 역사하시는 예(例)는 성경의 많은 곳에서 나타난다(행 10:44-46, 13:48-52). 그 결과 복음이 예루살렘으로부터 일루리곤까지 편만하게 전파될 수 있었다.

이 말씀은 로마서 10장 14절a에서 바울이 선포했던 말을 생각나게 한다.

> "전파하는 자가 없이 어찌 들으리요 보내심을 받지 아니하였으면 어찌 전파하리요…아름답도다 좋은 소식을 전하는 자들의 발이여."

드디어 바울이 로마 교우들에게 하고 싶은 핵심 주제로 들어간다.

> "내가 예루살렘으로부터 두루 행하여 일루리곤까지 그리스도의 복음을 편만하게 전하였노라"(19절).

---

204) 히브리서 2장 4절에서는 '표적과 기사'는 하나님께서 성령을 통하여 이루신 일이라고 말하고 있고, 고린도후서에서는 모두 바울 자신의 사역을 나타내는 데 사용되었다(고후 12:12).

예루살렘으로부터 일루리곤까지 말씀을 편만하게 전했다는 말은 놀라운 선언이다(롬 15:19). 일루리곤은 로마제국의 속주로서, 마케도니아의 서북부 지역을 가리킨다. 현재의 유고슬라비아의 일부, 그리고 크로아티아 남쪽 지역 즉 아드리아 해를 건너 이탈리아 땅을 바라보는 동쪽 연안 지역이며, 동시에 마케도니아의 서북쪽 지방이다. 이런 광활한 땅에 복음을 다 전하고, 이제는 "이 지방에 일할 곳이 없다"라고 선언한다. 이로써 바울의 복음 전파 사역이 예루살렘으로부터 일루리곤까지 이르는 지역에서 완수되었다는 것을 의미한다.[205]

"예루살렘으로부터 두루 행하여 일루리곤까지"(19절)에서 '두루'를 개역개정에서는 '편만하게', 새번역에서는 '두루'로 번역했다. 19절의 영어 번역은 'As far around as Illyricum. I have fully proclaimed the good news'이다. 원래 '두루'를 나타내는 헬라어 '퀴클로'(κύκλῳ)는 '동그라미', '원'(circle)을 뜻한다. 학자들은 '두루'란 말을 활 모양으로 이해하려고 한다. 동방의 한구석인 예루살렘에서 시작된 복음이 비시디아 안디옥으로, 거기서 에베소와 고린도까지, 그리고 고린도에서 일루리곤까지 전파되었다면,[206] 이는 활 모양의 반에 해당하는 지역이 된다. 그리고 바울은 이런 광대한 지역에 복음을 전했다는 의미다. 놀랍고 자랑스런 일인데, 이 영광도 바울은 성령께서 능력으로 역사하셔서 이런 광대한 지역에 복음 사역이 된다. 그리고 바울은 이런 광대한 지역에 이뤄졌다고 겸손하게 고백한다. 그 결과로

205) 슈라이너, 전게서, 904.

206) 고대 일루리곤은 현대의 유고슬라비아 및 알바니아와 대체로 일치한다. 현재는 크로아티아, 세르비아, 마케도니아, 그리고 코소보로 나뉘어 있다. 바울이 말한 일루리곤 지역은 남부 지역으로 마케도니아와 알바니아와 코소보, 세르비아 지역을 말한 것으로 본다.

더 이상 복음을 전할 곳이 없다고 한다. 이것이 그가 스페인까지 나가려고 하는 이유이다.

바울은 언제 일루리곤까지 찾아가 복음을 전했을까? 바울이 직접 일루리곤까지 가서 설교를 했다는 말일까? 아니면 일루리곤의 동쪽과 남쪽 지역까지 그의 일이 확장되었다는 것일까? 슈라이너는 '두루'라는 말의 의미를 바울의 고백에서 찾으려고 한다.[207] 첫째는, "이제는 더 이상 이곳에서는 복음 전할 곳이 없다"라고 고백한 것과 둘째는, "내가 그리스도의 이름을 부르는 곳에는 복음을 전하지 않기를 힘썼노니"(20절)라고 한 것이다.

바울이 마게도냐까지 다니면서 전도한 것만은 사실이다(행 20:1-3). 그러나 성경에 기록된 내용은 마게도냐 서쪽 지역, 즉 빌립보에서 데살로니가 지역까지 전도한 것만을 말하고 있다. 일루리곤까지 복음을 전했다는 기록은 없다. 그렇다면 두 가지 결론에 도달할 수밖에 없다.

먼저는 사도 바울이 말한 대로 일루리곤까지 찾아가서 복음을 전했다고 인정하는 것이다. 그러나 "남의 터 위에 건축하기를" 원하지 않았다는 말처럼, 혹 바울이 일루리곤에 간 일이 없지만, 그가 마게도냐에서 전한 복음이 일루리곤까지 퍼진 것을 알고 한 말로 볼 수 있다.[208] 대부분의 학자들은 후자에 동의하는 쪽으로 흐른다.

바울은 예루살렘에서부터 시작해서 시리아의 안디옥을 거치고, 소아시아를 거쳐서, '바로 일루리곤까지' 활 모양으로 된 환상을 보고 있었던 것은 분명하다(대다수 학자들이 지지함). 그래서 스페인으로

207) 슈라이너, 전게서, 905.
208) 제임스 던, 전게서, 645.

전도 여행을 꿈꾸는 것도 일루리곤에서 스페인으로 연결되므로, 활 모양의 선교 그림을 완성하기 위해서였을 것이다. 또한 그가 활 모양의 비전을 보았을 때, 다른 사람들이 아랫쪽 반원을 두루 다니면서 이집트, 알렉산드리아 및 북아프리카를 거쳐서 예루살렘을 이어주므로, 예수님이 말씀하셨던 선교가 완성되는 것으로 생각했을 가능성을 제기하기도 한다. 이런 주장은 윗쪽 지역을 반원(半圓)으로 봤을 때 가능한 사상이다.[209)]

그는 계획대로 이를 실행해 왔고, 성령의 역사로 이뤄진 것이 사실이라고 고백한다. "이는 남의 터 위에 건축하지 아니하려 함이라"(20절)고 하면서 이사야 52편 15절(70인역)을 인용한다.

> "주의 소식을 받지 못한 자들이 볼 것이요, 듣지 못한 자들이 깨달으리라."

이 말씀은 앞으로 계속에서 다시 반원을 그리는 선교를 계속하리라는 굳은 결심을 느끼게 한다.

바울의 로마 방문 계획 (롬 15:22-33)

> "그러므로 또한 내가 너희에게 가려 하던 것이 여러 번 막혔더니 이제는 이 지방에 일할 곳이 없고 또 여러 해 전부터 언제든지 서바나로 갈 때에 너희에게 가기를 바라고 있었으니 이는 지나가는 길에 너희를 보고 먼저 너희와 사귐으로 얼마간 기쁨을 가진 후에 너희가 그리로 보내주기를 바

---

209) 상게서, 569.

람이라 그러나 이제는 내가 성도를 섬기는 일로 예루살렘에 가노니 이는 마게도냐와 아가야 사람들이 예루살렘 성도 중 가난한 자들을 위하여 기쁘게 얼마를 연보하였음이라 저희가 기뻐서 하였거니와 또한 저희는 그들에게 빚진 자니 만일 이방인들이 그들의 영적인 것을 나눠 가졌으면 육적인 것으로 그들을 섬기는 것이 마땅하니라 그러므로 내가 이 일을 마치고 이 열매를 그들에게 확증한 후에 너희에게 들렀다가 서바나로 가리라 내가 너희에게 나아갈 때에 그리스도의 충만한 복을 가지고 갈 줄을 아노라 형제들아 내가 우리 주 예수 그리스도와 성령의 사랑으로 말미암아 너희를 권하노니 너희 기도에 나와 힘을 같이하여 나를 위하여 하나님께 빌어 나로 유대에서 순종하지 아니하는 자들로부터 건짐을 받게 하고 또 예루살렘에 대하여 내가 섬기는 일을 성도들이 받을 만하게 하고 나로 하나님의 뜻을 따라 기쁨으로 너희에게 나아가 너희와 함께 편히 쉬게 하라 평강의 하나님께서 너희 모든 사람과 함께 계실지어다 아멘."

바울은 앞으로의 자신의 복음 전파 계획을 밝힌다. 사도 바울은 예루살렘에서 일루리곤까지 성령의 역사로 복음을 널리 전하였고, 이제는 스페인으로 넘어가기를 원한다. 예루살렘에서 일루리곤 그리고 스페인까지의 그림을 그린다면 반달 모양, 즉 활 모양이 된다. 바울은 로마와 스페인으로 가는 지역을 그려보며 이 글을 쓰고 있었을 것이다. 마침내 그는 전도의 최종 목적지를 밝힌다. 그는 스페인으로 가기를 원한다. 그러나 이전에는 로마를 보기 원했지, 스페인까지 가기를 원한다고 밝힌 바가 없다(행 19:21; 롬 1:10-13).

그런데 여기서는 자기의 목적지는 스페인이고, 로마는 지나는 길에 잠시 들르겠다고 한다(24절). 왜 고린도나 에베소와 같이 로마에 머물며 복음을 전하고 교인들을 돌보려고 하지 않았을까?

직접적인 이유로는, 소아시아 지역과 마게도냐 지역에는 복음을 전할 곳이 더 이상 없기 때문이었다(23절). 바울이 더 이상 전도할 곳이 없다는 말은, 모든 지역과 마을까지 샅샅이 복음을 전했다는 말은 아니다. 여기서 의미하는 바는 여호수아서에서 말하는 거점(據點) 전도를 말한다. 중요한 도시에 복음을 전하여 그곳을 거점으로 하여 가까운 지역으로 퍼져나가게 하는 전략을 말한다. 바울은 이미 에베소에서 그런 전략을 사용한 바 있다(행 19:9-10).[210] 그리하여 골로새 교회나 히에라볼리 교회들이 세워졌다.

바울은 로마와 스페인을 놓고 많은 생각을 했을 것이다. 바울은 개척 전도자이다. 그래서 땅끝인 스페인까지 복음을 전하는 것이 예수님의 지상명령을 이루는 길이라고 생각했을 것이다(행 1:8). 그는 '남의 터 위에 건축하지 않겠다'(20절)는 전도 전략을 세우고 일한 사람이다.

이런 관점에서 보면, 로마에는 이미 교회가 세워져 있었고 어느 정도 교회의 규모를 갖추고 성장하고 있었음을 알 수 있다. 그뿐 아니라 로마 교회에는 바울이 동역자(슈네르고스-συνεργός)라고 부를 만큼 잘 훈련된 일꾼들, 즉 브리스길라와 아굴라, 에배네도, 마리아, 그리고 안드로니고와 유니아 등 훌륭한 지도자가 있기 때문에 자신이 길게 머물며 목회할 필요를 느끼지 못했을 것이다. 브리스길라와 아굴라는 아볼로의 설교를 듣고 무엇이 잘못되었는지를 정확하게 알았고, 그것을 교정해줄 만큼 기독교의 진리를 정확하게 알고 있던 부부였다(행 18:24-28).

세 번째 이유는, 로마서 편지를 쓰면서 그의 마음이 스페인으로

210) 바울은 에베소의 두란노 서원에서 날마다 두 해 동안이나 강론하였다(행 19:9). 그 결과 아시아에 사는 유대인이나 헬라인이 다 주의 말씀을 들었다고 누가는 전한다(행 19:10). 고대 사본들에는 오전 11시부터 오후 4시까지 강론했다고 되어 있다.

더 기울어지지 않았을까? 왜냐하면 로마서 편지 내용만으로도 로마 교회는 믿음에 대한 진리를 충분히 터득할 수 있다고 생각했기 때문일 것이다. 로마서 16장 17절에 '너희가 배운 교훈을 거슬러 분쟁을 일으키다'라는 말이 나온다. '너희가 배운 교훈'은 바울이나 베드로를 통하여 직접 배운 교훈은 아니다. 그렇다면 바울에게서 배우고 함께 일했던 동역자들이 그곳에서 교인들을 열심히 가르쳤다(참고, 롬 15:15)는 말이 아닐까 생각한다. 바울은 그런 사실을 이미 알고 있었던 것이 분명하다.

그렇다고 로마에 있는 교회들을 소홀히 여긴다는 말은 아니다. 그 교회에 대하여 얼마나 애착을 가지고 있는가는 로마서에서 여러 번 밝혔다. "내가 너희 보기를 심히 원한다"(롬 1:11)라고 했고, "형제들아, 내가 여러 번 너희에게 가고자 한 것을 너희가 모르기를 원치 아니한다"(롬 1:12, 15, 15:23)라고 했다. 자기의 소원이 여러 번 막혔기에 가지 못했다는 것을 알아달라고 한다. 바울은 성령의 사람이다. 아무리 자기의 마음에 간절하고 급하다 해도 성령의 뜻이 아니면 행동으로 옮기지 않았던 사람이다.

마지막으로, 로마에 갈 수 있는 기회를 미루고 예루살렘으로 가는 길을 선택한 것도 성령의 인도 때문이다. 아마도 마게도냐와 아가야 교인들이 예루살렘에 가난한 성도들을 위하여 모금해 준 헌금을 받고, 그는 예루살렘으로 먼저 가는 것이 성령의 뜻이라고 판단했던 것으로 보인다(행 19:21, 참고, 행 21:8-14).

그렇다면 사도 바울이 로마로 가기를 여러 번 원했다고 했는데, 로마로 가기를 언제부터 꿈꾼 것일까? 성경에는 명확하게 그 시기를 밝혀놓은 곳은 없다. 단지 사도행전 19장, 21장에서 로마로 가고자 하는 꿈을 말했을 뿐이다. 로마에 가기로 결정한 시기는, 로마서를 기록하기 몇 달 전 에베소에서 내린 결정이다. 그 후 고린도에서 머무는 동안에도 고린도에서 로마로 가야 하는지를 많이 생각했을 것이다.[211] 고린도에서 로마까지의 거리는 예루살렘으로부터 계산하는 거리와는 비교할 수 없게 가까운 거리다. 여행을 해본 사람은 안다. 거리를 줄이는 것이 얼마나 유익인가를! 그러나 고린도에서 로마 교회로 보내는 편지를 쓴 것을 보면, 바울은 그의 손에 들려진 마게도냐와 아가야 교회들의 헌금을 보면서, 로마로 직행하는 길을 포기한 것처럼 보인다.

"이제는 이 지방에 일할 곳이 없고"(23절)라고 선언한다. 로마도 이미 교회가 세워졌기 때문에 일할 곳이 아니라고 생각했던 것으로 보인다. 그런 연유로 로마는 스페인으로 가기 전에 들르기로 결정한다(23절). 그렇다면 로마를 잠시 들르려는 이유는 무엇인가?

로마서 1장에서는 두 가지 이유를 들었다. 첫째는, 신령한 은사를 나누기 위해서이다. 이를 통하여 로마 교인들과의 끈끈한 유대관계를 맺고 싶어 했다(롬 1:11-12). 둘째는, 복음을 전하고 열매를 맺게 하기 위해서였다(롬 1:13). 그리하여 로마 교회를 통하여 온 세계에 복음을 전파하기를 원했다. 이것이 이방 사도인 바울의 선교 비전이었다(롬 1:8). 그렇다면 본문에서는 바울이 로마를 잠시 방문하려는 이

211) 로마서를 기록한 시기를 놓고 학자들 간에 약간의 의견 차이가 있다. 어떤 이들은 주후 56-57년으로, 어떤 이들은 57-58년으로 생각한다. 바울은 그즈음에 로마로 가는 길을 생각했던 것으로 보인다. 그러나 예루살렘에 전달해야 하는 구제금을 놓고, 예루살렘으로 가는 것을 성령께서 인도하심으로 판단하고 예루살렘을 먼저 들르기로 결정한다(행 19:21). 원어 성경에는 '성령 안에서' 마게도냐와 아가야를 거쳐서 예루살렘으로 가기로 작정했다고 되어 있다(우리 성경에 빠짐).

유를 뭐라고 하였는가?

1) 우선은 이방교회들이 보내주는 구제금을 전달하기 위해서이다.

2) 그곳 교인들을 만나 사귐을 나누기 위해서이다.

3) 그들의 지원을 받아 스페인에 복음을 전파하기 위해서이다.

"먼저 너희와 사귐으로 얼마간 기쁨을 가진 후에 너희가 (나를) 그리로 보내주기를 바람이라"(24절).

너희와의 사귐은 로마서 1장 11-12절의 내용을 의미할 것이다.

> "내가 너희 보기를 간절히 원하는 것은 어떤 신령한 은사를 너희에게 나누어 주어 너희를 견고하게 하려 함이니 이는 곧 내가 너희 가운데서 너희와 나의 믿음으로 말미암아 피차 안위함을 얻으려 함이라."

오랜만에 주를 위한 동역자들을 만나본다는 사실이 얼마나 큰 기쁨이겠는가? 더욱이 바울 자신을 통하여 그리스도를 알게 되고, 성경의 지식을 배운 사람들이 로마에 교회를 세우고 열심히 봉사하는 모습을 보는 것 자체가 서로 신령한 은혜를 나누는 일이고, 서로가 위로를 받는 길일 것이다. 그리고 그곳에서 얻은 기쁨과 용기와 소망을 가지고 스페인으로 가고 싶은 것이 그의 기대였다. "먼저 너희와 사귐으로 얼마간 기쁨을 가진 후에"를 직역하면, '만일 내가 어느 정도 너희로 만족함을 받는다면'으로 해야 한다.[212)]

"너희가 그리로 보내주기를 바람이라"(24절).

보내주다(프로펨포-προπέμπω)는 여행 중에 돕다, 즉 여러 가지 가

---

212) 옥스퍼드, 전게서, 172.

능한 방법으로 여행 중에 돕는다는 구체적인 의미를 갖는다. 음식, 돈, 소개장 등을 제공하고, 교통편을 마련해 주고, 여행 길에 동행하는 짝을 제공하는 것들을 말한다.[213)]

구제금을 전달하는 것을 성도들을 섬기는 일이라고 한다(25절). '섬긴다'는 헬라어는 '디아코논'(διακονων)으로 현재 능동태 분사형이 사용되었다. '섬긴다'는 단어는 주로 식사에 시중드는 것을 의미한다(롬 12:7 참고). 초대교회가 말하는 구제는 대부분 식사 문제를 해결하는 일이었다. 현재 능동태 분사를 사용하고 있는 것은 아마도 이 모금을 위하여 바울이 1년 이상 수고했고, 지금도 그 구제금을 가지고 가고 있으며, 예루살렘에서 식사로 봉사해야 한다는 것을 의미할 것이다.

26절에는 이방 교회들이 어떻게 예루살렘 교회를 섬기었는가를 기록하였다. 마게도냐와 아가야에 있는 그리스도인들이 예루살렘 교회의 가난한 사람들을 위하여 연보해 주었다. '연보'를 새번역에서는 '구제금'이라고 번역했다. 그러나 연보라는 헬라어는 '사귐(코이노니안-κοινωνίαν) 또는 나눔'을 의미한다. '코이노니아'는 기본적으로 공동으로 무언가를 함께 나누는 행위나 상태를 뜻한다.[214)]

'가난한 자'란 예루살렘 교회의 모든 사람이 가난하다는 말은 아

---

213) 제임스 던, 전게서, 583. "가장 초기의 기독교에서 이 말은 선교 지원을 위해 교회가 행하는 공급에 대한 거의 전문적인 용어가 된다"(행 15:3, 20:38, 21:5; 고전 16:6, 11; 고후 1:16; 딛 3:13; 요삼 1:6).

214) 상게서, 587. 이 용어는 신약에 19번, 바울 서신에 13번, 그리고 요한일서에 4번 나온다.

니다. 그러나 예루살렘 교인 중에 많은 사람들이 가난했다는 것은 사도행전 4장 32장부터 5장 11절, 6장 1-6절, 11장 29절 이하와 갈라디아서 2장 10절에 암시되어 있다.[215] 이들을 위하여 마게도냐와 아가야 사람들이 기쁜 마음으로 헌금해 주었다. 이들은 예루살렘 성도들에게 빚을 진 사람들이다. 그러므로 영적으로 빚을 진 자라면 육적인 것으로 그들에게 봉사할 의무가 있다.

> "만일 이방인들이 그들의 영적인 것을 나눠 가졌으면 육신의 것으로 그들을 섬기는 것이 마땅하니라"(27절).

이방 교회들이 예루살렘 교회로부터 영적인 것을 나누어 받았기에, 육적인 것으로 섬기는 것을 기쁨으로 했을 것이다. '사귐 즉 코이노니아'다. 고린도후서 8장 1절에는 마게도냐 교회가 예루살렘 교회의 가난한 자들을 위하여 연보해 준 일에 대하여 말하면서, 고린도 교인들도 본받기를 바란다고 했다. 고린도 교인들이 마게도냐 그리스도인들에게 자극을 받고 구제헌금을 보내는 일에 참여했고, 이제는 고린도 교인들의 섬김을 이방인 교회인 로마 교회가 배워서 실천해야 할 것이 아닌가 하고 암시적으로 교훈하고 있다.

루터도 "기쁨으로 이방 교회가 예루살렘 교회를 섬긴다는 것을 강조하는 이유는, 로마 교회도 그처럼 예루살렘 교회나 기타 어려운 교회를 섬겨주기를 바라는 소원이 담겨 있다"라고 했다.[216]

이렇게 함으로써 "이 복음이…또한 온 천하에서도 열매를 맺어 자

215) 옥스퍼드, 전게서, 172.
216) 루터, 전게서, 276.

라는도다"(골 1:6)라고 한다. 그리스도로부터 시작된 섬김이 성도들의 손을 통하여 온 천하에 퍼지고 열매 맺기를 원하는 것이 바울의 소원이다. 섬김은 그리스도인의 기본 자세다. 그리스도가 우리를 섬겼기 때문에 섬김을 받은 우리가 이제는 다른 사람들을 섬겨야 한다.

마지막으로, 로마 교우들에게 스페인으로 가려고 한다는 말을 다시 언급하고 자기의 바람을 전한다.

> "그러므로 내가 이 일을 마치고 이 열매를 그들에게 확증한 후에 너희에게 들렀다가 서바나로 가리라 내가 너희에게 나아갈 때에 그리스도의 충만한 복을 가지고 갈 줄을 아노라"(28-29절).

'확증하다'는 단어는 사업적인 영역에서 나온 것으로 생각된다. 즉 소유권이나 책임의 안전한 이전을 나타내는 의미로 사용했을 것이다. 그러므로 여기서는 바울의 확인하에 안정되게 전달했다는 의미일 것이다.

"충만한 복"(28-29절)은 그동안 바울의 사역에서 경험한 성령의 풍성한 역사를 충만한 복이라고 일컫는 것으로 보인다. 바울은 성령을 통하여 이룬 모든 사역에 긍지를 가질 뿐 아니라, 이 소식들은 틀림없이 로마 교회를 위로하고 세우는 충만한 복이라고 믿었을 것이다.

마지막으로 바울은 로마 교회에 기도를 요청한다(30-33절). 우리 주 예수 그리스도를 힘입어서(디아 투 큐리우 헤몬 이에수 크리스투-διὰ τοῦ κυρίου ἡμῶν Ἰησοῦ Χριστοῦ), 그리고 성령의 사랑을 힘입어서(디아 텐 아가페스 투 퓨누마토스-διὰ τῆς ἀγάπης τοῦ πνεύματος) 서로 힘을 다하여 기도하자고 한다. 바울은 삼위일체 하나님을 정확하게 표현한다. 예수 그리스도와 성령을 힘입어(διὰ...διὰ) 하나님께 기도하자고 한다. 기도를 받으시는 분은 성부 하나님이시다.

사도 바울은 임마누엘이신 예수 그리스도, 말할 수 없는 탄식으로 우리를 위하여 기도하시는 성령의 사랑(롬 8:26-28, 15:18)을 늘 의지하고 산 사람이다. 이번에도 성자와 성령의 사랑을 의지하여 함께 기도하자고 한다. 그만큼 이번 여행은 위험이 도사리고 있는 모험이었다.

그가 기도해야 할 내용은 세 가지다.

1) 바울은 예루살렘에서 고난당할 위험을 알고 있었다(롬 15:30-31). 고린도를 떠나 시리아를 거쳐 예루살렘으로 가려고 할 때, 유대인들이 바울을 죽이려는 음모를 꾸미고 있었다(행 20:3). 또 성령께서 "각 성에서 내게 증거하여 결박과 환난이 나를 기다린다"(행 20:23)라고 가르쳐주셨다. 그리고 바울 일행이 가이사랴에 이르렀을 때, 유대로부터 내려온 아가보라는 선지자의 예언이 있었다(행 21:10-14). 예루살렘 유대인들이 자기를 해하려고 얼마나 이를 갈고 있는지를 과거에도 경험한 바 있었다(행 15:1-5). 그러므로 이번에도 자기가 예루살렘에 올라가면 틀림없이 이런 시련을 당하게 될 것을 알고 있었다. 그래서 이를 위하여 기도해 달라고 한다.

> "너희 기도에 나와 힘을 같이하여 나를 위하여 하나님께 빌어 나로 유대에서 순종하지 아니하는 자들로부터 건짐을 받게 하고"(30–31절).

2) 이방 교회가 예루살렘으로 보내는 구제금을 '열매'라고 했다

(28절). 이 선물은 예루살렘이 전해준 복음이 맺은 열매이다. 기쁨으로 영적으로 받은 은혜를 감사해서 가난한 중에도(고후 8:1-3) 모아서 보내는 '사귐'이고, 예루살렘과 좋은 유대관계를 기대하는 바람이다. 그러나 당시에 구제는 오늘날처럼 돈만 가져다주는 것이 아니라 필요한 물품을 현지에서 가지고 가서 직접 음식을 만들어 대접했다. 당연히 많은 사람들이 그 물품을 가지고 예루살렘까지 가야 한다.[217] 이때도 많은 사람이 구제금을 가지고 바울과 동행하여 예루살렘으로 올라갔다. 베뢰아 사람 부로의 아들 소바더와 데살로니가 사람 아리스다고와 세군도와 더베 사람 가이오와 및 디모데와 아시아 사람 두기고와 드로비모(행 20:4) 등이 동행하므로 위험은 그만큼 더 컸다고 해야 할 것이다. 더욱이 동행자들 중에는 드로비모와 같은 이방인이 끼어 있었다(행 21:29).

그런데 유대인들이 부정한 것이라고 거절이라도 한다면 마게도냐에서 예루살렘까지 구제금을 가지고 갔던 이들이 얼마나 낙담하게 될 것인가? 잘못하면 이방 교회는 유대 기독교로부터 등을 돌릴 수 있는 큰 위험에 직면할 수도 있게 된다. 그래서 "유대에서 순종하지 아니하는 자들로부터 건짐을 받게"해달라고, 그리고 이 일이 잘 이뤄지도록 간절히 바라면서 기도하자고 권한다.

3) 로마에서 쉬기를 원한다(32절). 로마 교회에 들러 그들과 친교를 나누며 위로받고 싶어 한다(24, 32절에 반복한다). 로마서 1장 10절의 내용인 "나로 하나님의 뜻을 따라 기쁨으로 너희에게 나아가 너희와 함께 편히 쉬게 하라"를 반복한다.

---

217) 이연길, 《사도행전》, 275.

가서 너희들을 가르치려고 한다고 하지 않고 '너희와 함께 편히 쉬게 하라'(쉬나나파우소마이-συναναπαύσωμαι)고 한다. '쉬나나파우소마이'는 '함께 쉬다'는 뜻으로 '영을 새롭게 하다'는 뜻도 지닌 동사이다. 그러므로 이 단어가 의미하는 바는 바울 자신도 '쉼'이 필요한 동시에 로마 교인들에게도 쉼이 필요하다는 것을 의미한다. 만남이 쉼이고, 성도가 서로 교제함이 쉼이고, 영이 새로워지는 시간이 쉼이 된다. 초대 교인들이 이교도 문화에서 산다는 것 자체가 전쟁이었고, 복음 전파하는 일이 싸움이었을 것이다. 바울도 지치고, 로마 교인들도 지친 상태에서 예수 그리스도의 은혜만 의지하고 분투하고 있는 모습을 보는 듯하다.

그런 이유로, 예루살렘에서 모든 일을 무사히 마치고, 무사히 기쁨으로 안도하며 로마에 가기를 소망한다. 로마에 가서 로마 교우들 안에서 쉼을 원한다. 모처럼 외롭고 피곤한 전도자의 가슴 먹먹한 고백을 듣는다. 영적인 싸움이다. 혼자서는 영적 힘을 소진할 수밖에 없다. 성도들의 기도의 협력이 필요하다. 바울도 성도의 사귐과 위로를 간절히 바라고 있다.

"평강의 하나님께서 너희 모든 사람과 함께 계실지어다"(33절).

15장 5절에는 '인내와 위로의 하나님', 15장 13절에는 '소망의 하나님', 그리고 오늘 본문에서는 '평강의 하나님'을 부른다. 로마서에는 두 개의 축도 형태가 나타난다. 15장 33절과 16장 27절이다. 그래서 학자들 중에는 원래 바울이 쓴 로마서는 15장 33절에서 끝나는 것으로 주장하기도 한다. 만약 그들의 주장대로 16장이 원래 다른 곳에 보내졌던 것이 나중에 덧붙여진 것이라고 생각하면, 우리는 바울이 로마의 실제상황에 대해 알고 있었다고 가정할 수 있는 증거를 잃게 될 것이다. 그러나 16장을 바울이 쓴 것으로 받아들인다면, 그렇게 많은 로마의 사람들을 바울이 알고 있었다는 것이 확인될 뿐 아니라, 로마서의 내용도 바울이 로마 교회의 실제상황에 대해 잘 알고 쓴 것이 입증된다. 그러므로 16장도 바울이 쓴 내용이라고 받아들여야 한다. 그래야 로마서를 바르게 이해할 수 있게 되기 때문이다.

평강의 하나님(호 데오스 테스 에이레네스-ὁ θεὸς τῆς εἰρήνης)의 은총을 기원한다. 평강의 하나님, 즉 샬롬의 하나님이란 말 속에 바울의 모든 기도와 소원이 다 함축되어 있다. 이 모든 어려운 과정을 평화롭게 해결해 주실 분은 오직 평강의 하나님뿐이시다. 아멘.

겐그레아 교회의 일꾼, 뵈뵈 (롬 16:1–2)

> "내가 겐그레아 교회의 일꾼으로 있는 우리 자매 뵈뵈를 너희에게 추천하노니 너희는 주 안에서 성도들의 합당한 예절로 그를 영접하고 무엇이든지 그에게 소용되는 바를 도와줄지니 이는 그가 여러 사람과 나의 보호자가 되었음이라."

사도 바울은 로마서를 시작하면서, 복음을 전하는 목적은 누구든지 예수 그리스도를 믿고 순종하게 하려는 데 있다고 밝혔다(롬 1:5). 이 원리는 유대인이나 이방인 모두에게 적용된다. 로마서를 쓰는 목적은 모든 사람들이 예수 그리스도를 믿고 순종하게 하려는 데 있다. 바울은 순종하지 않는 자들을 믿지 않는 자들과 동등하게 취급한다. 로마서 15장 31절에, "나로 유대에서 순종하지 아니하는 자들로부터 건짐을 받게 하고"라는 구절을 보면 이 사실이 분명해진다.

16장에는 로마 교회들을 섬기고 있는 많은 그리스도인들에게 전하는 인사가 나온다. 이것은 로마에 가기 전에 먼저 이들과 주 안에서 끈끈한 인간관계를 맺고자 하는 의도가 있을 것이다. 그런데 이들을 칭찬하면서 바울이 적용한 원리는 또한 '믿고 순종'이다. 즉 잘 믿는 자들이 아니라, 그 믿음으로 얼마나 하나님 앞에서 신실하게 살고 있는지를 염두에 두고 있다. 그리하여 여기서는 '믿고 순종'한 그리스도인들, 브리스가와 아굴라를 위시하여 모범적인 크리스천 26명을 소개한다. 여기에 루포의 어머니(13절)와 '네레오의 자매'까지를 합하면 28명이 된다.

당시 로마에는 교회 건물은 없었고 소수의 교인들이 모이는 가정교회가 존재하였다(롬 16:5a, 10, 11, 14-15). 이들을 바울은 "그리스도 안에 있는 자"(롬 16:7, 22), "형제들"(14절), 그리고 "성도들"(15절)이라고 부른다. 로마에 있던 교회들은 어린 교회로서 형성되어 가는 단계에 있었기 때문에, 아직 교회의 직분이나 조직도 정립되어 있지 않았던 것으로 보인다. 다른 서신에서 언급되었던 장로나 집사 같은 직분이 로마 교회들 안에서는 언급되지 않은 것으로 보이기 때문이다. 아직 유아기에 있던 교회 안에도 유대인과 이방인의 갈등이 있었고, 로마의 부패한 문화에 젖어 어둠 속에 살아가는 이들도 있었다. 그럼에도 불구하고 이런 교회가 초석(foundation)이 되어 후에는 로마 제국을 정복하고 세계 선교의 전진 기지가 되었다. 어떻게 그런 교회가 될 수 있었을까? 대답은 간단하다. 그만큼 그리스도에게 충성하는 헌신적인 그리스도인들이 많았기 때문이다.

바울은 로마 교회의 기초가 되었던 사람들, 자랑스런 신앙의 영웅들을 소개한다. 그런데 이곳에 로마 교인이 아닌 한 사람의 이름이 먼저 소개되고 있다. 이분은 겐그레아 교회의 일꾼 뵈뵈이다. 왜 이분이 여기에 맨 먼저 소개되고 있는 것일까? 뵈뵈는 여자이다. 남성 중심의 사회에서 여성을 맨 먼저 언급하는 일은 이례적이다. 특히 뵈뵈(Φοίβη)라는 이름이 헬라 신화에 자주 등장하는 것으로 보아 뵈뵈는 이방인이었을 가능성이 높다. 그렇다면 뵈뵈를 가장 먼저 추천하는 이유는 무엇인가?

추천은 자기의 명예와 인격이 동반되는 행위다. 바울은 뵈뵈를 자기의 믿음과 인격을 더하여 추천한다. 그녀가 누구이길래 이처럼 추천할 수 있었을까? 뵈뵈는 겐그레아 교회의 일꾼이라고 소개한다.

"겐그레아 교회의 일꾼으로 있는 우리 자매"(16:1).

자매란 초대교회에서 같은 신앙의 동지들을 지칭하는 일반적인 호칭이다. 그리고 우리 성경에 '일꾼'이라고 번역한 단어는 헬라어 성경에는 집사(디아코노스-διάκονος)라고 되어 있다. 여기에 사용된 '집사'(디아코노스)란 용어를 어떻게 해석해야 할까 하는 문제는 딱히 이렇다고 하기에는 어려운 문제이다. '집사'란 말을 개역개정에서, 그리고 새번역에서도 "겐그레아 교회 일꾼"으로 번역한 이유도 거기에 있을 것이다. 그러나 분명한 것은 헬라어 원어는 '집사'로 되어 있다.

'집사'란 용어는 로마서에 처음 언급되고 있다. 아니 사도행전에서도 집사란 단어는 나오지 않는다.[218] 그 후 집사란 이름이 바울 서신에 나타난 것은 빌립보서에서였다(빌 1:1).

그렇다면 뵈뵈는 집사였는가? 아니면 일반적인 봉사자였는가? 성경에서 집사라고 하는 직책은 안수 받은 집사를 말한다. 당시 교회에는 아직 직분 제도가 확립되지 않은 시기여서, '집사'란 직책과 일반적으로 교회 안에서 섬기는 직책과는 명확하게 구분할 수 없었기 때문에, 집사로 부르기를 거부하는 사람들이 많다. 그런데 빌립보 교회에 보낸 편지에서 바울은 '장로와 집사'를 언급하면서, 뵈뵈에게 사용한 '집사'(디아코노스-διάκονος)와 동일한 단어를 사용하였다.[219] 빌립보 교회에 보낸 편지가 로마 옥중에서 쓴 것이라면, 고린도 서신을 보내고, 바울이 로마에 간 후에 쓴 편지이기 때문에 비슷한 상황에서 사용한 단어로 보아야 한다.

그러므로 바울은 '디아코노스'란 칭호를 일반적인 봉사자를 지칭한 것으로 사용했다고 보기는 어렵다.[220] 이렇게 보면, 뵈뵈는 겐그

---

218) 행 21:8에 빌립 '집사'가 등장한다. 그러나 이 말은 엄밀히 번역하면 '전도자'를 의미하는 것이다. 사도행전 6장에 나오는 일곱 집사도 사실은 집사라고 해서는 안 된다. 이들을 집사라고 부른 곳은 성경에 한 곳도 없다. 이들은 장로와 집사의 직책이 혼합된 섬기는 사람들이기 때문이다. 아마도 빌립을 집사로 부르면서 일곱 사람을 집사로 인식하게 된 것으로 추측한다.

219) '집사'란 직책은 사도행전에서 한 번도 언급된 적이 없고, 로마서에서는 16장 1절에서 처음 등장한다. 그리고 언급된 곳이 빌립보서이다. 빌립보서를 로마 감옥에서 기록했다면, 로마서를 기록한 상황과는 거의 비슷한 시기여서, '집사'를 '일꾼'이라고 번역한 것은 자연스럽지 못하다.

220) 슈라이너, 전게서, 608. 뵈뵈의 여집사 논쟁은 지금도 계속되고 있다. 당시 직분제도가 확립되고 있던 과정이어서 바울이 '디아코노스'를 어떤 의도로 썼는지는 확실하게 알 수 없지만, 로마 교인들이 이 말을 들었을 때 분명하게 인식되도록 '디아코노스'란 단어를 썼을 것으로 본다면, 뵈뵈를 안수받은 집사로 받아들이는 것도 무리는 아니라고 생각된다. 나아가서 당시 목회자가 없던 곳이었다면 그녀는 교회 봉사뿐만 아니라 목회적 사역도 감당했다고 볼 수 있다.

레아 교회의 집사로 읽는 것이 옳을 것이다. 제임스 던(Dunn)은, "우사(οὖσα)와 함께하는 디아코노스(διάκονος)는 더욱더 인정된 사역(목회) 또는 교회에서의 책임 있는 위치를 더 가리킨다"라고 했고, 그런 의미에서 "뵈뵈가 기독교의 역사에서 가장 먼저 기록된 집사"라고 했다.[221]

'겐그레아 교회'(1절)의 일꾼: '에클레시아'(ἐκκλησία)라는 교회를 일컫는 용어가 로마서에서 처음으로 나타난다. 그리고 이어서 이 단어는 로마서 16장 4-5절에서 그리스도인의 지역 모임을 일컫는 데 사용하고 있다. 슈라이너는 그 의미가 '더욱 정확하게는 예배와 제자 됨의 공통된 삶을 나누기 위해 한 곳에 모인 그리스도인들'을 지칭하는 데 사용하고 있다고 했다.[222]

로마서 16장 1-16절에 사용된 '에클레시아'란 용어도 가정교회에 의미없이 사용하지 않고, 겐그레아 교회와 브리스가와 아굴라가 섬기는 공동체에만 절제 있게 사용하였다(16:1, 4-5, 16). 그 외에 모임에는 "함께 있는 형제들"(14절), 그리고 "함께 있는 모든 성도"(15절)라고만 한 것을 보면, '에클레시아'란 용어를 사용함에 있어 '에클레시아'란 규정이나 개념이 어느 정도 있었던 것으로 보인다. 그렇다면 슈라이너의 주장대로 '에클레시아'란 용어가 겐그레아 교회를 지칭하면서 사용되었다면 그 교회는 직제가 구비된 교회였다고 생각할 수 있고, 뵈뵈는 안정된 직책인 집사로 봉사했던 것으로 생각할 수 있다.

---

221) 제임스 던, 전게서, 604.

222) 슈라이너, 전게서, 605. '디아코노스'는 교회 안에 더욱더 인정된 사역을 가리킨다. 즉 '목회'적인 성격으로 불리기도 한다. 여하튼 이 단어는 교회 안에서 책임 있는 위치를 가리킨다.

바울이 뵈뵈를 추천하며 부탁하는 내용은 두 가지이다. 1) 주 안에서 성도들의 합당한 예절로 그를 영접하라. 2) 무엇이든지 그에게 소용되는 바를 도와주어라(16:2).

"주 안에서…영접하라"고 했는데, 왜 그녀를 성도들의 합당한 예절로 영접하라고 했는가? '주 안에서 영접한다'는 것은, 그리스도와 연합의 친교 속에서 그들과 유대를 맺은 사람으로 받아들이라는 뜻이다. '성도들의 합당한 예절'은 '한 명의 동료 신자를 영접하듯이'라는 뜻이다. '합당한 예절'은 그녀에게 신세를 졌기 때문이 아니라 그들의 성도다운 모습을 반영하라는 말이다.[223] 혹시라도 고린도의 작은 항구에서 온 여자를 로마 교인들이 무시할까 봐 염려한 것으로 보인다.

또한 성도들의 합당한 예절로 영접하라는 말은, 그녀는 그런 대접을 받을 충분한 가치가 있는 일꾼이라는 의미를 내포하고 있다. 그 이유는 '그녀가 여러 사람과 나의 보호자가 되었기 때문'이라고 한다.

문제는 '무엇이든지 그에게 소용되는 바(프라그마)를 도와주라'는 것이다. 어떻게 생각하면 이런 부탁은 좀 무서운 말이다. 그녀가 무엇을 원할지 모르는 입장에서 '소용되는 바'를 너희 분깃으로 주라고 한다. 도와주라는 '파리스테미'(παρίστημι)는 '곁에 있다, 돕다, 도우러 가다, 지원하다'를 의미한다. '…필요로 하는 것'이란 의미의 '프라그마'(πρᾶγμα)는 '어떤 맡은 일, 업무, 문제, 사건'을 의미한다. 왜 그녀가 소용되는 바를 도와주라고 했을까? 슈라이너는, 뵈뵈가 로마에 가야 할 일이 있었고, 그 일은 아마도 소송과 관련한 일이었을 것으로 보았다. 그리고 바울은 그녀가 로마로 여행하는 그녀의 의도를 미리 알아차리고, 전체 서신을 쓸 수 있는 기회를 잡았을 것이라고

223) 존 머리, 《로마서》, 749. "교회에 그녀에게 베풀라는 봉사와 그녀가 친히 다른 사람에게 베푼 봉사 사이에는 정확한 상응관계가 있다."

한다.[224] 학자들은 이 의견에 대체로 동의한다.

많은 학자들이 '프라그마'란 단어가 소송에 관계된 데 비중을 두기 때문에, 뵈뵈는 그런 임무를 가졌을 것이라고 주장한다. 그러나 '프라그마'란 용어가 어떤 법정 업무만을 지칭하는 것은 아니다. 이 단어는 '일반적인 일'이나 '업무' 등을 의미하기도 한다. 그렇다면 겐그레아 작은 항구의 여인이 로마에 재판이나 어떤 법적 문제를 해결하기 위해 간다는 것은 좀 상상의 비약같이 느껴진다. 그보다는 가까운 의미로, 그녀가 로마에 지내는 동안 혹 필요한 것이 있으면 기꺼이 도우라는 부탁으로 해석하는 것이 합리적이라고 생각된다.

좀 더 나아가 생각하면, 뵈뵈를 장사하는 여인으로 보는 견해다. 여인으로 겐그레아 항구에서 많은 사람의 보호자가 될 정도로 활달한 여인, 그리고 자비량으로 로마까지 편지를 들고 갈 정도의 여인이라면, 겐그레아와 로마를 왕래하면서 사업하는 여인으로 볼 수도 있다. 그렇다면 오늘날같이 자동입출금기가 있는 것도 아닌 어두운 시대에, 먼 길을 여행하다 보면 경비가 다 떨어지는 경우가 있었을 것이다. 혹 로마에 온 길에 사와야 할 물건이 있지 않았을까? 그런 경우를 생각해서, 혹시 그런 경비가 필요하면 도와주라는 바울의 부탁일 수도 있다. 이런 부탁 뒤에 'γὰρ'(가르)란 전치사를 덧붙여 그처럼 부탁할 수 있는 이유를 말한다.

"(그 이유는) 그가 여러 사람과 나의 보호자가 되었음이라"(2절b).

---

224) 슈라이너, 전게서, 608.

겐그레아는 고린도의 외항이면서 관문이었다. 특히 고린도는 로마로 직행하는 항로였다는 점을 고려해야 한다. 고린도를 왕래하는 사람들은 겐그레아 항구를 통과해야 한다. 게다가 고린도가 큰 도시였다는 것을 고려한다면, 얼마나 많은 사람들이 겐그레아를 통해 고린도를 왕래했는지 상상이 간다. 고린도전후서를 보면 많은 순회 전도자들이 고린도에 자주 왔던 사실을 알 수 있다(고전 9:1-12; 고후 11:1-6). 그뿐 아니라 상인, 여행객들, 병자들이 모두 뵈뵈의 도움을 받았을 것으로 보인다. 뵈뵈가 이런 골목에 세워진 교회의 일꾼이었다면, 얼마나 많은 손님을 대접해야 했고, 도와주어야 했을까를 상상하기는 어렵지 않다.

그래서 바울은 "이는 그가 여러 사람과 나의 보호자가 되었음이라"(2절)고 추천했다. 새번역에는 "그는 많은 사람들을 도와주었고, 나도 그에게 신세를 많이 졌습니다"라고 기록되어 있다. 그녀의 부(富) 또는 영향은 겐그레아 교회를 좌우했을 것이다. 당시 헬라 도시에서는 외국인 거주자들에 대한 관심을 가지고 돌보았던 후원자들이 있었다. 던(Dunn)은 이렇게 설명한다.

> "항구로서의 겐그레아의 역할과 디아코노스로서의 뵈뵈의 묘사에 비추어, 우리는 두 역할이 연관된 것을 알아야 한다. 거주하는 유대인과 방문하는 그리스도인을 포함하여 '많은' 외국인 방문객들에게 잘 알려진 교회의 '일꾼'으로 바울도 그의 도움과 보호를 받은 사람 중에 하나였다." [225]

225) 제임스 던, 전게서, 607.

여기에 뵈뵈를 도와주라고 한 이유가 있다는 것이다.

왜 사도 바울은 뵈뵈라는 여인을 편지 전달자로 택하게 되었을까? 고린도에서 바울은 잠시 고민했을 것이다. 그곳에서 로마로 바로 갈 것인가? 예루살렘으로 가야 하는가? 고린도는 예루살렘과 로마의 중간 지점일 뿐 아니라, 로마로 가는 직행 노선이었기 때문이다. 그렇다면 로마로 가기 위해서는 고린도만큼 편리한 곳은 없다. 그러나 바울은 먼저 예루살렘으로 가기로 결심했다. 그 이유는 지금 바울의 손에는 그곳 여러 교회들이 예루살렘 교회를 위하여 헌금해 준 돈이 들려 있기 때문이다. 그것을 먼저 전달하는 것이 하나님의 뜻이라는 것을 바울은 알았을 것이다. 대신 바울 사도는 로마 교회에 편지를 써서 보낸다. 그리고 편지 전달자로 겐그레아 교회의 집사인 뵈뵈를 선택했다.

로마까지 가는, 어떤 면에서는 좀 위험성을 띠는 편지를 여집사에게 맡겼다는 것은 이해하기가 힘들다. 당시 상황을 보아서도 그렇다. 뵈뵈를 보내서는 안 될 이유를 생각해 보자.

1) 로마의 우편 시스템은 주로 군사용으로 사용되던 때였다. 사적인 편지를 보내기엔 쉽지 않았다.

2) 57년이라면, 글라우디스 황제가 크리스천들을 추방했던 49년으로부터 10년이 지난 때다. 그만큼 기독교에 대한 경계가 심해지고, 박해의 그늘이 서서히 드리우고 있었던 때였을 것으로 추측할 수 있다. 그런 시기에 기독교에 관한 문서를 전달하는 것은 위험한 일이었다. 또 책의 부피가 얼마나 컸는가? 그런 위험을 안고 무거운 문서 뭉치를 들고 여인이 간다는 것은 위험 부담이 그만큼 컸을 것이다.

3) 당시에는 거짓 문서들이 판을 치고 있었다. 그래서 편지를 전달하는 사람이 믿음직하지 않으면 편지의 진위가 의심을 받았다. 그렇기 때문에 아무에게나 편지를 부탁할 수 없었다.

4) 또한 경비가 많이 들었다. 고린도에서 로마까지 여비도 만만치 않았을 것이다. 막대한 경비가 드는데도 심부름하는 재정을 지불할 능력이 바울에게는 없었다. 누군가가 이 일을 위해서는 자비량으로 해야 했다. 위험 부담, 막대한 경비, 먼 여행에서 발생할 일들을 고려하면, 편지를 전달할 사람을 찾는 일은 참 어려웠을 것임에 틀림이 없다.

이때 선택된 사람이 뵈뵈였다. 왜 그녀를 선택했을까? 바울이 로마 교인들에게 뵈뵈가 필요로 하는 것을 도와주라고 부탁한 이유는 뵈뵈의 봉사와 헌신 때문이다. 그처럼 많은 사람을 도와준 여인, 로마까지 만사를 제치고, 자기 돈을 써가며 편지를 전달하기 위해 갔던 사람이 바로 뵈뵈였다.

만약 지금까지 추론한 것이 옳다면, 바울은 뵈뵈를 보내면서도 인간적인 부담을 많이 느꼈을 것이다. 아니 어쩌면 그녀에게 큰 빚을 진 것이다. 이런 부담을 덜기 위해서라도 로마 교우들에게 "성도들의 합당한 예절로 그를 영접하고…그에게 소용되는 바를 도와주시오"라고 부탁했을 것이다.

26명의 성도들을 소개하는 로마 교회의 상황에 대하여: 로마 교회를 섬기던 인물들을 살펴보기 전에 그 교회에 대하여 서론적인 정보를 알아보자. 로마에는 몇 개의 교회가 존재했을까? 그 구성원들은 어떤 사람들이었을까? 바울은 브리스가와 아굴라에게 안부를 전하면서 "그들의 집에 있는 교회"(5절)를 언급한다.

로마에 있던 첫 번째 교회로 브리스가와 아굴라를 중심으로 모이는 교회을 소개한다. 겐그레아 교회에서 사용했던 '에클레시아'(ἐκκ-λησία)라는 용어를 사용한다. '에클레시아'란 용어가 겐그레아 다음으로 로마서에서 사용되었다.

두 번째로 소개된 교회는 아주 적은 신자들이 모이는 공동체이다. 가족 중심의 교회들이 나온다(10-11절). 10-11절에 나오는 '권속'이나 '가족'들은 논란의 여지가 있으나, 당시 가정교회들이 소수의 모임이었다고 가정한다면 이곳도 교회로 보는 것이 좋을 것이다.

그리고 14-15절에는 적은 수의 성도들이 모이는 교회 구성원이 언급되어 있다. 여기에 소개된 '함께 있는 형제들'과 '함께 있는 모든 성도들'이 교회를 의미한다는 것은 의심의 여지가 없다. 그리고 그보다 더 작은 규모의 가족 모임 같은 교회가 존재했다.

바울은 브리스가와 아굴라에 이어서 '에배네도'(5절)를 추천한다. 에배네도는 아마도 아굴라 부부를 중심으로 모이는 교회의 교인으로 생각하는 데는 이견이 거의 없다. 그런데 문제는 에배네도로부터 10절에 '아리스도불로'의 권속이 소개되기까지 일곱 명의 명단이 언급되었는데, 이들은 과연 어느 교회에 속한 교인일까 하는 문제다. 이들은 작은 공동체에 속하지는 않았을 것이고, 가족 중심의 교회에도 속하지 않았을 것이다. 그렇다면 이들은 아굴라 부부의 중심으로 모이는 교회의 교인이었다고 보아야 한다. 루포와 그 어머니는 문장으로 보아서 나깃수의 집에서 모이는 가족 모임에 속하는 것으로 보인다.

로마 교회들은 수적으로 규모가 작았을 것이고, 로마에 꽤 많은 수가 있었을 것으로 추측한다. 이런 교회들은 자주는 아니지만 한

달에 한 번 정도로 함께 모였을 것이다.[226] 가장 큰 가정 교회는 아마 50명 정도 되었을 것이다(Murphy-O'Connor 1983, pp.153-158).[227]

다음과 같이 로마에 존재했던 교회와 교인들을 정리할 수 있다.

1. 브리스가와 아굴라 중심 교회: 브리스가와 아굴라, 에배네도, 마리아, 안드로니고와 유니아, 암블리아, 우르바노와 스다구, 아벨레
2. 아리스도불로의 권속: 아리스도불로, 헤로디온
3. 나깃수의 가족 모임: 나깃수, 드루배나와 드루보사, 버시. 루포와 그 어머니
4. 아순그리도 중심 교회: 아순그리도, 블레곤, 허메와 바드로바, 허마, 그리고 그들과 함께 모이는 성도들
5. 빌롤로고 중심 교회: 빌롤로고, 율리아, 네레오와 그의 자매, 올름바, 그리고 그들과 함께 있는 모든 성도들

로마 교회들과 성도들 (롬 16:3–16)

1) 브리스가와 아굴라(롬 16:3–5a)

"너희는 그리스도 예수 안에서 나의 동역자들인 브리스가와 아굴라에게 문안하라 그들은 내 목숨을 위하여 자기들의 목까지도 내놓았나니 나뿐 아니라 이방인의 모든 교회도 그들에게 감사하느니라 또 저의 집에 있는 교회에도 문안하라"(롬 16:3–5a).

---

226) 슈라이너, 전게서, 614.
227) 상게서, 938.

브리스가와 아굴라는 바울 사도의 오랜 친구요 동역자다. 그래서 이들에 대하여 언급해야 할 내용이 누구보다 많았을 것이다. 그러나 아주 간결하게 이들을 소개하면서 추천한다. "그리스도 예수 안에서 나의 동역자", "내 목숨을 위하여 자기들의 목까지 내놓았다", "이방인의 모든 교회도 감사한다"라고 하며 현재 모이고 있는 로마 교회에 문안한다.

바울은 브리스가와 아굴라에게 '동역자'(슈네르고스-συνεργός)라는 말을 사용한다. 위에서 언급한 대로 바울은 동역자란 용어를 아무에게나 사용하지 않았다. 디도(고후 8:23), 에바브로디도(빌 2:25), 아리스다고, 마가, 유스도(골 4:11), 디모데(살전 3:2), 누가(몬 1:24)에게만 사용했다.

올로스(Ollrog)는 '슈네르고스'를 이렇게 규정한다. "선교 설교를 공유하는 '사역'으로 하나님에 의해 위임받아 바울과 함께 일한 사람이다."[228] 그렇다면 브리스가와 아굴라는 이런 범주에 속하는 동역자라는 말이 된다.

사도 바울과 이들 부부와의 만남을 자세하게 소개한 사람은 누가(Luke)이다. 그때 당시의 상황을 누가는 이렇게 전한다.

> "그 후에 바울이 아덴을 떠나 고린도에 이르러 아굴라라 하는 본도에서 난 유대인 한 사람을 만나니 글라우디오가 모든 유대인을 명하여 로마에서 떠나라 한고로 그가 그 아내 브리스길라와 함께 이달리야로부터 새로 온지라 바울이 그들에게 가매 생업이 같으므로 함께 살며 일

---

228) 슈라이너, 상게서, 613에서 재인용.

을 하니 그 생업은 천막을 만드는 것이더라"(행 18:1-3).

브리스가(브리스길라)와 아굴라는 주후 49년 글라우디오 황제의 유대인 추방령 때문에 고린도에 왔던 부부이다. 글라우디오 황제는 '크레스투스(Chrestus)의 폭동'으로 인하여 유대인들을 로마에서 추방했다. 크레스투스(Chrestus)는 Christ의 잘못된 표기라고 생각한다. 당시 많은 전도자들이 로마에 들어오면서 복음 전도가 활발하게 진행되었고, 이로 인하여 충돌이 있었던 것으로 생각되는데, 이로 인하여 유대인들을 추방했다고 하지만 실제로 쫓겨난 사람은 그리스도인들이었다. 브리스가와 아굴라가 로마에서 추방당한 것을 보면, 이들 부부는 그 사건의 중심에 있었던 자들이었고, 그렇다면 이들은 추방당하기 전부터 아주 열심 있는 크리스천이었을 것이다. 또 이들은 고린도에서 순회 전도자처럼 보였던 바울을 자기 집에 영접하고, 그에게 숙소를 제공하고 복음을 전하는 일에 함께 협력한다. 그뿐 아니라 바울을 통하여 기독교 진리를 깊이 배웠다. 이런 그들의 행적으로 보아 이 부부는 성숙한 신앙을 가진 사람들이라고 추측하게 된다.

고린도에서 바울은 생업을 위하여 직장을 구하다가 우연히 로마로부터 온 부부를 만난다.[229] 그리고 그들과 함께 살면서 일했다.[230]

---

229) '바울이 그들에게 가매'에서 '가매'(εὑρών-εὑρίσκω의 과거 분사)는 '우연히 찾아내다' 또는 '우연히 만나다'는 뜻이다. 그러므로 바울이 직장을 찾다가 우연히 만난 사람이 바로 브리스가와 아굴라 부부였다는 말이다.

230) '일을 하니'라는 뜻의 'ἠργαζουτο'는 미완료형으로 행동의 계속이나 반복을 의미한다. 바울이 그들을 만난 후에 다른 곳으로 거처를 옮기지 않았다면 1년 8개월을 함께 살면서 일한 것이 된다. 어떤 학자들은 베자 사본(D)을 근거로 하여, 아굴라의 집에서 유스도의 집으로 옮겼을 가능성을 제시한다. 베자 사본에는 "그리고 그는 아굴라에서 옮겼다"라고 되어 있다. 그러나 일반적으로 이것은 숙소를 옮긴 것이 아니라 복음 전파를 위한 장소를 옮긴 것으로 해석한다.

밤낮으로 일했다. 바울이 아굴라 부부와 함께 살고, 일하면서 일한 수입에 따라 생계를 꾸리지는 않았을 것이다. 밤과 낮으로 일했지만 자급자족하기에는 턱없이 부족했을 것이다. 그래서 그는 때로 궁핍했다고 했다(고후 11:9; 빌 4:12). 바울은 천막 짓기로 인하여 일어난 어려움을 여러 곳에서 표현했다. 힘씀과 애씀(고전 4:12; 고후 11:27; 살전 2:9), 주리고 목마름(고전 4:11; 고후 6:5, 11:25), 추위(고후 11:27), 헐벗음(고전 4:11; 고후 11:27), 그리고 피로(고후 6:5, 11:27) 등이다.[231)]

이렇듯 고되게 일하면서 복음을 전했던 바울은, 자신이 노예같이 속박되고(고전 9:19), 스스로 자신을 낮추었고(고후 11:7), 멸시받았다고 했다(고전 4:11).[232)] 이런 어려움을 이겨내며 복음을 전할 수 있었던 것은 아굴라 부부의 도움이 컸다. 그래서 바울은 그들을 '나의 동역자들'이라고 한다.

아굴라 부부는 바울과 함께 일하고 살면서 자연스럽게 그에게서 신앙의 정도(正道)를 배웠고, 또 복음을 전하는 곳마다 함께 동행하였다. 이들의 신앙의 정도를 보여주는 장면은 아볼로를 지도해 주는 모습에서 엿볼 수 있다. 에베소에서 웅변가 아볼로가 예수에 대한 것을 가르쳤을 때, 그의 설교 중에 잘못된 부분을 알고 그를 불러다가 "하나님의 도를 정확하게 풀어"(행 18:24-26) 주었다. 이런 것으로 보아도 이들이 얼마나 성숙된 신앙 위에 서 있었는가를 알 수 있다.

브리스가와 아굴라 부부는 바울이 고린도를 떠날 때 함께 떠나 에베소에 가서 머물다가, 주후 54년 이후에 황제의 칙령이 취소되면

---

231) 이연길, 《사도행전》, 393.

232) 상게서, 393-394.

서 로마로 돌아갔을 것이다. 로마 제국의 법은 추방명령을 내린 황제가 죽은 후에는 그 칙령의 효력이 상실되기 때문이다. 이렇게 보면, 글라우디오 황제가 주후 54년에 죽고 네로가 황제가 되었기 때문에, 이들이 다시 로마로 돌아온 것은 네로가 황제에 오른 직후(AD 54)가 될 것이다. 로마에 돌아온 그들은 자기 집에서 교회를 시작했다. "저의 집에 있는 교회"(5절)라고 지칭한 것을 보면 그렇다. 그 후에 그들은 다시 에베소로 돌아간다. 네로의 박해를 피해서 에베소로 간 것인지는 알 수 없다.

바울은 "그들은 내 목숨을 위하여 자기들의 목까지도 내놓았다"(4절)라고 추천한다. 목숨은 '영혼'(테스 프쉬케스-τῆς ψυχῆς)이다. 즉 '그 영혼'이란 의미로서 바울 자신의 생명 자체를 뜻한다. 언급은 구체적이지 않지만, 상당히 위험한 지경에 브리스가와 아굴라의 영향이 결정적인 도움을 주었다는 것을 알 수 있다(행 18:12-17, 19:23-41; 고전15:32; 고후 1:8-10, 6:5, 8:2, 11:23). 자기 목을 내놓았다는 표현을 보아도 그들이 얼마나 바울을 사랑하고 아끼며 도왔는가를 알 수 있게 해준다.

여하튼 그녀가 세운 교회가 로마 교회들 중에 중심이 되는 교회였고, 이 교회는 로마 교회의 기초요 지주가 되었을 것이다. 특별히 "이방인의 모든 교회"(4절)와 또 "저의 집에 있는 교회"(5a)에 주목할 필요가 있다. "이방인의 모든 교회도 그들에게 감사한다"라고 했는데, 여기서 말하는 '이방인의 교회들'은 어디에 있는 교회들일까? 사도행전에 의하면 브리스가와 아굴라가 바울 사도와 함께 사역한 곳은 고린도와 에베소이다. 그런데 '이방인의 모든 교회'라고 한 말에는 그보다 더 많은 이방인의 교회를 암시한다. 그렇다면 성경에 자세하게 기록되지 않은, 마게도냐 지방과 그 지역을 넘어 다른 곳에까지 바울과 동행하여 사역한 것이 아닌지….

"저(그들)의 집에 있는 교회에도 문안하라"(5절)는 말씀에서 이 교회(에클레시안-ἐκκλησίαν)는 로마에 있던 교회들을 말할 것이다. 그런데 어찌하여 로마에 있던 교회들에게 전하는 안부를 브리스가와 아굴라에게 부탁했을까? 본문에서는 각 가정에 모이는 사람들의 이름을 일일히 부르며 안부를 전했는데 말이다. 이 부부는 로마에 흩어져 있는 모든 교회들을 다 돌보고 있었지 않았을까 생각된다. 제임스 던(Dunn)은 이렇게 말한다. "아마도 규칙적인 근거에서(주간?-참조 행 20:6-7과 고전 16:2) 모였을 것이고, 자주는 아니지만(아마도 한 달에 한 번 정도?-많은 자원적인 종교단체들이 그러했던 것처럼) '전체 교회'(롬 16:23)로서 함께 모였을 것이다."[233]

특히 에베소에서 유명한 웅변가인 아볼로를 자기 집으로 데리고 가서 그가 아직 깨닫지 못하고 있는 하나님의 도를 자세히 풀어 설명해 준 사실로 미루어 보면(행 18:24-26), 그들은 물질적인 봉사와 더불어 말씀을 가르치는 일 등 좀 더 깊고 구체적인 사역으로 이방 교회들을 놀보았음이 분명하다. 어떤 학자들은 일종의 순회 전도사와 같은 역할을 한 것이라고 주장하기도 한다.

이런 점을 고려해 볼 때, 그들이 로마에서 섬기던 교회가 수적으로나 영적으로 가장 안정된 교회였다는 점을 가정한다면,[234] 이들은 작은 가정교회들을 순회하며 돌보았을 가능성이 크다. 동시에 당시 로마 교회에 교회 지도자로 불리는 인물이 없었던 점으로 보아서 전

233) 제임스 던, 전게서, 614.

234) 에배네도, 마리아, 안드로니고와 유니아 등 헌신적이고 잘 훈련된 교인들이 아굴라 부부 중심으로 모이는 교회의 멤버였다면 이 교회는 로마 교회의 중심이었고, 아굴라 부부는 로마에 흩어진 가정교회들을 돌보는 사역을 감당했을 것이다.

체 교회가 모였을 때는 브리스가와 아굴라의 역할이 컸을 것이란 점은 의심의 여지가 없다.

바울은 그들이 자신을 위하여 자기들의 목까지 내놓았다고 한다. 이 말은 '사형집행자의 칼날 밑에 목을 내어놓은 것'을 뜻한다. 그만큼 그들은 사도 바울의 생명을 위하여 자신들의 목을 내놓는 것도 주저하지 않을 만큼 헌신적이었던 것이다.[235] 언제 그런 일이 있었는지는 알 길이 없다.

이들은 사도의 복음 전도를 위하여 필요한 것은 모두 공급해 주었고, 위기에서 보호막이 되어 주었다. 예수 그리스도를 위하여 자기 자신들을 바쳤고, 가정을 개방해서 언제나 교회로 모이게 했고, 돈을 풀어 교회와 이웃을 섬긴 이들이다. 바울이 로마 교회들의 사정을 정확하게 알 수 있었던 것도 이들 때문이었으리라. 로마에 가서 이들을 다시 만난다는 기대에 바울은 얼마나 잠을 설쳤을까를 생각해본다.

2) 아굴라 가정 교회의 성도들(롬 16:5b-10a)

"내가 사랑하는 에배네도에게 문안하라 그는 아시아에서 그리스도께 처음 맺은 열매니라 너희를 위하여 많이 수고한 마리아에게 문안하라 내 친척이요 나와 함께 갇혔던 안드로니고와 유니아에게 문안하라 그들은 사도들에게 존중히 여겨지고 또한 나보다 먼저 그리스도 안에 있는 자라 또 주 안에서 내 사랑하는 암블리아에게 문안하라 그리스도 안에서 우리의 동역자인 우르바노와 나의 사랑하는 스다구에게 문안하라 그리스도 안에서 인정함을 받은 아벨레에게 문안하라."

235) 옥스퍼드, 전게서, 568.

바울은 에배네도를 '내가 사랑하는 에배네도'라 부른다. 바울 사도의 특별한 애정을 담은 칭호이다. 브리스가와 아굴라 다음으로 언급된 것만 보아도 에배네도가 교회에서 어떤 위치에서 헌신했는가를 짐작할 수 있다.

'에배네도'는 이방인으로 틀림없이 아굴라 부부를 중심으로 모이고 있던 교회의 교인이었을 것이다. 그뿐 아니라 브리스가를 통하여 복음을 받은 사람일 것이다. 여기서 말하는 소아시아는 에베소 지역을 말하므로, 그는 브리스가와 아굴라가 에베소에서 사역을 할 때 그들을 통하여 복음을 받고 그리스도인이 되었고, 이들 부부를 도와 교인들을 섬기다가 이들이 로마로 귀환할 때 같이 로마로 왔던 것이 아닌가 추측한다. 여하튼 에배네도는 소아시아에서 첫 번째 크리스천이 된 사람이다. 이렇게 보면 에배네도는 소아시아 지역의 첫 열매이고, 스데바나(고전 16:15)는 아가야 지방(유럽)에서 맺은 첫 열매로서 기독교 역사에 오래오래 남을 인물들이다. 언제나 첫 번째로 대담한 발걸음을 내딛은 사람들은 그 분야에 주도적인 인물이 되는 것이 일반적인 상식이다. 에배네도는 로마에 와서도 그 교회에서 주목받는 인물이었음에 틀림이 없다.

'마리아'(Mary): 에배네도 다음에 나오는 인물은 여자 성도 '마리아'(6절)이다. 그녀는 유대인으로서, 로마 교회 안에서 빼놓을 수 없는 일꾼이었다. '여러분을 위하여 수고를 많이 했다'(새번역)는 칭찬이 그 사실을 말해준다. 너희를 위한 '큰 수고'(폴라 에코피아센-πολλὰ ἐκοπίασεν)에서, '코피아오'(κοπιάω)의 부정 과거인 '에코피아센'은 '구체적인 임무나 공식적으로 주어진 임무를 나타내지 않고, 오히려 자발적으로 스스로 취해진 임무를 나타낸다. 즉 새로운 회중의 필요를 충족시키는 데 민감

하고 기꺼이 그들을 만나는 데 시간과 정력을 아끼지 않았다는 것을 함축한다(참조, Deissmann, Light, 313에 인용된 로마의 비문 CIG9592).[236] '많이 수고했다'는 말은 마리아가 로마 교회의 초창기 교인이었다는 것과 로마 교회의 조직이 그녀의 영향력에 크게 힘입었음을 암시한다.[237]

당시에는 여행을 많이 하고, 어려운 일을 당하는 이들이 많았고, 굶주리고 헐벗었던 이들이 많았던 것을 생각하면서 이 본문의 의미를 새겨야 한다. 그녀는 이런 이들을 돕는 일에 앞장서서 섬기고 봉사한 여인이다. 특별히 마리아의 이름이 에배네도 다음으로 천거되었다는 것은 주목할 만하다. 그것은 여성들이 초기 기독교 공동체에서 리더십의 주도적인 역할을 담당했다는 것을 확인해 준다.[238]

안드로니고(Andronicus)**와 유니아**(Junias, 7절): 안드로니고는 자주 발견되는 헬라어 이름이다. 아마도 헬라로 귀화한 유대인이었을 것이다. 그리고 안드로니고와 유니아는 부부가 아니면 남매였을 것이다. 아마도 부부로 읽는 것이 더 좋을 듯하다. 이 두 사람을 지칭하면서 '그들'(호이티네스-οἵτινές)이라고 불렀을 뿐 아니라, 함께 사역한 것을 보았을 때 그렇다. 이들은 바울의 친척이요, 바울보다 먼저 그리스도인이 된 사람이다. 그뿐 아니라 바울과 함께 감옥생활도

236) 제임스 던, 전게서, 615. '코피아오'는 고전 헬라어 문헌에서 노력과 수고의 행위뿐 아니라 그 결과로 인한 극도의 피로를 나타내는 데 쓰였다. 그렇다면 마리아는 극도로 피곤한 상태가 되기까지 로마 교회를 위하여 헌신적으로 일하고 있었음을 알게 한다. 옥스퍼드, 전게서, 572.

237) 존 머리, 전게서, 752.

238) 제임스 던, 전게서, 615. 마리아는 로마 교회를 위하여 가장 열심히 섬긴 사람 중에 한 사람인 여자 성도였다. 그만큼 그녀의 섬김은 로마에서 빛났다. 그녀는 화려하고 수려한 아름다움으로 로마 교회를 빛낸 사람이 아니라, 주님의 심정으로 온 교회를 섬겼기 때문이다. 지금도 한국교회에 헌신하고 섬기는 여자 성도들이 많다는 것을 기억해야 한다.

한 사람들이다. '친척'(συγγενεíς)이란 용어는 친척이라는 의미로도 해석하지만, 일반적으로 유대인인 동족을 의미하기도 한다(롬 9:3). 그러나 여기에 나오는 사람들 중에 유대인이 많았던 점으로 보아서 유독 안드로니고에게만 친척이란 용어를 쓴 것은 단순한 동족을 의미한다고 보기엔 어색한 면이 있다.

더글라스 무(Moo)는 "안드로니고와 유니아가 자기보다 먼저 '그리스도 안에' 있었다고 인정하는 만큼, 이 두 사람은 예루살렘 초기 헬라파 유대인 가운데 있었으며, 베드로와 그의 아내처럼 동지중해 지역을 순회하면서(그 지역에서 바울을 우연히 만났으며, 아마 함께 갇혔을 것이다) 사람들을 그리스도 신앙으로 인도하고 있었을 것으로 추론할 수 있다"라고 했다.[239)]

그러나 두 사람이 바울과 함께 갇혔던 적이 있다고 하지만, 언제 어디서 그런 일이 있었는지는 알 수 없다.

안드로니고와 유니아는 사도들 중에 유명한 사람들이었다(7절). '존중히 여겨지다'는 말은 '탁월한' 또는 '유명한'이란 의미다. 그들을 사도들 중에 탁월하고 유명한 자들이었다고 말한 것을 보면, 사도라는 칭호는 반드시 열두 사도만을 가리킨 것 같지는 않다. 사도행전 14장 4, 14절에서 누가는 바나바를 바울과 같이 사도라 불렀다. 이런 의미에서 '사도'(아포스톨로스-ἀπόστολος, 보냄을 받은 자란 뜻)라는 이름이 의미하듯이, 그들은 그리스도의 복음을 전파하도록 보낸 사람들로 이해하는 것이 자연스러울 것이다.

---

239) 더글라스 J. 무(Moo), 전게서, 1233. 바울이 안드로니고와 유니아를 친척이라고 한 점, 그리고 바울보다 먼저 그리스도 안에 있던 자들이라고 한 점으로 미루어 보면, 이 두 사람은 헬라파 유대인 중에 있었으며(혹 바울과 같은 회당 소속), 그때 이미 바울을 알았을 것으로 보는 것이 더 타당할 것이다.

슈라이너는, "안드로니고와 유니아의 경우에 사용된 명칭은 순회 복음 전도자 혹은 선교자들을 가리킨다"라고 한다.[240] 바울은 유니아도 사도들 그룹의 하나로 여겼다는 것인가? 제임스 던은 "우리는 기독교회의 기초를 놓은 사도들 중의 한 사람이 여성 그리고 아내였다는 것을 확실히 결론 내릴 수 있다"라고 했다.[241]

암블리아(Ampliatus, 8절): "또 주 안에서 내 사랑하는 암블리아에게 문안하라"(8절). 바울은 암블리아를 '주 안에서 내가 사랑하는 자'라고 소개한다. '내가 사랑하는'이란 칭호는 에배네도에 이어 두 번째로 암블리아(8절)에게 사용한다. 이들은 이미 타인들에게 인정을 받고 있었기 때문에 바울이 특별한 애정을 표현했을 것이다. 암블리아란 이름은 노예들에게 자주 사용되었던 것으로 비추어 그가 해방된 노예일 것으로 추측한다. 다이스만(Deissmann)은 암볼리아란 이름이 황제에 집에서 나온 비문에 등장하는 라틴족의 이름인 우르바누스일 것으로 여긴다. 만약 그렇다면 주후 55년경에 복음이 이미 가이사의 권속에게 들어갔다고 볼 수 있다(비교, 빌 4:22).[242]

우르바노(Urbanus)**와 스다구**(Stachys): "그리스도 안에서 우리의 동역자인 우르바노와 나의 사랑하는 스다구에게 문안하라"(9절). 우르바노는 아마 노예나 자유인이었을 것이다. "혹 황실 가족의 노예에 속했을 상당한 가능성이 있다".[243] 바울은 그를 그리스도 안에서 '우리의 동역자'라고 부른다. 많은 여성들이 주 안에서 동역자요,

240) 슈라이너, 전게서, 936.
241) 제임스 던, 전게서, 617.
242) 크리소스톰, 《로마서 설교》, 558.
243) 제임스 던, 전게서, 618.

수고한 자들로 거명되지만, 남성들 중에서 우르바노만이 '동역자'로 불린다. 그러나 '우리의 동역자'라고 불리는 것을 보면, 바울이 자신의 동역자라고 불렀던 브리스가와 아굴라(3절), 그리고 디모데(21절)와 같은 그룹의 동역자는 아니었다는 의미다.

스다구(Stachys)에 대해서는 아는 바 없다. 비문에 의하면 그런 이름이 황실 가족의 노예였다는 언급이 있을 뿐이다.[244] 그러나 그를 '나의 사랑하는 스다구'로 부른 것을 보면, 바울이 그를 잘 알고 있었던 것으로 보인다. 본문에서 '나의 사랑하는' 사람으로 불린 자들은 에배네도(5절), 암블리아(8절), 스다구(9절), 버시(12절) 등이다. 이를 통해 바울이 스다구에 대해서도 잘 알고 있었으며, 특별한 애정을 느끼고 있었음을 보여준다.

아벨레(Appelles): "그리스도 안에서 인정함을 받은 아벨레에게 문안하라"(10절a). 아벨레는 비교적 희귀한 이름이며, 그에 관해서 우리는 달리 아는 바가 없다. '인정함을 받았다'는 것은 바울이 직접 어려운 신앙 테스트를 한 결과 인정했다는 것일 수 있고, 단지 그가 존중받는 신자였다는 것일 수도 있다. 헬라어 '도키몬'(δόκιμον)이 종종 시험으로 증명된 성격을 가리킨다면, 아벨레는 어떤 시련을 받고 훨씬 강하게 된 신자가 아닌가 생각된다.[245]

3) 아리스도불로 가정 교회(롬 16:10b-11a).

"아리스도불로의 권속에게 문안하라 내 친척 헤로디온에게 문안하라"(롬

244) 제임스 던, 전게서, 618.
245) 상게서, 618.

16:10b–11a).

아리스도불로(Aristobulus)에게 직접 인사를 전하지 않고 '아리스도불로의 권속'에게 문안하라고 한 것을 보면, 아리스도불로는 신자가 아니었을 것이다. 여하튼 그가 신자가 아니었다 해도, 아리스도불로라고 불리는 사람의 집에 속한 사람들(노예였을 것임) 중에 그리스도인들이 있었음을 말한다. 바울은 이들에게 특별히 안부를 전한다.

아리스도불로는 라이트풋(Lightfoot)에 의하면, 헤롯 아그립바 1세의 형제였고, 글라우디오와 친분 관계가 있었던 사람으로 바울이 문안한 그의 권속은 그 당시 황제의 재산에 속한 노예였다고 한다. 그리고 그는 주후 48년이나 49년에 사망했다고 한다.[246)]

헤로디온은 유대인이었고, 이름과 문맥으로 보아 헤롯 가문에 속한 자유민이었다는 것이 확실하다. 존 머리는 "그는 바울의 친척이므로 유대인이며, 위에서 암시했듯이 사도와 어떤 식으로든 인척관계에 있었던 듯하다"라고 했다.[247)]

4) 나깃수의 가족(롬 16:11b–13)

"나깃수의 가족 중 주 안에 있는 자들에게 문안하라 주 안에서 수고한 드루배나와 드루보사에게 문안하라 주 안에서 많이 수고하고 사랑하는 버시에게 문안하라 주 안에서 택하심을 입은 루포와 그의 어머니에게 문안하라 그의 어머니는 곧 내 어머니니라".

나깃수: 더글라스 무(Moo)는, "나깃수(Narcissus)는 글라우디오 황

246) NICNT, 전게서, 1234.
247) 존 머리, 전게서, 754.

제를 섬긴 사람으로, 바울이 로마서를 쓰기 직전에 자살한 유명한 자유인의 이름이다"라고 했다.[248] 칼빈은 나깃수를 이렇게 말한다.

> "내 생각에 글라우디오의 자유인으로서, 무수한 범죄와 방탕한 행동으로 소문난 사람이었다. 하나님의 은혜가 온갖 종류의 사악으로 득실거리는 불결한 집에까지 파고 들었다는 점을 생각할 때 우리는 그것을 더욱더 경이적인 것으로 여기지 않을 수 없다."[249]

그리고 나깃수는 그리스도에게 개종하지 않은 사람이라고 말한다. 그런데 '게걸스러운 도둑이며 형편 없이 타락한 인간인 그와 함께 살았던 사람들이 그럼에도 불구하고 깨끗하게 그리스도를 예배한 것'[250]이 기적이라고 한다.

나깃수의 가정 교회 교인들은 드루배나와 드루보사, 버시, 루포와 그 어머니다.

드루배나와 드루보사(Tryphaena and Thyphosa, 12절)**에게 문안하라:** 두 사람은 자매였을 것으로 추측한다. "주 안에서 수고한 드루배나와 드루보사"라고 할 때 두 사람에게 사용한 '수고하다'는 동사의 시제가 다르다. 드루배나와 드루보사에게는 현재 시제를 사용하였고, 버시의 경우에는 과거 시제를 사용하였다. 왜 버시에게는 과거 시제를 사용했을까? 존 머리는, 그가 과거에 수고를 많이 했던 것은 알았지만 이 편지를 쓸 당시에는 동일하게 말할 수 없었을 것

248) NICNT, 전게서, 1235.
249) 칼빈, 《로마서》, 460.
250) 상게서, 460.

이라고 했다. 그 이유는 버시가 나이가 많아졌거나, 몸이 허약함으로 인해 더 이상 과거처럼 활동적이지 못했을 가능성을 제시했다.[251] 버시에게는 바울이 그처럼 자주 사용했던 "나의 사랑하는'이라고 하지 않고 그냥 '사랑하는'이란 말만 사용했다. 버시가 여자였기에 그녀에게 '나의 사랑하는'이라고 부르는 것을 절제한 것으로 보인다.

루포와 그 어머니를 나깃수 가정에서 모이는 가정교회 안에 포함시켜야 하는지는 의문이다. 그러나 14절에서 '아순그리도와 블레곤과 허메와 바드로바와 허마'를 중심으로 모이는 가정교회가 언급된 것으로 보면, 이들은 여기에 속한 교인은 아니며, '헤로디온'에 속한 교회 일원으로 보기도 어렵다. 그렇다면 이들이 어느 교회에는 속했을 것으로 추정해 본다면, 나깃수의 가정 안에 있는 사람들과 교제를 나누던 이들이라고 생각하게 된다.

루포는 마가복음 15장 21절에 나온 인물과 동일인으로서 구레네 사람 시몬의 아들일 것이다. 그렇다면 자연히 루포의 어머니는 주님의 십자가를 대신 졌던 구레네 시몬의 아내가 된다. 루포의 어머니를 바울은 '곧 내 어머니'라고 불렀다. 슈라이너는 루포의 어머니가 어떤 상황에서 바울을 도와주었든지, 아니면 바울이 수고할 때 언젠가 바울을 자주 섬겼을 것이라고 했다.[252]

그러나 좀 도움을 받았다고 해서 남을 어머니라고 하기는 어렵다. 서양인들은 다른 사람을 어머니라고 부르는 것에 대하여 이해가 되지 않을 것이다. 그러나 동양적인 사고로 볼 때, 본인이 직접 은혜를 입었거나 자기와 가장 가까운 사람으로부터 말로 다 표현할 수 없

251) 존 머리, 전게서, 755.
252) 슈라이너, 전게서, 933.

는 은혜를 입었을 때는 이런 표현을 사용한다. 그런 의미에서 바울이 주님에게 지극한 호의를 베풀었던 구레네 시몬의 아내를 어머니라고 부른 것은 이상한 일이 아니다. 존 머리도 "'주 안에서 택하심을 입은'이란 말은 일반적인 선택을 의미하지 않고 '정선된 것'을 의미하며, 루포가 지닌 어떤 탁월함을 가리킨다"라고 조심스럽게 표현했다.[253)]

5) 아순그리도 중심 교회(롬 16:14)

> "아순그리도와 블레곤과 허메와 바르로바와 허마와 및 그들과 함께 있는 형제들에게 문안하라."

아순그리도와 블레곤과 허메와 바드로바와 허마에 관해서는 '허메'가 아마 노예나 자유인이었으리라는 것 외에는 구체적으로 아는 바가 없다. 단지 "'그들과 함께 있는 형제들'이라는 표현은 이들이 한 가정 교회의 일원이었든지, 아니면 모두 남성으로 구성된 특정 지방에 있거나, 같은 직업에 속한 어떤 신자 공동체를 가리킬 것이다"라고 존 머리는 말한다.[254)] 또 그들과 함께 있는 성도들에게 안부를 전한다. 이 표현을 미루어, 거기에는 바울이 잘 알지 못하는 다른 많은 신자들이 있었던 것 같다.

---

253) 존 머리, 상게서, 755

254) 상게서, 756.

6) 다섯 명의 가정 교회(롬 16:15)

"빌롤로고와 율리아와 또 네레오와 그의 자매와 올름바와 그들과 함께 있는 모든 성도에게 문안하라."

바울이 알고 있는 다섯 명의 사람들에게 문안 인사를 한다(15절). '빌롤로고'(Philologus)와 '율리아'(Julia)는 남성과 여성의 이름이기 때문에 두 사람이 부부였다고 생각된다. '네리오(Nereus)와 그의 자매'라고 한 것으로 보아 이 두 사람은 빌롤로고의 자녀일 것으로 생각된다. 이 가정교회는 빌롤로고의 가정에서 모임을 갖고 있었을 것이며, 이들 부부, 아들과 딸, 그리고 '올름바'(Olympas), 그 외에 이름을 밝히지는 않았지만 소수의 형제들로 구성되었던 것 같다. 바울은 '그들과 함께 있는 모든 성도'에게 문안한다.

마지막으로 인사 다발을 보낸다.

"거룩하게 입맞춤으로 서로 문안하라"(16절).

서로 거룩하게 입맞춤으로 문안하라는 말은 로마에 있던 모든 교회를 말하는 듯하다. 로마서 15장 7절에서 "그리스도께서 우리를 받아 하나님께 영광을 돌리심과 같이 너희도 서로 받으라"고 한 말이 기억된다.

교인들끼리 서로 끌어안고 입맞추며 인사를 나누는 모습은 숙연하기까지 하다. 거룩한 입맞춤(a holy-kiss)으로 인사하는 것은, 초대

교회가 유대교의 전례를 따라 하는(Justin, Apol, 1. 65) 그리스도인들이 일상적으로 나누는 인사였다. 그러나 그들이 생명을 내놓고 그리스도를 주로 고백한 사람들이었다는 점을 생각하면 그 모습이 얼마나 장엄했을까를 느끼게 한다.

칼빈은 "친척들과 여자에게 키스할 수 있었지만, 그것이 이상한 것은 아니었다. 하지만 초기 그리스도인들 사회에서는 성만찬을 받기 전에 자신들의 우정에 대한 확증의 표로서 서로간에 키스하는 것이 습관이 되었다"라고 했다.[255]

"그리스도의 모든 교회"(16절): "이 말은 '내가 관계한 모든 교회들'이라고 바꾸어 읽을 수 있다"(던. P.624). 바울은 자기가 관계한 모든 교회들의 인사를 제국의 수도에 사는 그리스도인들에게 전한다. 이런 모든 교회들의 문안 인사는 바울의 복음이 "아가야, 마게도냐, 아시아, 갈라디아, 수리아, 그 외 제국의 동부 지역에 있는 모든 교회들로부터 공식적 지원을 받고 있다"는 것을 보여준다.[256] 또한 잠재적으로 영향력이 있는 로마의 교회들이, 그의 교회들과 하나가 되어 서로 교제하기를 갈망하는 바울의 마음을 나타낸 것으로도 보인다.

16장에 소개된 그리스도인들의 리스트를 보면, 로마 교회의 구성요소와 당시 상황을 어렴풋이나마 그려볼 수 있다.

1. 두드러진 특징은 여성들의 숫자다. 브리스가, 마리아, 유니아, 브루배나, 드루보사, 버시, 루포의 어머니, 율리아, 그리고 올름바 등 아

255) 칼빈, 전게서, 460.
256) 던(Dunn), 전게서, 624.

홉 명의 여자는 로마 교회들 안에서 중추적인 역할을 했다는 사실이 강조된다. 게다가 이 여자들 가운데 여섯 명 – 브리스가(3절), 마리아(6절), 유니아(7절), 드루배나와 드루보사(12절), 그리고 버시(12절) – 은 "주 안에서 수고했다"라는 칭찬을 받았다. '수고하다'(코피안-κοπιᾶν)라는 표현은 바울의 사역에 관여했던 사람들을 묘사한 것으로 보이는데(고전 16:6; 살전 5:12; 딤전 5:17), 여기서는 아마도 바울의 선교 사역을 도왔던 사람들을 가리키는 듯하다.

이것은 초대 교회의 사역은 남자들로 국한된 적이 없고 남자들 못지 않게 여자들이 중요한 사역을 담당했다는 것을 보여준다.[257] 여자 사역자들 중에 대표적인 사람은 뵈뵈와 브리스가다. "이방인의 모든 교회도 그들에게 감사하느니라"(4절)는 브리스가 같은 여인들은 순회 전도사 역할을 했다고 추측할 수 있게 해준다.[258]

2. 여기 소개된 그리스도인들을 보면, 높은 지위를 가진 사람들이었던 것으로 믿게 할 정도로 거창한 직책을 가진 사람들은 보이지 않는다. 바울이 언급하고 있는 사람들은 모두 비천한 가문의 출신들이 대부분이었다. 유니아, 암블리아, 우르바노, 스다구, 버시, 루포, 아순그리도, 블레곤, 허메, 바드로바, 허마, 빌롤로고와 율리아, 네레오와 올름바 등은 모두 노예였거나 해방된 노예였던 것으로 생각된다. 물론 아리스도불로와 나깃소도 마찬가지다. 로마 교회는 사회의 낮은 계층의 사람들을 강하게 끌어들였다는 분명한 모습을 보여준다.

그러나 이들의 헌신과 순종으로 로마 교회가 반석 위에 세워졌다는 사실을 생각할 때, 주께서 말씀하신 "심령이 가난한 자는 복이

---

257) NICNT, 《로마서》, 1238.
258) 칼빈, 전게서 459.

있나니 천국이 그들의 것임이요"(마 5:3)가 더 의미있게 들린다.

3. 유대인과 이방인의 비율이 나타난다. 유대인으로는 브리스가와 아굴라, 안드로니고, 유니아, 헤로디안, 마리아 등 여섯 명으로 이방인 28명 중에 여섯 명이 된다(6/28). 절대적으로 이방인이 다수가 되어 있는 교회임을 알 수 있다. 루포와 그 어머니도 유대인인지, 아니면 이방인인지 알 수 없어서 여기서 제외했다.

4. 바울은 고독하고 외로운 전도자였다. 그러나 그는 결코 외롭지 않았다. 그의 주변에는 필요할 때마다 항상 돕는 많은 사역자들이 있었음을 보여준다. 동시에 초대교인들은 생명을 함께 나눌 정도의 유대감이나 협력 정신으로 복음을 전하고 하나님 나라를 세워나갔던 열정을 보면서 숙연해지지 않을 수 없다.

5. 여기 소개된 그리스도의 일꾼들을 보면서, 로마서는 바울의 상상에서 쓰여진 책이 아니라는 점을 다시 한번 느낀다. 바울이 로마에 있는 교회의 형편이나 개인사정까지 밝은 것은 누군가 그에게 자주 소식을 보내준 사람이 있었다는 것, 그리고 로마 교회에는 특출한 목회자가 없었지만, 사도 바울이 전해준 복음의 진리로 교회를 가르치고 권면하였던 훌륭한 평신도들(롬 12:3-8)이 있었다는 사실도 확인할 수 있다.

그렇다면 그 사람은 로마에 있는 교회의 형편을 잘 알고 있는 사람이었을 것이다. 그가 누구였을까?

자기 배를 섬기는 자들 (롬 16:17-20)

"형제들아 내가 너희를 권하노니 너희가 배운 교훈을 거슬러 분쟁을 일으키거나 거치게 하는 자들을 살피고 그들에게서 떠나라 이 같은 자들은 우리 주 그리스도를 섬기지 아니하고 다만 자기들의 배만 섬기나니 교활한 말과 아첨하는 말로 순진한 자들의 마음을 미혹하느니라 너희의 순종함이 모든 사람에게 들리는지라 그러므로 내가 너희로 말미암아 기뻐하노니 너희가 선한 데 지혜롭고 악한 데 미련하기를 원하노라 평강의 하나님께서 속히 사탄을 너희 발 아래에서 상하게 하시리라 우리 주 예수의 은혜가 너희에게 있을지어다"

"형제들아 내가 너희를 권하노니…살피고 그들에게서 떠나라"(17절).

모범적이고 헌신적인 성도들에게 안부를 묻다가 갑자기 바울의 격한 문장이 등장한다. 로마 교인들이 그동안 배운 교훈을 거스르고, 분쟁을 일으키고, 올무를 놓는 사람들이 누구인가를 살피고, 그들에게서 떠나라고 명령한다.

이들은 누구일까? 갑자기 로마 교회 안에 들어와서 교회를 어지럽히는 거짓 교사나 이단들일까? 학자들 중에는 아직 이런 자들이 로마 교회에 들어온 것은 아니고, 바울이 과거에 지났던 지역의 경험을 빌어 경고하는 것이라고 하기도 한다.

그러나 이 문장(17-19절)이 오랫동안 로마 교회를 섬기던 인물들을 소개하고 이어서 나온 내용이라면, 이 문장은 16장 1-16절의 내용과 연결해서 읽어야 한다. 그렇다면 불평하고 분열을 일삼던 인물들도 그 교회 안에서 함께 신앙생활을 하던 그 사람들이라고 보는 것이 옳을 것이다. 원래 사탄의 하수인들은 교회 밖에서 공격해 오기보다는 교회 안에 있기 때문이다.

본문에서 사용한 시제도 현재형이다. 그들을 '살피고'(스코페인-σκοπεῖν-현재 부정사 명령) 그리고 '떠나라'(에클리네테-ἐκκλίνετε-현재 시제 명령)는 동사들이 모두 현재 시제이다. 현재 시제는 지금은 물론이고 앞으로도 계속해서 주의 깊게 살펴보라는 뜻이다. 그리고 지금 당장 그들에게서 떠나라고 하는 현재 상황을 말하고 있는 것이다.

특별히 17절에서 사용한 '거치게 하는'이라는 의미의 '스칸달라'(σκάνδαλα)는 앞에 관사 '타'(τὰ)라는 정관사가 붙어 있어서 막연한 함정이나 거침돌이 아니고, '그 함정들', '그 거침돌'이다. 바울도 알고 로마 교인들도 다 알고 있는 사건들이다. 그렇다면 지금 바울 사도가 경고하는 거짓 교사나 선지자들은 교회 밖에서 공격해 오는 자들이 아닌 것이 분명하다. 또 '거치게 하는'이라는 의미의 '스칸달라'(σκάνδαλα)는 로마서 14장 13절에 나오는 '거칠 것'(스칸달론-σκάνδαλον)과 동일한 단어이다.[259] 이렇게 읽으면, 로마서 14장 15절에서 형제들 앞에 장애물이나 걸림돌을 놓아서 교회 안에 문제를 일으켰던 사람 중에 속한 자들이 아닌지 의심이 간다.

17절과 18절에서 사도 바울은 상당히 과격한 언어를 써서 로마 교인들에게 권고하고 부탁한다. 이들을 사탄이라고 부른다(20절). 사탄의 하수인으로서 로마 교회에 들어온 자들은 로마서 2장에서부터 일어난 모든 일에 근본 원인을 제공한 자들일지 모른다. "너희가 배

259) '스칸달론'(σκάνδαλον)은 함정이나 덫을 의미하는 명사이고, '스칸달라'(σκάνδαλα)는 복수형이다. 그리고 '스칸달라' 앞에 '타(τὰ)'란 정관사가 붙어서 '그 함정들' 그리고 '그 덫들'이 된다. 이 악한 자들이 일으키는 문제를 바울은 정확하게 알고 있었고, 로마 교인들도 알고 있었다는 말이다. 신약성경에서 이 단어는 일반적으로 그리스도인들을 유혹해서 넘어지게 하거나(마 16:23; 눅 17:1; 고전 1:23; 계 2:14), 십자가의 복음이 걸림돌이 되게 하여 그리스도에게서 떨어져 나가게 하는 덫을 의미한다.

운 교훈을 거슬러"(17절)라는 말을 보면, 이들은 로마 교인들이 무엇을 배워 왔는지를 알고 있었다. 그리고 그것을 어떻게 하면 무너뜨릴지 연구해서 알고 있던 자들이다.

본래 사탄의 무리들은 자기를 노출시키지 않고 숨어 있다가, 어떤 약점이 보이거나 기회가 오면 머리를 들고 나타나 교회의 분열을 획책한다. 그리고 이들은 위선의 언어를 사용하여 성도들을 무너지게 한다. 마치 뱀이 속에는 독을 품고 있으면서 부드러운 혀를 날름거리듯이, 악한 자들도 속에는 타인의 영혼을 썩게 만드는 독을 품고 있으면서도 부드럽고 듣기 좋은 아첨의 말로 사람들을 속인다.

"교활한 말과 아첨하는 말로 순진한 자들의 마음을 미혹하느니라"(18b).

만약 바울이 그 악한 무리들이 누구인지를 알았고, 그들이 교회를 해치려고 놓았던 장애물이 무엇인지도 알았다면, 로마서를 써내려가는 동안에는 본질을 흐리지 않기 위해서 그 문제 해결에만 집중했고, 자신이 하고자 하는 말을 다 마친 후에 마지막으로 로마 교회를 어지럽히던 악한 자들에게 비수를 들어 그들을 잘라내기 시작했다고 가정해 볼 수도 있다.

"여러분이 배운 교훈을 거스른다"(17절, 새번역)는 말을 쉽게 직역하면, '내가 너희에게 가르쳐준 교훈'이라는 뜻이다. 그러므로 이 문장은 마치 자기가 가르친 교회에 그 진리를 배척하는 자들이 들어와서 어지럽히는 것을 꾸짖는다는 인상을 받게 한다.[260] '교훈'이란 헬

260) John Knox, *Romans*, 661.

라어는 '텐 디다켄'(τὴν διδακὴν), 즉 '그 가르침' 또는 '그 가르쳐진 것'을 의미한다. NIV나 RSV는 'the doctrine'이라고 번역했다.

그러나 우리가 아는 바와 같이 바울은 로마에 간 적이 없다. 그런데 어떻게 자기가 그들을 가르쳤다는 말인가? 그래서 어떤 학자들은 이런 내용을 통해서 로마서 16장은 바울이 쓴 것이 아니라고 주장하기도 한다. 그러나 바울의 제자들이 가르친 것이라면 그것은 바울이 가르친 것이나 다름이 없을 것이므로 바울이 가르친 것으로 받아들여도 좋을 것이다. 로마 교회에는 바울이 동역자라고 부른 이들이 여러 사람 있다. 브리스가와 아굴라, 에배네도, 안드로니고와 유니아, 그리고 우르바노 등이다.

이처럼 격하고 과감하게 악한 자들을 경계하고 그들을 교회로부터 잘라내려 한 이유가 무엇일까? 18절은 그 이유를 설명하는 '가르'(γὰρ)로 시작한다. 그 이유는, 이들은 주 예수 그리스도를 섬기지 아니하고 다만 자기들의 배만 섬기는 자들이고, 분쟁을 일삼고 교회를 파멸시키려는 자들이기 때문이다. 이들은 교활한 말과 아첨하는 말로 교인들을 바른 진리로 인도하겠다고 속이고 있었다.[261] 그들에게서 떠나라고 한 것을 보면, 이미 이들의 악랄한 수법에 속아서 넘어간 교인들이 있다는 것을 암시하기도 한다. 사탄의 무리들은 유대주의자들로 보는 학자들이 많고, 혹 영지주의자들이라고 생각하는 이들도 있다.

바울은 교인들에게 그들에게서 단호히 떠나라고 한다. 이들을 사탄이라고 부르고, 평강의 하나님께서 사탄을 로마 교우들의 발 아래

261) "사탄이 적대자들의 매력적이고 설득력 있는 말을 통해 활동하는 것으로 바울은 간파하고 있음을 암시한다." 슈라이너, 전게서, 944.

에서 상하게 하실 것이라고 선언한다(20절). '떠나라'는 헬라어 '에클리네테'(ἐκκλίνετε)의 원형인 '에클리노'(ἐκκλίνω)는 '…으로부터 분리되어 나간다'는 의미를 가진 전치사 '에크'(ἐκ)와 '두다', '놓다'라는 뜻의 동사 '클리노'(κλίνω)의 합성어이다. 악한 자들로부터 떨어지라, 돌아서라는 의미의 현재 시제 명령형이다.

"너희의 순종함이 모든 사람에게 들리는지라"(19a).

로마 교인들이 비록 순진하게 보이지만, 그들의 꾀임에 넘어가지 않고 예수 그리스도의 진리에 순종하며 사는 교인들이 대부분이었다는 것을 암시하는 것 같다. 이 소식을 들은 바울은 매우 기뻐했다. 목자 없는 양 같은 무리들이 자기들이 배운 복음의 진리를 지켜 행하는 것보다 더 즐거운 것은 없다(참조, 요일 4장). 바울은 로마서 1장 8절에서 "내 하나님께 감사함은 너희 믿음이 온 세상에 전파됨이로다"라고 칭찬했다. 그러나 여기서는 이들의 '순종'을 자랑스럽게 여긴다. 바울은 '믿음과 순종'이 절대로 분리될 수 없는 것임을 보여준다.

그리고 복음의 진리 안에서 승리하고 있는 교우들에게 "너희가 선한 데 지혜롭고 악한 데 미련하기를 원하노라"고 권고한다. 예수님께서 "그러므로 너희는 뱀같이 지혜롭고 비둘기같이 순결하라"(마 10:16)고 하신 말씀을 생각나게 한다. 아담과 하와는 하나님에게서 멀어지면서 악에 눈이 떠지고, 선한 데서 어두워졌다. 악에 대한 지식이 깊어지면 깊어질수록, 하나님에 대한 선한 지식으로부터 점점 멀어진다. 반면 하나님에 대한 선한 지식에 깊어질수록 악의 정체는 더 쉽게, 그리고 정확하게 간파하게 된다.

그러므로 그리스도 안에 사는 자들은 악에 눈멀고 선에 지혜롭게 되어야 한다. "늘 마음을 새롭게 함으로 변화를 받아서, 하나님의 선하시고 기뻐하시고 완전하신 뜻이 무엇인지를 분별하도록 하십시오"(롬 12:2, 새번역)라는 교훈과 일맥상통한다. 그래서 하나님은 지혜와 지식의 하나님이시다.

> "평강(평화)의 하나님께서 속히 사탄을 너희 발 아래에서 상하게 하시리라"(20a).

그리스도께서는 일단 사탄을 패배시키셨지만 사탄은 언제라도 전투를 재개하려 하고 있다. 그러므로 바울은 결전이 진행되고 있는 동안에는 이것이 명백하지 않게 보일지 모르지만, 사탄의 최종적인 패배를 약속하고 있다…주께서는 그를 굴복시켜서 그를 발 밑에서 짓밟히게 만드실 것이라는 점을 약속하고 있다.[262] 그리고 축복을 빈다.

> "우리 주 예수의 은혜가 너희에게 있을지어다"(20).

로마서를 마치면서 (롬 16:21-23)

> "나의 동역자 디모데와 나의 친척 누기오와 야손과 소시바더가 너희에게 문안하느니라 이 편지를 기록하는 나 더디오도 주 안에서 너희에게 문안하노라 나와 온 교회를 돌보아 주는 가이오도 너희에게 문안하고 이 성의 재무관 에라스도와 형제 구아도도 너희에게 문안하느니라."

---

262) 칼빈, 전게서, 463.

"나의 동역자"(슈네르고스-συνεργός)라는 말이 가볍게 들리지 않는다. 그리스도와 그의 나라를 위하여 모든 것을 내버리고 복음 전파에만 생명을 건 사람들이 '동역자'라고 부르는 말은, 오늘 우리들이 사용하는 동역자라는 말과는 구별되어야 한다. 바울은 이 용어를 절제 있게 사용하였다. 디모데에게, 브리스길라와 아굴라에게, 마가와 아리스다고와 누가(몬 1:24)에게, 그리고 디도(고후 8:23)와 빌레몬(몬 1:1)에게만 사용하였다. 디모데는 바울의 2차 전도 여행 때 선교팀에 합류했고, 그리하여 디모데는 지금 바울과 함께 고린도에 머물고 있다. 그래서 자기가 아끼고 사랑하는 동역자 디모데의 안부를 전한다.

누기오와 야손, 소시바더도 바울과 함께 있다. 바울은 이 세 사람을 '나의 친척'이라고 소개한다. 정말 친척이란 말인지, 아니면 같은 유대인이란 말인지는 분명하지 않다. 그러나 왜 이 세 사람에게만 유대인이라고 해서 친척이라고 하는지는 이해가 되지 않는다.

야손은 데살로니가에서 바울 대신 고초를 겪었던 사람이다(행 17:5-9). 그런데 지금은 고린도에 바울과 함께 있다. 야손은 데살로니가에서 바울에게 자기 집을 개방했던 사람인 것으로 보인다.

베뢰아 사람 부로의 아들 소바더(Sopater)가 소시바더(Sosipater)가 아닐까?(행 20:4) 여하튼 누기오와 야손과 소시바더가 고린도에 바울과 함께 있다(21절). 소시바더가 만약 소바더라고 한다면 예루살렘 교회에 구제금을 전달하기 위하여 바울과 함께 동행했던 사람이기도 하다.

바울의 편지를 대필했던 더디오에게도 인사할 기회를 주었다(22절).

23절에서는 고린도에 있는 특별한 세 사람의 인사를 전한다. 가이오(Gaius)와 이 성(고린도)의 재무관인 에라스도(Erastus)와 형제 구아도

(Quartus)이다. 가이오는 바울 자신과 온 교회를 돌보아 주는 고린도 교회의 일꾼이다(23a). (가이오에 대해서는 고린도전서 1장 14절을 참조.)

이 성의 재무관인 에라스도와 형제 구아도도 문안한다(23절). 23절에 언급된 인물들은 고린도 출신들이다. 이들의 이름을 보아 바울이 이 편지를 고린도에서 썼다는 것을 알 수 있다.

고린도 교회의 지도적인 인물이자 시 재무관인 에라스도가 디모데후서 4장 20절과 사도행전 19장 21-22절에 언급된 바울의 동역자와 동일시될 수 있는지는 불확실하다. 그러나 디모데후서 4장 20절에, 에라스도는 고린도에 머물러 있다고 한 것으로 미루어 같은 인물일 가능성이 높다.

고린도에서 발견된 1세기의 한 비문에 에라스도라는 어떤 사람의 이름이 언급되어 있는데, "그는 감독관, 즉 공공 노역과 공공 장소를 책임진 수임자의 자격으로 도로를 포장하게 했던 사람이다"라고 했다.[263]

복음의 최종 요약 (롬 16:25-27)

> "나의 복음과 예수 그리스도를 전파함은 영세 전부터 감추어졌다가 이제는 나타내신 바 되었으며 영원하신 하나님의 명을 따라 선지자들의 글로 말미암아 모든 민족이 믿어 순종하게 하시려고 알게 하신 바 그 신비의 계시를 따라 된 것이니, 이 복음으로 너희를 능히 견고하게 하실 지혜로우신 하나님께 예수 그리스도로 말미암아 영광이 세세무궁하도록 있을지어다 아멘."

263) 독일성서공회 해설, 로마서 16장 23절 참조.

케제만(Kasemann)은 이 서간의 끝부분이 혼란스럽고 매우 미미하다고 한탄하면서, 16장이 로마로 보내어지지 않았다는 이론을 택한다. 그러나 슈라이너는 케제만과는 반대로, 로마서 16장 25-27절은 로마서의 중심 주제들을 요약하여 마무리하는 내용이라고 했다.[264)]

필자는 슈라이너의 주장에 전적으로 동의한다. 로마서 16장 25-27절은 아주 짧은 글이지만, 지금까지 기록한 내용을 간략하면서도 분명하게 다시 요약하는 내용이다.

25절은 "이 복음으로 너희를 능히 견고하게 하실 하나님께"로 시작하는 문장이다. 우리 성경에는 "너희를 능히 견고하게 하실"이란 내용이 26절 맨 끝에 나옴으로, 이 내용이 약화되고 있다. 이 복음을 통하여 하나님께서는 로마에 있는 모든 그리스도인들을 반드시 견고하게 하시리라고 바울은 선언한다. 그러고 난 후에 바울 자신이 전하는 복음이 무엇인가를 요약한다.

슈라이너는 "이는 강하게 되라는 권고가 아니다. 바울은 하나님이 그들에게 견딜 수 있는 힘을 주실 것이며, 하나님이 시작하신 선한 일을 이루실 것이라고 독자들에게 확신시킨다"라고 했다.[265)]

바울이 전하는 복음이 어떤 것인지를 이어서 설명한다. 25절에 '나의 복음'과 '예수 그리스도를 전파하는 메시지'는 동격이다. 즉 예수 그리스도를 전파하는 것이 바울이 전파하는 복음의 핵심이다. 그렇다면 복음이란 무엇인가? 이 신비의 계시는 오랫동안 감추어져

---

264) 슈라이너, 전게서, 947.
265) 상게서, 954.

있던 것이다.[266] 그러나 선지자들(구약)의 글로 인하여 만천하에 공개되었으며, 영원하신 하나님의 명을 따라 이 계시가 이방인들에게도 알려졌다.

이 계시의 말씀이 이방인에게 전파된 것은 그들로 하여금 '믿어 순종'하게 하려는 데 하나님의 목적이 있다고 한다(26절). 바로 이 복음(계시)을 통하여 하나님께서는 교회를 든든히 세워주신다(26절b). 바울이 예루살렘을 향하여 항해하면서 밀레도에서 에베소 교회 장로들에게 들려준 권고와 동일한 내용이다.

> "나는 이제 하나님과 그의 은혜로운 말씀에 여러분을 맡깁니다. 하나님의 말씀은 여러분을 튼튼히 세울 수 있고, 거룩하게 된 모든 사람들 가운데서 여러분으로 하여금 유업을 차지하게 할 수 있습니다"(행 20:32, 새번역).

로마서는 '믿고 순종하게 하다'로 시작하여(롬 1:5) '믿고 순종하게 하다'로 마친다(롬 16:26). 로마서 1장 8절에서 바울은 "너희 믿음이 온 세상에 전파됨이로다"(롬 1:8)라고 했는데, 여기서는 "너희의 순종함이 모든 사람에게 들리는지라"(롬 16:19)고 한다. 바울은 '믿음과 순종'의 조화를 끝까지 견지하고 있다.

바울은 하나님의 지혜를 찬양한다. 지혜로우신 하나님께 영광을 돌린다. 그러나 하나님께 영광을 돌리는 길(the way)도 예수 그리스도

---

266) 상게서, 956. '뮈스테리온'은 이방인들이 구속받은 자들의 공동체 안으로 포함되는 것과 관련이 있는데, 이는 이방인이 유대인들과 함께 하나님의 백성 안에 동료 구성원이 된다는 것이 구약 성경에 명백하게 나타나지 않았기 때문이다(엡 3:3-6, 9; 골 1:26-27).

밖에 없다. 그러므로 하나님께 영광을 돌리지만, 그 길이신 예수 그리스도께도 영광을 돌린다.

한 분이신 하나님,
지혜로우신 하나님께,
예수 그리스도로 말미암아 영광이
영원무궁하도록 있기를 빕니다. 아멘.

참고도서

• 주석

던, 제임스(James D.G. Dunn), 《로마서(1)》, 김철·채천석 역, 솔로몬, 1968.

루터, 마틴, 《로마서 주석》, 박문제 역, 크리스천 다이제스트, 2014.

머리, 존(John Murray), 《로마서 주석》, 아바서원, 2014.

무, 더글라스 J.(Duglas J. Moo), 《NICNT 로마서》, 손주철 역, 솔로몬, 2011.

바르트, 칼(Karl Barth), 《로마서 강해》, 조남홍 역, 한들, 1997.

슈라이너, 토머스(Thomas R. Schreiner), 《NECNT 로마서》, 배용덕 역, 부흥과 개혁사, 1998.

악트마이어, 폴(Paul Achtemeier), 《로마서(현대성서주석)》, 김도현 역, 한국장로교출판사, 2003.

에드워즈, 조나단(Jonathan Edwards), 《로마서 주석》, 김귀탁 역, 복있는 사람, 2017.

칼빈, 존(J. Calvin), 《로마서》, 한들, 1997.

크리소스톰, 요한(John Chrysostom), 《로마서 강해》, 송종섭 역, 지평서원, 1990.

The Interpreter's Bible, Acts & Romans(Vol.9), Abingdon, 1982.

Luther, Martin, *Luther: Lectures on Romans,* Westminster press.

James Montgomery Boice, *Romans*(4 volumers), Baker Academic, 1995.

이연길, 〈로마서에 나타난 바울의 믿음(πίστις) 연구(장로회신학대학원 석사논문)〉, 1977.

• **사전류**

옥스퍼드, 《로마서(원어 성경 대전)》, 제자원 바이블네트, 2005.

《원어 연구 해설사》 - 로마서, 벧엘성서간행사, 1984.

《신약성서 신학사전, 킷텔 단권 원어 사전》, 요단출판사, 1986.

D. A. Carson. Douglas J. Moo and Leon Morris, *An Introdution to the New Testament.* Zondervan, 1992.

Raymond E. Brown, *An Introdution to the New Testament,* Doubleday, 1997.

Harris, R. Laird, *The Theological Wordbook of the Old Testament*(I.II), Moody Press, 1980.

로마서 주석 11

이연길 목사의 로마서

1판 1쇄 인쇄 _ 2020년 5월 30일
1판 1쇄 발행 _ 2020년 6월 5일

지은이 _ 이연길
펴낸이 _ 이형규
펴낸곳 _ 쿰란출판사

주소 _ 서울특별시 종로구 이화장길 6
편집부 _ 745-1007, 745-1301~2, 747-1212, 743-1300
영업부 _ 747-1004, FAX 745-8490
본사평생전화번호 _ 0502-756-1004
홈페이지 _ http://www.qumran.co.kr
E-mail _ qrbooks@gmail.com / qrbooks@daum.net
한글인터넷주소 _ 쿰란, 쿰란출판사
페이스북 _ www.facebook.com/qumranpeople
인스타그램 _ www.instagram.com/qrbooks
등록 _ 제1-670호(1988.2.27)
책임교열 _ 신영미 · 김영미

 ISBN 979-11-6143-382-0 94230
979-11-6143-150-5 (세트)

책값은 뒤표지에 있습니다.